本科规划教材

U0956766

中国传统文化原典（选读）第二版

ZHONGGUO CHUANTONG WENHUA YUANDIAN XUANDU

谢 梅 主编

电子科技大学出版社
University of Electronic Science and Technology of China Press
·成都·

图书在版编目（CIP）数据

中国传统文化原典：选读 / 谢梅主编. — 2版. —
成都：电子科技大学出版社，2022.8
ISBN 978-7-5647-9512-2

Ⅰ. ①中… Ⅱ. ①谢… Ⅲ. ①国学—通俗读物 Ⅳ.
①Z126-49

中国版本图书馆CIP数据核字（2022）第103587号

中国传统文化原典（选读） 第二版

谢　梅　主编

策划编辑　杨仪玮
责任编辑　杨仪玮

出版发行　电子科技大学出版社
　　　　　成都市一环路东一段159号电子信息产业大厦九楼　邮编 610051
主　　页　www.uestcp.com.cn
服务电话　028-83203399
邮购电话　028-83201495

印　　刷　四川煤田地质制图印刷厂
成品尺寸　185mm×260mm
印　　张　18.25
字　　数　380千字
版　　次　2022年8月第1版
印　　次　2022年8月第1次印刷
书　　号　ISBN 978-7-5647-9512-2
定　　价　65.00元

再版前言

中华文明五千年，思想何其深邃广博！中华文化是人类文明的一颗璀璨的明珠。春秋以降，上下五千年的漫长岁月里，中华文明历经多次蜕变，但却始终保持着自己完整的面貌和独特的魅力，充满了顽强的生命力，散发出耀眼的光芒。

与人类其他文明的演进相同，中华文化在其延续发展的几千年里，也曾遭受过数次其他文化的冲击与影响。但是，这些新思潮的涌进，不仅没有动摇中华文化的根基，销蚀中华文明的生命力，反而更加延展和丰富了中华文明深邃的智慧，叠加了传统文化睿智的深度。每次历史的巨变，都成为中国社会嬗变的契机，推动着中国社会生生不息的变革和蓬蓬勃勃的发展。

改革开放以来，中华文化越来越受到人们的广泛关注。特别是在20世纪80年代，对中华传统文化相关问题的研究与探索逐渐成为学术界的潮流与热点。进入21世纪以后，关于弘扬中华民族传统文化的呼声越来越高。之所以如此，是因为随着中国经济的飞速发展、国际地位的显著提高，中华民族文化的重要性越来越受到世界的重视。但同样值得关注的是，随着与世界其他国家、民族经济合作和文化交流的日益频繁，中华传统文化的地位受到了外来文化，尤其是西方发达国家文化霸权的挑战。特别是中国进入消费日益繁荣的时期后，随着经济快速增长、物质极大丰富，人们感觉精神空虚、情绪焦虑等情况也开始在社会上出现。在这种形势下，从民族文化中寻找精神养料，获得智慧和力量，就成为当下社会的迫切之需。而弘扬优秀的传统文化，继承伟大的民族精神，提高国人的文化品位，培养高尚的道德情操，也就成为时代赋予我们这一代学人的无可推卸的责任。

中华传统文化是中华各民族在历史的发展过程中积淀下来的习惯、习俗、观念和制度，包括物质和精神两个层面，其中内含中华民族共同拥有的信仰、道德、思想意识和价值观念。中华传统的文化经典，尤其是以四书五经为核心的文化典籍，集中华文化、思想、精神之大成，是中华文化思想的源头。《周易》被西方学者看作是中华五千多年文化科学技术的源头活水；《论语》体现了儒家提倡的温、良、恭、俭、让和“德治”“仁政”主张，既有基本的人伦秩序，也有高明的治国措施，它们维系了中国古代社会两千多年的推进发展，也创造出了中国封建社会的辉煌，并正在影响着今天中国和世界的发展。宋濂在《元史·列传第三十》中说：“幼肄业国学，博通群书，其正心修身之要，得诸许衡及父兄家传。长袭宿卫，风神凝远，制行峻洁，望而知其为贵介公子。”

继承传统，振兴国学，既是人性培育之要诀、社会和谐之核心，也是少年成长之核心、全球发展之良药。中华传统文化的核心和精髓是效法自然、遵循规律，中和中正、万物和谐，这正是当今社会发展和全球生存的文化命脉。作为中华民族文化载体的文化典籍，可谓生之动力、命之源泉。《论语》《孟子》《春秋》《孙子兵法》，等等，一篇篇古文，仿若是一个个先贤在沉思和喃语，在诉说和启迪，在呼唤和催促。当我们浸淫在中华文化的宝库中时，我们就会用心灵感受到中华文明的博大精深，用身体引动出中华文化生动的脉搏，在传统文化的指引下创造出新的文化和文明。

原典作为文化源头的经典要籍，不仅是一种思想、学术流派最开始、最本源的学说，更是一种文化和文明的肇源。中国传统文化原典既是中国古代圣贤的先见哲思，富有鲜明的民族特色，又是中华文明的集体智慧，博大而精深。显而易见，对传统文化的传承是一个复杂而多变的过程。我们看到，在几千年的传承过程中，对“原典”的误读和传播对中国社会的发展产生了一定的负面影响。今天重新阅读文化源头著作，对发挥中华传统文化的当代作用是十分有价值的。“天行健，君子当自强不息；地势坤，君子以厚德载物。”大学生是未来的国之栋梁，唯有学好国学，方能在人生征途中保持“富贵不能淫，贫贱不能移，威武不能屈”的高尚情操，拥有“先天下之忧而忧，后天下之乐而乐”的广阔胸襟，胸怀“天下兴亡，匹夫有责”的伟大抱负，运用“有所为而有所不为”的人生大智慧，实现中华复兴之梦想。

《中国传统文化原典（选读）》是为电子科技大学核心通识课程“中国古典文学著作选读”“品味国学”“中外文学通论”编写的一本教材。本教材以中国传统儒家文化原典为核心内容，依据“十三经”文选，选取国学经典中最有代表性的原著，对其进行整理编排和呈现，用以指导理工科大学学生的中华文化素养教育。2013年版（第一版）考虑到当时大学生国学经典阅读量不足，选文从《三字经》《弟子规》《孝经》开始，到儒家传道授业的基本教材“四书”，再到儒学经典“五经”中的《诗经》《尚书》《春秋》，道家经典哲学著作《道德经》，以及集文学与艺术于一体的中国古代戏曲选段，所选取的部分力求涵盖国学文化中最基本、最具价值的部分，反映国学文化之精髓。而今随着国学教育的兴起和蓬勃发展，国学经典已成为全国中小学乃至大学生的必读书籍；相关媒体对国学经典的大量传播，也使得国民国学知识水平普遍提高，大学生的国学素养也逐步得到提升。基于此，在本次第二版中，编者将国学中的蒙学作品去掉，以儒学文化为核心，将“十三经”作为经纬，参照《四库全书》的分类依据，选取了“经史子集”的代表性典籍以及片段，并将其编排成册。本教材所选取的经典典籍涉及民众耳熟能详的《论语》《孟子》，津津乐道的《道德经》《孙子兵法》，以及陌生渴知的《周礼》《仪礼》等，力图在建构起大学生关于中华传统文化尤其是儒家文化的宏观知识框架的同时，强化其合理的认识思维。同时依然在忠于原著的基础上，本教材从传播学的角度对文化原典产生的社会背景、各个时期的传承情况，以及围绕重大经典问题研究的不同观点进行了一一陈述，将传统与现实、作品与受众、阅读与阐释结合为一体，力求从全新的角度建构出文化经典学习的多维知识体系，以帮助大学生更全面系统地领悟国学精髓，立贤君之品，做智慧之人。

此为新序。

谢　梅

二〇二一年十一月于成都市

高新西区西源大道2006号创新中心

目录

contents

论　语（选）

一、简介

《论语》是一本记录孔子和他的弟子及再传弟子言行的内容汇编，内容涉及政治、教育、文学、哲学以及立身处世的道理等多方面。《论语》集中体现了孔子的政治主张、伦理思想、道德观念及教育原则，是研究孔子及原始儒家思想的主要资料。

《论语》在先秦散文发展史上有着不可忽视的地位，是我国历史上的第一部说理散文集。作为一部优秀的语录体散文集，《论语》中所记载的孔子循循善诱的教诲之言，或简单应答、点到即止，或启发论辩、侃侃而谈，富于变化，娓娓动人。

《论语》语气活泼，场景式写作，简朴传神，尤其善于从人物思想的冲突中表现性格，使孔子本人以及子路等重要弟子都展现出鲜明和栩栩如生的形象。

南宋时朱熹将《论语》与《孟子》《大学》《中庸》合称为“四书”，《论语》便成为儒家思想的经典文本。今本《论语》是西汉末年张禹以《鲁论》为主，结合了《齐论》编制而成的，共20篇。

二、原文（节选）

学而第一

子曰：“学而时习之，不亦说乎？有朋自远方来，不亦乐乎？人不知而不愠，不亦君子乎？”

有子①曰：“其为人也孝弟，而好犯上者，鲜矣！不好犯上，而好作乱者，未之有也。君子务本，本立而道生。孝弟也者，其为仁之本与！”

子曰：“巧言令色，鲜矣仁。”

曾子②曰：“吾日三省吾身：为人谋而不忠乎？与朋友交而不信乎？传不习乎？”

子曰：“道千乘之国，敬事而信，节用而爱人，使民以时。”

子曰：“弟子入则孝，出则悌③，谨而信，泛爱众，而亲仁。行有余力，则以学文。”

子夏④曰：“贤贤易色，事父母，能竭其力，事君，能致其身，与朋友交，言而有信；虽曰未学，吾必谓之学矣。”

子曰：“君子不重则不威；学则不固。主忠信，无友不如己者，过则勿惮⑤改。”

曾子曰：“慎终，追远，民德归厚矣！”

子禽问于子贡曰[⑥]："夫子至于是邦也，必闻其政。求之与？抑与之与？"子贡曰："夫子温、良、恭、俭、让以得之。夫子之求之也，其诸异乎人之求之与！"

子曰："父在，观其志；父没，观其行；三年无改于父之道，可谓孝矣。"

有子曰："礼之用，和为贵。先王之道[⑦]，斯为美，小大由之。有所不行，知和而和，不以礼节之，亦不可行也。"

有子曰："信近于义，言可复也。恭近于礼，远耻辱也。因不失其亲，亦可宗也。"

子曰："君子食无求饱，居无求安，敏于事而慎于言，就有道而正焉，可谓好学也已。"

子贡曰："贫而无谄，富而无骄，何如？"子曰："可也。未若贫而乐，富而好礼者也。"子贡曰："《诗》云：'如切如磋，如琢如磨'[⑧]，其斯之谓与？"子曰："赐也，始可与言《诗》已矣！告诸往而知来者。"

子曰："不患人之不己知，患不知人也。"

【注释】

①有子：孔子的学生，姓有，名若，比孔子小43岁，一说小33岁。在《论语》书中记载的孔子学生一般都称字，只有曾参和有若称"子"。因此，许多人认为《论语》是由曾参和有若所著述。

②曾子：姓曾，名参（shēn），字子舆，生于公元前505年，鲁国人，是被鲁国灭亡了的鄫国贵族的后代。曾参是孔子的得意门生，以孝子出名。

③入：古代时父子分别住在不同的居处，学习则在外舍。《礼记·内则》："由命士以上，父子皆异宫。"入是入父宫，指进到父亲住处，或说在家。出：与"入"相对而言，指外出拜师学习。

④子夏：姓卜，名商，字子夏，孔子的学生，比孔子小44岁，生于公元前507年。孔子死后，他在魏国宣传孔子的思想主张。

⑤惮（dàn）。

⑥子禽：姓陈，名亢，字子禽。郑玄所注《论语》说他是孔子的学生，但《史记·仲尼弟子列传》未载此人，故一说子禽非孔子学生。子贡：姓端木，名赐，字子贡，卫国人，是孔子的学生。孔子认为他可以做大国的宰相。据《史记》记载，子贡在卫国做了商人，家有财产千金，成了有名的商业家。

⑦先王之道：指尧、舜、禹、汤、文、武、周公等古代帝王的治世之道。

⑧如切如磋，如琢如磨：此二句见《诗经·卫风·淇澳》。

为政第二

子曰："为政以德，譬如北辰，居其所而众星共之。"

子曰："《诗》[①]三百，一言以蔽之，曰：'思无邪'。"

子曰："道之以政，齐之以刑，民免而无耻；道之以德，齐之以礼，有耻且格。"

子曰："吾十有五而志于学，三十而立，四十而不惑，五十而知天命，六十而耳顺，七十而从心所欲，不逾矩。"

孟懿子问孝。子曰："无违。"樊迟御，子告之曰："孟孙问孝于我，我对曰，'无违'。"樊迟曰："何谓也？"子曰："生，事之以礼；死，葬之以礼，祭之以礼。"②

孟武伯③问孝。子曰："父母唯其疾之忧。"

子游④问孝。子曰："今之孝者，是谓能养。至于犬马，皆能有养；不敬，何以别乎？"

子夏问孝。子曰："色难。有事，弟子服其劳；有酒食，先生馔。曾是以为孝乎？"

子曰："吾与回⑤言，终日不违，如愚。退而省其私，亦足以发。回也不愚。"

子曰："视其所以，观其所由，察其所安，人焉廋⑥哉？人焉廋哉？"

子曰："温故而知新，可以为师矣。"

子曰："君子不器。"

子贡问君子。子曰："先行其言，而后从之。"

子曰："君子周而不比，小人比而不周。"

子曰："学而不思则罔，思而不学则殆。"

子曰："攻乎异端，斯害也已。"

子曰："由⑦，诲女知之乎？知之为知之，不知为不知，是知也。"

子张⑧学干禄。子曰："多闻阙疑，慎言其余，则寡尤；多见阙殆，慎行其余，则寡悔。言寡尤，行寡悔，禄在其中矣。"

哀公⑨问曰："何为则民服？"孔子对曰："举直错诸枉，则民服；举枉错诸直，则民不服。"

季康子⑩问："使民敬、忠以劝，如之何？"子曰："临之以庄则敬，孝慈则忠，举善而教不能则劝。"

或谓孔子曰："子奚不为政。"子曰："《书》云：'孝乎惟孝，友于兄弟，施于有政。'是亦为政，奚其为为政？"

子曰："人而无信，不知其可也。大车无輗，小车无軏，其何以行之哉？"

子张问："十世可知也？"子曰："殷因于夏礼，所损益可知也；周因于殷礼，所损益可知也；其或继周者，虽百世可知也。"

子曰："非其鬼而祭之，谄也。见义不为，无勇也。"

【注释】

①诗：指《诗经》一书。

②孟懿子：鲁国的大夫，三家之一，姓仲孙，名何忌，"懿"是谥号。樊迟：姓

樊，名须，字子迟，孔子的弟子。孟孙：指孟懿子。

③孟武伯：孟懿子的儿子，名彘（zhì），武是谥号。

④子游：姓言，名偃，字子游，孔子弟子。

⑤回：姓颜，名回，字子渊，鲁国人，孔子的弟子。

⑥廋（sōu）：隐藏、藏匿。

⑦由：姓仲，名由，字子路，孔子的学生。

⑧子张：姓颛孙，名师，字子张，孔子的学生。

⑨哀公：姓姬，名蒋，鲁国国君，“哀”是谥号。

⑩季康子：姓季孙，名肥，鲁哀公时任正卿，是当时政治上最有权势的人，“康”是谥号。

八佾第三

孔子谓季氏：“八佾舞于庭，是可忍也，孰不可忍也？”[①]

三家者以《雍》彻。子曰：“‘相维辟公，天子穆穆’，奚取于三家之堂？”[②]

子曰：“人而不仁，如礼何？人而不仁，如乐何？”

林放问礼之本。子曰：“大哉问！礼，与其奢也，宁俭；丧，与其易也，宁戚。”

子曰：“夷狄之有君，不如诸夏之亡也。”

季氏旅于泰山。子谓冉有曰：“女弗能救与？”对曰：“不能！”子曰：“呜呼！曾谓泰山不如林放乎？”

子曰：“君子无所争，必也射乎！揖让而升，下而饮，其争也君子。”

子夏问曰：“‘巧笑倩兮，美目盼兮，素以为绚兮。’何谓也？”子曰：“绘事后素。”曰：“礼后乎？”子曰：“起予者商也，始可与言《诗》已矣！”

子曰：“夏礼，吾能言之，杞不足征也；殷礼，吾能言之，宋不足征也。文献不足故也，足，则吾能征之矣。”

子曰：“禘[③]，自既灌而往者，吾不欲观之矣。”

或问禘之说。子曰：“不知也。知其说者之于天下也，其如示诸斯乎！”指其掌。

祭如在，祭神如神在。子曰：“吾不与祭，如不祭。”

王孙贾问曰：“‘与其媚于奥，宁媚于灶’，何谓也？”子曰：“不然，获罪于天，无所祷也。”

子曰：“周监于二代，郁郁乎文哉！吾从周。”

子入太庙，每事问。或曰：“孰谓鄹[④]人之子知礼乎？入太庙，每事问。”子闻之曰：“是礼也。”

子曰：“射不主皮，为力不同科，古之道也。”

子贡欲去告朔之饩羊[⑤]。子曰：“赐也，尔爱其羊，我爱其礼。”

子曰："事君尽礼，人以为谄也。"

定公问："君使臣，臣事君，如之何？"孔子对曰："君使臣以礼，臣事君以忠。"

子曰："《关雎》，乐而不淫，哀而不伤。"

哀公问社于宰我。宰我对曰："夏后氏以松，殷人以柏，周人以栗，曰使民战栗。"子闻之曰："成事不说，遂事不谏，既往不咎。"

子曰："管仲之器小哉！"或曰："管仲俭乎？"曰："管氏有三归，官事不摄，焉得俭？""然则管仲知礼乎？"曰："邦君树塞门，管氏亦树塞门。邦君为两君之好，有反坫，管氏亦有反坫。管氏而知礼，孰不知礼？"⑥

子语鲁大师乐，曰："乐其可知也：始作，翕⑦如也；从之，纯如也，皦⑧如也，绎如也，以成。"

仪封人请见，曰："君子之至于斯也，吾未尝不得见也。"从者见之。出，曰："二三子何患于丧乎？天下之无道也久矣，天将以夫子为木铎。"

子谓《韶》："尽美矣，又尽善也。"谓《武》："尽美矣，未尽善也。"

子曰："居上不宽，为礼不敬，临丧不哀，吾何以观之哉？"

【注释】

①季氏：鲁国正卿季孙氏，即季平子。八佾（yì）：行列的意思。古时一佾为八人，八佾就是六十四人。据《周礼》规定，只有周天子才可以使用八佾，诸侯为六佾，卿大夫为四佾，士用二佾。季氏是正卿，只能用四佾。

②三家：鲁国当政的三家，即仲孙氏、叔孙氏、季孙氏。《雍》：《诗经·周颂》中的一篇。相维辟公，天子穆穆：《雍》中的两句诗句。

③禘（dì）。

④鄹（zōu）：春秋时鲁国地名。

⑤饩（xì）羊：祭祀用的活羊。

⑥管仲：姓管，名夷吾，齐国人，齐桓公的宰相。坫（diàn）。

⑦翕（xī）。

⑧皦（jiǎo）。

里仁第四

子曰："里仁为美，择不处仁，焉得知？"①

子曰："不仁者，不可以久处约，不可以长处乐。仁者安仁，知者利仁。"②

子曰："唯仁者能好人，能恶人。"

子曰："苟志于仁矣，无恶也。"

子曰："富与贵，是人之所欲也；不以其道得之，不处也。贫与贱，是人之所恶也；不以其道得之，不去也。君子去仁，恶乎成名？君子无终食之间违仁，造次必于是，颠沛必于是。"

子曰："我未见好仁者、恶不仁者。好仁者，无以尚之；恶不仁者，其为仁矣，不使不仁者加乎其身。有能一日用其力于仁矣乎？我未见力不足者。盖有之矣，我未之见也。”

子曰：“人之过也，各于其党。观过，斯知仁矣。”

子曰：“朝闻道，夕死可矣。”

子曰：“士志于道，而耻恶衣恶食者，未足与议也。”

子曰：“君子之于天下也，无适也，无莫也，义之与比。”③

子曰：“君子怀德，小人怀土；君子怀刑，小人怀惠。”

子曰：“放于利而行，多怨。”④

子曰：“能以礼让为国乎？何有！不能以礼让为国，如礼何！”⑤

子曰：“不患无位，患所以立；不患莫己知，求为可知也。”

子曰：“参乎！吾道一以贯之。”曾子曰：“唯。”子出。门人问曰：“何谓也？”曾子曰：“夫子之道，忠恕而已矣。”

子曰：“君子喻于义，小人喻于利。”

子曰：“见贤思齐焉，见不贤而内自省也。”

子曰：“事父母几谏。见志不从，又敬不违，劳而不怨。”⑥

子曰：“父母在，不远游，游必有方。”

子曰：“三年无改于父之道，可谓孝矣。”

子曰：“父母之年，不可不知也；一则以喜，一则以惧。”

子曰：“古者言之不出，耻躬之不逮也。”

子曰：“以约失之者，鲜矣！”⑦

子曰：“君子欲讷于言，而敏于行。”

子曰：“德不孤，必有邻。”

子游曰：“事君数，斯辱矣；朋友数，斯疏矣。”⑧

【注释】

①里仁为美：里，住处，这里用作动词。住在有仁者的地方才好。知（zhì）：同“智”。

②约：穷困、困窘。安仁、利仁：安仁是安于仁道，利仁是认为仁有利自己才去行仁。

③适（dí）：可以。莫：不可。比：依靠。

④放（fǎng）：依据。怨：别人的怨恨。

⑤何有：全意为“何难之有”，即不难的意思。如礼何：把礼怎么办？

⑥几（jī）：轻微、婉转的意思。劳：忧愁、烦恼的意思。

⑦约：约束。这里指“约之以礼”。鲜：少的意思。

⑧数（shuò）：屡次、多次。斯：就。

公冶长第五

子谓公冶长：“可妻也。虽在缧绁之中，非其罪也。”以其子妻之。①

子谓南容："邦有道，不废；邦无道，免于刑戮。"以其兄之子妻之。

子谓子贱："君子哉若人！鲁无君子者，斯焉取斯？"

子贡问曰："赐也何如？"子曰："女，器也。"曰："何器也？"曰："瑚琏也。"

或曰："雍也仁而不佞。"子曰："焉用佞？御人以口给，屡憎于人。不知其仁，焉用佞？"②

子使漆雕开仕。对曰："吾斯之未能信。"子说。

子曰："道不行，乘桴浮于海。从我者，其由与？"子路闻之喜。子曰："由也，好勇过我，无所取材。"

孟武伯问子路仁乎？子曰："不知也。"又问。子曰："由也，千乘之国，可使治其赋也。不知其仁也。""求也何如？"子曰："求也，千室之邑，百乘之家，可使为之宰也。不知其仁也。""赤也何如？"子曰："赤也，束带立于朝③，可使与宾客言也。不知其仁也。"

子谓子贡曰："女与回也孰愈？"对曰："赐也何敢望回？回也闻一以知十，赐也闻一以知二。"子曰："弗如也！吾与女弗如也。"

宰予昼寝。子曰："朽木不可雕也，粪土之墙不可杇④也，于予与何诛？"子曰："始吾于人也，听其言而信其行；今吾于人也，听其言而观其行。于予与改是。"

子曰："吾未见刚者！"或对曰："申枨⑤。"子曰："枨也欲，焉得刚？"

子贡曰："我不欲人之加诸我也，吾亦欲无加诸人。"子曰："赐也，非尔所及也。"

子贡曰："夫子之文章，可得而闻也；夫子之言性与天道，不可得而闻也。"

子路有闻，未之能行，唯恐有闻。

子贡问曰："孔文子何以谓之'文'也？"子曰："敏而好学，不耻下问，是以谓之'文'也。"

子谓子产："有君子之道四焉：其行己也恭，其事上也敬，其养民也惠，其使民也义。"

子曰："晏平仲善与人交，久而敬之。"

子曰："臧文仲居蔡，山节藻棁，何如其知也？"⑥

子张问曰："令尹子文三仕为令尹，无喜色；三已之，无愠色。旧令尹之政，必以告新令尹。何如？"子曰："忠矣。"曰："仁矣乎？"曰："未知，焉得仁？""崔子弑齐君，陈文子有马十乘，弃而违之。至于他邦，则曰：'犹吾大夫崔子也。'违之。之一邦，则又曰：'犹吾大夫崔子也。'违之。何如？"子曰："清矣。"曰："仁矣乎？"曰："未知，焉得仁？"

季文子三思而后行。子闻之，曰："再，斯可矣。"

子曰："宁武子，邦有道，则知；邦无道，则愚。其知可及也，其愚不可及也。"

子在陈，曰："归与！归与！吾党之小子狂简，斐然成章，不知所以裁之。"

子曰："伯夷、叔齐不念旧恶，怨是用希。"⑦

子曰："孰谓微生高直？或乞醯焉，乞诸其邻而与之。"⑧

子曰："巧言、令色、足恭，左丘明耻之，丘亦耻之。匿怨而友其人，左丘明耻之，丘亦耻之。"

颜渊、季路侍。子曰："盍各言尔志？"子路曰："愿车马衣（轻）裘，与朋友共，敝之而无憾。"颜渊曰："愿无伐善，无施劳。"子路曰："愿闻子之志。"子曰："老者安之，朋友信之，少者怀之。"

子曰："已矣乎！吾未见能见其过而内自讼者也。"

子曰："十室之邑，必有忠信如丘者焉，不如丘之好学也。"

【注释】

①公冶长：姓公冶，名芝，字子长，齐国人，孔子的弟子。缧绁（léi xiè）：捆绑犯人用的绳索，这里借指牢狱。

②佞（nìng）：能言善辩，有口才。口给（jǐ）：口齿伶俐，有辩才。不知其仁：指有口才者有仁与否不可知。

③赤：姓公西，名赤，字子华，孔子的学生。束带立于朝：指穿着礼服立于朝廷。

④杇（wū）：抹墙用的抹子，这里指用抹子粉刷墙壁。

⑤枨（chéng）：姓申，名枨，字周，孔子的学生。

⑥臧文仲：姓臧孙，名辰，"文"是谥号。因不遵守周礼，被孔子指责为"不仁""不智"。蔡：国君用以占卜的大龟。蔡这个地方产龟，所以把大龟叫作蔡。山节藻棁：节，柱上的斗拱。棁（zhuō）：房梁上的短柱。把斗拱雕成山形，在棁上绘以水草花纹。这是古时装饰天子宗庙的做法。

⑦伯夷、叔齐：商代孤竹君的两个儿子。父亲死后，二人互相让位，都逃到周文王那里。周武王起兵伐纣，他们认为这是以臣弑君，是不忠不孝的行为，曾加以拦阻。周灭商统一天下后，他们以吃周朝的粮食为耻，逃进深山中以野草充饥，饿死在首阳山中。

⑧微生高：姓微生，名高，鲁国人。当时的人们认为他是一个守信的人。醯（xī）：醋。

雍也第六

子曰："雍也可使南面。"

仲弓问子桑伯子，子曰："可也，简。"仲弓曰："居敬而行简，以临其民，不亦可乎？居简而行简，无乃大简乎？"子曰："雍之言然。"①

哀公问："弟子孰为好学？"孔子对曰："有颜回者好学，不迁怒，不贰过。不幸短命死矣，今也则亡，未闻好学者也。"

子华使于齐，冉子为其母请粟。子曰："与之釜。"请益。曰："与之庾。"

冉子与之粟五秉。子曰：“赤之适齐也，乘肥马，衣轻裘。吾闻之也，君子周急不继富。”[②]

原思为之宰，与之粟九百，辞。子曰：“毋！以与尔邻里乡党乎！”

子谓仲弓曰：“犁牛之子骍且角，虽欲勿用，山川其舍诸？”[③]

子曰：“回也，其心三月不违仁，其余则日月至焉而已矣。”

季康子问：“仲由可使从政也与？”子曰：“由也果，于从政乎何有？”曰：“赐也可使从政也与？”曰：“赐也达，于从政乎何有？”曰：“求也可使从政也与？”曰：“求也艺，于从政乎何有？”

季氏使闵子骞为费宰。闵子骞曰：“善为我辞焉。如有复我者，则吾必在汶上矣。”

伯牛有疾，子问之，自牖执其手，曰：“亡之，命矣夫！斯人也而有斯疾也！斯人也而有斯疾也！”

子曰：“贤哉！回也。一箪食，一瓢饮，在陋巷。人不堪其忧，回也不改其乐。贤哉！回也。”

冉求曰：“非不说子之道，力不足也。”子曰：“力不足者，中道而废。今女画。”

子谓子夏曰：“女为君子儒，无为小人儒。”

子游为武城宰。子曰：“女得人焉耳乎？”曰：“有澹台灭明者，行不由径。非公事，未尝至于偃之室也。”

子曰：“孟之反不伐，奔而殿。将入门，策其马，曰：‘非敢后也，马不进也。’”

子曰：“不有祝鮀之佞[④]，而有宋朝之美，难乎免于今之世矣！”

子曰：“谁能出不由户？何莫由斯道也？”

子曰：“质胜文则野，文胜质则史，文质彬彬，然后君子。”

子曰：“人之生也直，罔之生也幸而免。”[⑤]

子曰：“知之者不如好之者，好之者不如乐之者。”

子曰：“中人以上，可以语上也；中人以下，不可以语上也。”

樊迟问知。子曰：“务民之义，敬鬼神而远之，可谓知矣。”问仁。曰：“仁者先难而后获，可谓仁矣。”

子曰：“知者乐水，仁者乐山；知者动，仁者静；知者乐，仁者寿。”

子曰：“齐一变，至于鲁；鲁一变，至于道。”

子曰：“觚[⑥]不觚，觚哉！觚哉！”

宰我问曰：“仁者，虽告之曰：‘井有仁焉。’其从之也？”子曰：“何为其然也？君子可逝也，不可陷也；可欺也，不可罔也。”

子曰：“君子博学于文，约之以礼，亦可以弗畔矣夫。”

子见南子，子路不说。夫子矢之曰：“予所否者，天厌之！天厌之！”

子曰：“中庸之为德也，其至矣乎！民鲜久矣。”

子贡曰："如有博施于民而能济众，何如？可谓仁乎？"子曰："何事于仁？必也圣乎！尧、舜其犹病诸！夫仁者，己欲立而立人，己欲达而达人。能近取譬，可谓仁之方也已。"

【注释】

①子桑伯子：此人已经无可考。有人认为就是《庄子》中的桑户，也有人认为就是秦穆公时的子桑（公孙枝），这些说法都未必可靠。被称"伯子"很大可能其是卿大夫。大：同"太"。

②粟：小米。粟是指未去壳，去了壳就叫做米。釜（fǔ）：古代量名，容积为当时的六斗四升，约合今天的一斗二升八合。庾（yǔ）：古代量名，容积为当时的二斗四升，约合今天的四升八合。秉（bǐng）：古代量名，容积为当时的十六斛，五秉则是八十斛。古代以十斗为斛，南宋的贾似道改五斗为一斛，一石两斛，沿用到民国初年，现今已废除。

③骍：赤色。周朝以赤色为贵，所以祭祀的时候也用赤色的牲畜。角：两角长得周正。据《史记·仲尼弟子列传》说，仲弓的父亲是贱人，仲弓却是"可使南面"的人才，因此孔子说了这番话。古代供祭祀的牺牲不用耕牛，而且认为耕牛之子也不配做牺牲。孔子的意思是耕牛所产之子如果够得上做牺牲的条件，山川之神一定会接受这种祭享。那么仲弓这样的人才为什么因为他父亲"下贱"而舍弃不用呢？

④不有：这里用以表示假设语气"假若没有"。祝鮀：卫国的大夫，字子鱼。《左传·定公四年》中曾记载着他的外交词令。宋朝：宋国的公子朝，《左传·昭公二十年》和《左传·定公十四年》中都曾记载他因为美丽而惹出乱子的事情。

⑤也：语气词，表"人之生"是一词组做主语，这里无妨做一停顿，下文"直"是谓语。罔：诬罔的人，不正直的人。

⑥觚（gū）：古代盛酒的器皿，腹部有四个棱角，足部也有四个棱角。

述而第七

子曰："述而不作，信而好古，窃比于我老彭。"

子曰："默而识之，学而不厌，诲人不倦，何有于我哉？"

子曰："德之不修，学之不讲，闻义不能徙，不善不能改，是吾忧也。"

子之燕居，申申如也，夭夭如也。①

子曰："甚矣吾衰也！久矣吾不复梦见周公②。"

子曰："志于道，据于德，依于仁，游于艺。"

子曰："自行束脩③以上，吾未尝无诲焉！"

子曰："不愤不启，不悱不发；举一隅不以三隅反，则不复也。"

子食于有丧者之侧，未尝饱也。

子于是日哭，则不歌。

子谓颜渊曰："用之则行，舍之则藏，惟我与尔有是夫！"子路曰："子行三军，则谁与？”子曰：“暴虎冯河，死而无悔者，吾不与也。必也临事而惧，好谋而成者也。”

子曰：“富而可求也，虽执鞭之士，吾亦为之。如不可求，从吾所好。”

子之所慎：齐，战，疾。

子在齐闻《韶》，三月不知肉味，曰：“不图为乐之至于斯也！”

冉有曰：“夫子为卫君乎？”子贡曰：“诺。吾将问之。”入，曰：“伯夷、叔齐何人也？”曰：“古之贤人也。”曰：“怨乎？”曰：“求仁而得仁，又何怨！”出，曰：“夫子不为也。”

子曰：“饭疏食，饮水，曲肱[4]而枕之，乐亦在其中矣！不义而富且贵，于我如浮云。”

子曰：“加我数年，五十以学《易》，可以无大过矣。”

子所雅言，《诗》、《书》、执礼，皆雅言也。

叶公[5]问孔子于子路，子路不对。子曰：“女奚不曰：其为人也，发愤忘食，乐以忘忧，不知老之将至云尔。”

子曰：“我非生而知之者，好古，敏以求之者也。”

子不语怪、力、乱、神。

子曰：“三人行，必有我师焉！择其善者而从之，其不善者而改之。”

子曰：“天生德于予，桓魋[6]其如予何？”

子曰：“二三子以我为隐乎？吾无隐乎尔。吾无行而不与二三子者，是丘也。”

子以四教：文、行、忠、信。

子曰：“圣人，吾不得而见之矣；得见君子者，斯可矣。”子曰：“善人，吾不得而见之矣；得见有恒者，斯可矣。亡而为有，虚而为盈，约而为泰，难乎有恒矣。”

子钓而不纲，弋不射宿。

子曰：“盖有不知而作之者，我无是也。多闻，择其善者而从之；多见而识之，知之次也。”

互乡难与言，童子见，门人惑。子曰：“与其进也，不与其退也。唯何甚！人洁己以进，与其洁也，不保其往也。”

子曰：“仁远乎哉？我欲仁，斯仁至矣！”

陈司败问：“昭公知礼乎？”孔子曰：“知礼。”孔子退，揖巫马期而进之，曰：“吾闻君子不党，君子亦党乎？君取于吴，为同姓，谓之吴孟子。君而知礼，孰不知礼？”巫马期以告。子曰：“丘也幸，苟有过，人必知之。”

子与人歌而善，必使反之，而后和之。

子曰：“文，莫吾犹人也。躬行君子，则吾未之有得。”

子曰：“若圣与仁，则吾岂敢！抑为之不厌，诲人不倦，则可谓云尔已矣。”公西华曰：“正唯弟子不能学也！”

子疾病，子路请祷。子曰：“有诸?”子路对曰：“有之。《诔》曰：‘祷尔于上下神祇。’”子曰：“丘之祷久矣。”⑦

子曰：“奢则不孙，俭则固。与其不孙也，宁固。”

子曰：“君子坦荡荡，小人长戚戚。”

子温而厉，威而不猛，恭而安。

【注释】

①申申：整饬之貌。夭夭：和舒之貌。

②周公：姓姬，名旦，周文王的儿子，周武王的弟弟，成王的叔父，鲁国的始封之君，传说是西周典章制度的制定者，是孔子所崇拜的圣人之一。

③束脩（xiū）：脩，是干肉，又叫“脯”。束脩就是十条干肉，古代用来做初次拜见的礼物，但这一礼物是菲薄的。

④肱（gōng）：胳膊。

⑤叶（旧音shè）：地名，当时属楚，今河南叶县南三十里有古叶城。叶公是叶地方的县长，楚君称王，县长便称公。此人叫沈诸梁，字子高，《左传》定公、哀公之间有一些关于他的记载，在楚国当时还算是一位贤者。

⑥桓魋（tuí）：宋国的司马向魋，因为是宋桓公的后代，所以又叫桓魋。《史记·孔子世家》有一段这样的记载：“孔子去曹，适宋，与弟子习礼大树下。宋司马桓魋欲杀孔子，拔其树。孔子去，弟子曰：‘可以速矣。’孔子曰：‘天生德于予，桓魋其如予何?’”

⑦《诔》（lěi）。祇（qí）：古代称天神为神，地神为祇。

泰伯第八

子曰：“泰伯，其可谓至德也已矣！三以天下让，民无得而称焉。”

子曰：“恭而无礼则劳，慎而无礼则葸①，勇而无礼则乱，直而无礼则绞。君子笃于亲，则民兴于仁；故旧不遗，则民不偷。”

曾子有疾，召门弟子曰：“启予足！启予手！《诗》云：‘战战兢兢，如临深渊，如履薄冰。’而今而后，吾知免夫，小子！”

曾子有疾，孟敬子问之。曾子言曰：“鸟之将死，其鸣也哀；人之将死，其言也善。君子所贵乎道者三：动容貌，斯远暴慢矣；正颜色，斯近信矣；出辞气，斯远鄙倍矣。笾豆之事，则有司存。”

曾子曰：“以能问于不能，以多问于寡；有若无，实若虚，犯而不校，昔者吾友尝从事于斯矣。”

曾子说：“可以托六尺之孤，可以寄百里之命，临大节而不可夺也，君子人与？君子人也。”

曾子曰：“士不可以不弘毅，任重而道远。仁以为己任，不亦重乎？死而后已，不亦远乎？”

子曰：“兴于《诗》，立于礼，成于乐。”

子曰：“民可使由之，不可使知之。”

子曰：“好勇疾贫，乱也。人而不仁，疾之已甚，乱也。”

子曰：“如有周公之才之美，使骄且吝，其余不足观也已。”

子曰：“三年学，不至于谷，不易得也。”

子曰：“笃信好学，守死善道。危邦不入，乱邦不居。天下有道则见，无道则隐。邦有道，贫且贱焉，耻也。邦无道，富且贵焉，耻也。”

子曰：“不在其位，不谋其政。”

子曰：“师挚之始[②]，《关雎》之乱，洋洋乎盈耳哉！”

子曰：“狂而不直，侗而不愿，悾悾[③]而不信，吾不知之矣。”

子曰：“学如不及，犹恐失之。”

子曰：“巍巍乎！舜、禹之有天下也，而不与焉。”

子曰：“大哉！尧之为君也！巍巍乎！唯天为大，唯尧则之。荡荡乎！民无能名焉。巍巍乎！其有成功也！焕乎！其有文章！”

舜有臣五人[④]而天下治。武王曰：“予有乱臣[⑤]十人。”孔子曰：“才难，不其然乎？唐、虞之际，于斯为盛。有妇人焉，九人而已。三分天下有其二，以服事殷。周之德，其可谓至德也已矣。”

子曰：“禹，吾无间然矣。菲饮食，而致孝乎鬼神；恶衣服，而致美乎黻冕[⑥]；卑宫室，而尽力乎沟洫。禹，吾无间然矣！”

【注释】

①葸（xǐ）：拘谨、畏惧的样子。

②师挚之始：“始”是乐曲的开端，叫作“升歌”，一般由太师演奏。师挚是鲁国的太师，名挚，由他演奏，所以说“师挚之始”。

③悾悾（kōng）：诚恳的样子。

④舜有臣五人：传说是禹、稷、契、皋陶、伯益等人。

⑤乱臣：乱，治也。《左传·昭公二十四年》引《大誓》说：“余有乱臣十人，同心同德。”则“乱臣”就是“治国之臣”。

⑥黻冕（fǔ miǎn）：祭祀时穿的礼服叫黻，祭祀时戴的帽子叫冕。

子罕第九

子罕言利，与命，与仁。

达巷党人[①]曰：“大哉孔子！博学而无所成名。”子闻之，谓门弟子曰：“吾何执？执御乎？执射乎？吾执御矣。”

子曰：“麻冕，礼也；今也纯，俭，吾从众。拜下，礼也；今拜乎上，泰也。虽违众，吾从下。”

子绝四：毋意，毋必，毋固，毋我。

子畏于匡[2]。曰："文王既没，文不在兹乎？天之将丧斯文也，后死者不得与于斯文也；天之未丧斯文也，匡人其如予何？"

太宰问于子贡曰："夫子圣者与？何其多能也？"子贡曰："固天纵之将圣，又多能也。"子闻之，曰："太宰知我乎！吾少也贱，故多能鄙事。君子多乎哉？不多也。"

牢曰："子云：'吾不试，故艺。'"

子曰："吾有知乎哉？无知也。有鄙夫问于我，空空如也。我叩其两端而竭焉。"

子曰："凤鸟[3]不至，河不出图[4]，吾已矣夫！"

子见齐衰者、冕衣裳者与瞽[5]者，见之，虽少，必作；过之，必趋。

颜渊喟然叹曰："仰之弥高，钻之弥坚，瞻之在前，忽焉在后！夫子循循然善诱人，博我以文，约我以礼，欲罢不能。既竭吾才，如有所立卓尔。虽欲从之，末由也已。"

子疾病，子路使门人为臣。病间，曰："久矣哉，由之行诈也！无臣而为有臣，吾谁欺？欺天乎？且予与其死于臣之手也，无宁死于二三子之手乎！且予纵不得大葬，予死于道路乎？"

子贡曰："有美玉于斯，韫椟[6]而藏诸，求善贾而沽诸？"子曰："沽之哉！沽之哉！我待贾者也。"

子欲居九夷。或曰："陋，如之何！"子曰："君子居之，何陋之有？"

子曰："吾自卫反鲁，然后乐正，《雅》《颂》各得其所。"

子曰："出则事公卿，入则事父兄，丧事不敢不勉，不为酒困，何有于我哉！"

子在川上曰："逝者如斯夫！不舍昼夜。"

子曰："吾未见好德如好色者也。"

子曰："譬如为山，未成一篑，止，吾止也！譬如平地，虽覆一篑，进，吾往也！"

子曰："语之而不惰者，其回也与！"

子谓颜渊，曰："惜乎，吾见其进也，未见其止也！"

子曰："苗而不秀者有矣夫！秀而不实者有矣夫！"

子曰："后生可畏，焉知来者之不如今也？四十、五十而无闻焉，斯亦不足畏也已！"

子曰："法语之言，能无从乎？改之为贵。巽与之言，能无说乎？绎之为贵。说而不绎，从而不改，吾末如之何也已矣。"

子曰："主忠信，毋友不如己者，过则勿惮改。"

子曰："三军可夺帅也，匹夫不可夺志也。"

子曰："衣敝缊袍，与衣狐貉者立，而不耻者，其由也与！'不忮不求，何用不臧？'"子路终身诵之。子曰："是道也，何足以臧？"

子曰："岁寒，然后知松柏之后凋也。"

子曰："知者不惑，仁者不忧，勇者不惧。"

子曰："可与共学，未可与适道；可与适道，未可与立；可与立，未可与权。"

"唐棣之华，偏其反而。岂不尔思？室是远而。"子曰："未之思也，夫何远之有？"

【注释】

①达巷党人：古代五百家为一党，达巷是党名。

②畏于匡：匡，地名，在今河南省长垣县西南。畏，受到威胁。公元前496年，孔子从卫国到陈国去经过匡地。匡人曾受到鲁国阳虎的掠夺和残杀。孔子的相貌与阳虎相像，匡人误以孔子就是阳虎，所以将他围困。

③凤鸟：古代传说中的一种神鸟。传说凤鸟在舜和周文王时代都出现过，它的出现象征着"圣王"将要出世。

④河不出图：传说在上古伏羲氏时代，黄河中有龙马背负八卦图而出。它的出现也象征着"圣王"将要出世。

⑤瞽（gǔ）：盲。

⑥韫椟（yùn dù）：收藏物件的匣子。

乡党第十

孔子于乡党，恂恂[1]如也，似不能言者。其在宗庙、朝廷，便便言，唯谨尔。

朝，与下大夫言，侃侃如也；与上大夫言，訚訚[2]如也。君在，踧踖[3]如也，与与如也。

君召使摈，色勃如也，足躩[4]如也。揖所与立，左右手。衣前后，襜[5]如也。趋进，翼如也。宾退，必复命曰："宾不顾矣。"

入公门，鞠躬如也，如不容。立不中门，行不履阈。过位，色勃如也，足躩如也，其言似不足者。摄齐升堂，鞠躬如也，屏气似不息者。出，降一等，逞颜色，怡怡如也。没阶，趋进，翼如也。复其位，踧踖如也。

执圭，鞠躬如也，如不胜。上如揖，下如授。勃如战色，足蹜蹜如有循。享礼，有容色。私觌[6]，愉愉如也。

君子不以绀緅饰[7]，红紫不以为亵服。当暑，袗絺绤[8]，必表而出之。缁衣羔裘，素衣麑裘，黄衣狐裘。亵裘长，短右袂。必有寝衣，长一身有半。狐貉之厚以居。去丧，无所不佩。非帷裳，必杀之。羔裘玄冠不以吊。吉月，必朝服而朝。

齐，必有明衣，布。齐，必变食，居必迁坐。

食不厌精，脍不厌细。食饐而餲[9]，鱼馁而肉败，不食。色恶，不食。臭恶，不食。失饪，不食。不时，不食。割不正，不食。不得其酱，不食。肉虽多，不使胜食气。唯酒无量，不及乱。沽酒市脯，不食。不撤姜食，不多食。

祭于公，不宿肉。祭肉不出三日。出三日，不食之矣。

食不语，寝不言。

虽疏食、菜羹、瓜祭，必齐如也。

席不正，不坐。

乡人饮酒，杖者出，斯出矣。

乡人傩，朝服而立于阼阶。

问人于他邦，再拜而送之。

康子馈药，拜而受之。曰："丘未达，不敢尝。"

厩焚。子退朝，曰："伤人乎？"不问马。

君赐食，必正席先尝之；君赐腥，必熟而荐之；君赐生，必畜之。侍食于君，君祭，先饭。

疾，君视之，东首，加朝服，拖绅。

君命召，不俟驾行矣。

入太庙，每事问。

朋友死，无所归。曰："于我殡。"

朋友之馈，虽车马，非祭肉，不拜。

寝不尸，居不客。

见齐衰[10]者，虽狎，必变。见冕者与瞽者，虽亵，必以貌。凶服者式之。式负版者。有盛馔，必变色而作。迅雷风烈，必变。

升车，必正立，执绥。车中不内顾，不疾言，不亲指。

色斯举矣，翔而后集。曰："山梁雌雉，时哉！时哉！"子路共之，三嗅而作。

【注释】

①恂恂（xún）：温和恭顺的样子。

②訚訚（yín）：正直，和颜悦色而又能诤言。

③踧踖（cù jí）：恭敬而不安的样子。

④足躩（jué）：脚步快的样子。

⑤襜（chān）：整齐之貌。

⑥觌（dí）：会见。

⑦不以绀（gàn）緅（zōu）饰：不以深青透红或黑中透红颜色的布给平常穿的衣服镶上边做饰物。

⑧袗絺绤（zhěn chī xì）：粗的或细的葛布单衣。

⑨饐（yì）：陈旧。餲（ài）：变味了。

⑩齐衰（zī cuī）：丧服。

先进第十一

子曰："先进于礼乐，野人也；后进于礼乐，君子也。如用之，则吾从先进。"

子曰："从我于陈、蔡者，皆不及门也。"

德行：颜渊，闵子骞，冉伯牛，仲弓。言语：宰我，子贡。政事：冉有，季路。文学：子游，子夏。

子曰："回也非助我者也！于吾言无所不说。"

子曰："孝哉闵子骞！人不间于其父母昆弟之言。"

南容三复白圭[①]，孔子以其兄之子妻之。

季康子问："弟子孰为好学？"孔子对曰："有颜回者好学，不幸短命死矣！今也则亡。"

颜渊死，颜路请子之车以为之椁，子曰："才不才，亦各言其子也。鲤也死，有棺而无椁。吾不徒行以为之椁，以吾从大夫之后，不可徒行也。"

颜渊死。子曰："噫！天丧予！天丧予！"

颜渊死，子哭之恸。从者曰："子恸矣！"曰："有恸乎？非夫人之为恸而谁为？"

颜渊死，门人欲厚葬之，子曰："不可。"门人厚葬之。子曰："回也，视予犹父也，予不得视犹子也。非我也，夫二三子也。"

季路问事鬼神。子曰："未能事人，焉能事鬼？"曰："敢问死。"曰："未知生，焉知死？"

闵子侍侧，訚訚如也；子路，行行如也；冉有、子贡，侃侃如也。子乐。"若由也，不得其死然。"

鲁人为长府。闵子骞曰："仍旧贯，如之何？何必改作？"子曰："夫人不言，言必有中。"

子曰："由之瑟，奚为于丘之门？"门人不敬子路。子曰："由也升堂矣，未入于室也。"

子贡问："师与商也孰贤？"子曰："师也过，商也不及。"曰："然则师愈与？"子曰："过犹不及。"

季氏富于周公，而求也为之聚敛而附益之。子曰："非吾徒也。小子鸣鼓而攻之，可也！"

柴[②]也愚，参也鲁，师也辟，由也喭[③]。

子曰："回也其庶乎！屡空。赐不受命，而货殖焉，亿则屡中。"

子张问善人之道。子曰："不践迹，亦不入于室。"

子曰："论笃是与，君子者乎？色庄者乎？"

子路问："闻斯行诸？"子曰："有父兄在，如之何其闻斯行之？"冉有问："闻斯行诸？"子曰："闻斯行之！"公西华曰："由也问：'闻斯行诸？'子曰：'有父兄在。'求也问：'闻斯行诸？'子曰：'闻斯行之！'赤也惑，敢问。"子曰："求也退，故进之；由也兼人，故退之。"

子畏于匡，颜渊后。子曰："吾以女为死矣。"曰："子在，回何敢死？"

季子然问："仲由、冉求可谓大臣与？"子曰："吾以子为异之问，曾由与求之问。所谓大臣者，以道事君，不可则止。今由与求也，可谓具臣矣。"曰："然则从之者与？"子曰："弑父与君，亦不从也。"

子路使子羔为费宰。子曰："贼夫人之子。"子路曰："有民人焉，有社稷焉。何必读书，然后为学？"子曰："是故恶夫佞者。"

子路、曾晳、冉有、公西华侍坐。子曰："以吾一日长乎尔，毋吾以也！居则曰：'不吾知也！'如或知尔，则何以哉？"子路率尔而对曰："千乘之国，摄乎大国之间，加之以师旅，因之以饥馑，由也为之，比及三年，可使有勇，且知方也。"夫子哂之。"求，尔何如？"对曰："方六七十，如五六十，求也为之，比及三年，可使足民。如其礼乐，以俟君子。""赤，尔何如？"对曰："非曰能之，愿学焉！宗庙之事，如会同，端章甫，愿为小相焉。""点，尔何如？"鼓瑟希，铿尔，舍瑟而作。对曰："异乎三子者之撰！"子曰："何伤乎？亦各言其志也。"曰："莫春者，春服既成，冠者五六人，童子六七人，浴乎沂，风乎舞雩，咏而归。"夫子喟然叹曰："吾与点也。"三子者出，曾晳后。曾晳曰："夫三子者之言何如？"子曰："亦各言其志也已矣。"曰："夫子何哂由也？"曰："为国以礼，其言不让，是故哂之。""唯求则非邦也与？""安见方六七十如五六十而非邦也者？""唯赤则非邦也与？""宗庙会同，非诸侯而何？赤也为之小，孰能为之大？"

【注释】

①白圭：一种玉器，指《诗经·大雅·抑》中的诗句："白圭之玷，尚可磨也。斯言之玷，不可为也。"意思是白圭的污点还可以磨掉，我们言语中的污点便没有办法去掉。大概南容是一个谨小慎微的人，所以能做到"邦有道，不废；邦无道，免于刑戮"。

②柴：高柴，字子羔，孔子学生，比孔子小30岁。

③喭（yàn）：鲁莽，粗鲁，刚猛。

颜渊第十二

颜渊问仁。子曰："克己复礼为仁。一日克己复礼，天下归仁焉。为仁由己，而由人乎哉？"颜渊曰："请问其目。"子曰："非礼勿视，非礼勿听，非礼勿言，非礼勿动。"颜渊曰："回虽不敏，请事斯语矣！"

仲弓问仁。子曰："出门如见大宾，使民如承大祭。己所不欲，勿施于人。在邦无怨，在家无怨。"仲弓曰："雍虽不敏，请事斯语矣！"

司马牛问仁。子曰："仁者，其言也讱。"曰："其言也讱，斯谓之仁已乎？"子曰："为之难，言之得无讱乎？"

司马牛问君子。子曰："君子不忧不惧。"曰："不忧不惧，斯谓之君子已乎？"子曰："内省不疚，夫何忧何惧？"

司马牛忧曰："人皆有兄弟，我独亡！"子夏曰："商闻之矣：死生有命，富贵在天。君子敬而无失，与人恭而有礼。四海之内，皆兄弟也。君子何患乎无兄弟也？"

子张问明。子曰："浸润之谮，肤受之愬[1]，不行焉，可谓明也已矣。浸润之谮，肤受之愬，不行焉，可谓远也已矣。"

子贡问政。子曰："足食，足兵，民信之矣。"子贡曰："必不得已而去，于斯三者何先？"曰："去兵。"子贡曰："必不得已而去，于期二者何先？"曰："去食。自古皆有死，民无信不立。"

棘子成曰："君子质而已矣，何以文为？"子贡曰："惜乎！夫子之说君子也。[2]驷不及舌。文犹质也，质犹文也。虎豹之鞟犹犬羊之鞟。"

哀公问于有若曰："年饥，用不足，如之何？"有若对曰："盍彻乎？"曰："二，吾犹不足，如之何其彻也？"对曰："百姓足，君孰与不足？百姓不足，君孰与足？"

子张问崇德、辨惑。子曰："主忠信，徙义，崇德也。爱之欲其生，恶之欲其死；既欲其生，又欲其死，是惑也。'诚不以富，亦祇以异。'[3]"

齐景公问政于孔子，孔子对曰："君君、臣臣、父父、子子。"公曰："善哉！信如君不君、臣不臣、父不父、子不子，虽有粟，吾得而食诸？"

子曰："片言可以折狱者，其由也与！"子路无宿诺。

子曰："听讼，吾犹人也。必也使无讼乎！"

子张问政。子曰："居之无倦，行之以忠。"

子曰："博学于文，约之以礼，亦可以弗畔矣夫！"

子曰："君子成人之美，不成人之恶；小人反是。"

季康子问政于孔子。孔子对曰："政者，正也。子帅以正，孰敢不正？"

季康子患盗，问于孔子。孔子对曰："苟子之不欲，虽赏之不窃。"

季康子问政于孔子曰："如杀无道，以就有道，何如？"孔子对曰："子为政，焉用杀？子欲善而民善矣！君子之德，风；人小之德，草。草上之风，必偃。"

子张问："士何如斯可谓之达矣？"子曰："何哉，尔所谓达者？"子张对曰："在邦必闻，在家必闻。"子曰："是闻也，非达也。夫达也者，质直而好义，察言而观色，虑以下人。在邦必达，在家必达。夫闻也者，色取仁而行违，居之不疑。在邦必闻，在家必闻。"

樊迟从游于舞雩之下，曰："敢问崇德，修慝[4]、辨惑。"子曰："善哉问！

先事后得，非崇德与？攻其恶，无攻人之恶，非修慝与？一朝之忿，忘其身以及其亲，非惑与？”

樊迟问仁。子曰：“爱人。”问知。子曰：“知人。”樊迟未达。子曰：“举直错诸枉，能使枉者直。”樊迟退，见子夏，曰：“乡也吾见于夫子而问知，子曰：‘举直错诸枉，能使枉者直。’何谓也？”子夏曰：“富哉言乎！舜有天下，选于众，举皋陶，不仁者远矣。汤有天下，选于众，举伊尹，不仁者远矣。”

子贡问友。子曰：“忠告而善道之，不可则止，毋自辱焉。”

曾子曰：“君子以文会友，以友辅仁。”

【注释】

①谮（zèn）：谗言。愬（sù）：诬告。

②惜乎！夫子之说君子也：朱熹《集注》把它作为两句读：“惜乎！夫子之说，君子也。”意思是“先生的话，是出自君子之口，可惜说错了”。也可理解为“夫子之说君子也”为主语，“惜乎”为谓语，此为倒装句。

③诚不以富，亦祇以异：《诗经·小雅·我行其野》中的最后两句。此诗表现了一个被遗弃的女子对其丈夫喜新厌旧的愤怒情绪。

④修慝（tè）：改正邪恶的念头。

三、学习提示

（一）《论语》的传播

自西汉开始，历朝历代的学者对《论语》的编纂者、结集年代、文本变迁、篇章结构、海外传播、社会地位及影响以及《论语》的名物考释、文字训诂、篇章真伪等内容进行了研究，形成了研究《论语》的专门学问——《论语》学。《论语》学的形成与发展过程也是《论语》的传播历史进程。

《论语》学在中国历史上大体经历了如下六个时期。

1. 两汉时期是《论语》学的形成期

孔子生前，弟子从游，各记所闻。孔子逝世后，微言已绝。弟子恐分离以后，各生异见，而圣言永灭，故在给孔子守丧期间，便将自己所记所闻汇集在一起，编成了一个类似孔子文集之类的东西。及至子思，他又在此基础上，广搜博采，将孔子弟子和再传弟子口耳相传的孔子话语搜集起来，经过选择、分类、校勘、加工、整理，最后裁定而成《论语》《孔子家语》等文献。这些文献为孔氏家族世代相传，并通过不同方式流传到各地，形成了各自的传授系统。历经战国交争、秦皇灭学，到西汉时，据《汉志》记载仅剩下了三种，即《古论》《齐论》《鲁论》。文本有别，文字、章句自然也有差异。这不仅不利于《论语》的研习与传授，而且也与汉代大一统的文化政策相左。于是，《论语》一书的整理与定型便成为汉儒努力的方向，此一工作的开始也标志着《论语》学作为一门学问的诞生。

《论语》版本的第一次整合是安昌侯张禹所为，他的《张侯论》为后来的《论语》学的成长与发展奠定了基础。及至汉末，郑玄又以《张侯论》为底本，参照《古论》撰成《论语注》，这是《论语》演化史上又一次重大的不同版本的大融合。该书的面世，标志着《论语》一书整理与定稿工作的完成。郑玄《论语注》为后世所重，至唐代一直是人们修习《论语》的主要文本。

与此同时，《论语》一书的诠释工作也全面展开。时间距离、历史环境造成的词义变化以及对孔子个性心理的不了解而形成的隔膜，使得汉代人对作为先秦文献的《论语》很难释读，更不用说广泛传播了。于是《论语》一书的文字训解工作也就应运而生。西汉以释讲《论语》大义为主，故多称为“说”，如《齐说》《鲁夏侯说》《鲁安昌侯说》《鲁王骏说》等。而东汉以对《论语》中的难解字句加以解释疏通为主，故多称为“注”，如郑玄《论语注》、麻达《论语注》等。

2. 魏晋南北朝是《论语》学的发展期

这一时期由于儒家学者构建儒学新体系的努力、文字学的兴盛以及援佛解经、援道解经的兴起，《论语》学获得了相当的发展。

（1）研究《论语》的专著大增。据反映这一时期的史书及朱彝尊《经义考》记载，当时研究《论语》的专著共有84部，比形成时期的18部在数量上多出3倍多。其中出现了2本对后世《论语》研究有重大影响的专著：一本是何晏等人的《论语集解》，一本是皇侃的《论语义疏》。

（2）《论语》的研究呈现多元化发展趋势。不仅出现了专门给《论语》注音的《论语音》、专门疏解《论语》文句的《论语君子无所争》，而且出现了专门向郑玄发难的《论语难郑》、修正郑玄错误的《王氏修郑错》。

（3）《论语》注解体例发生了重大变化。根据上文，我们可知两汉时期人们对《论语》的疏解体例主要以“说”“注”为主。及至魏晋时期，人们对《论语》的疏解体例发生了变化，主要以“集解”为主，如何晏《论语集解》、孙绰《论语孙氏集解》、江熙《论语集解》。而到了南北朝时期，《论语》的疏解体例又发生了变化，主要以“义疏”为主，如褚仲都《论语义疏》、皇侃《论语义疏》、刘炫《论语述义》等。这种体例的特点是：会通经典义理，加以阐释发挥；广搜群书补充旧注，穷明原委；逐字逐句疏解经注文，原则上“疏不破注”。

3. 隋唐时期，《论语》学研究的衰落期

隋唐时期虽然在文治武功方面位列中国传统社会之首，但在经学研究尤其是在《论语》学研究方面却建树寥寥，相对其他时期来说要衰落得多。这表现在以下两个方面。

（1）论著数量少。据朱彝尊《经义考》计有12部，比形成期还要少6部。

（2）《论语》研究乏善可陈。值得称道的仅有陆德明的《论语音义》和韩愈、李翱的《论语笔解》。

但是，在这一时期，《论语》作为一部重要的儒家经典，对唐律产生了很大影响，主要表现在两个方面：首先，《论语》十分强调的礼成为唐律的指导思想；其次，《论语》的思想通过直接式、扩大式、原则式三种方式演变成唐律的规定。

4. 宋、元、明时期是《论语》学发展的重振期

中国的封建社会开始由鼎盛走向衰落，作为传统政治的合法性依据的儒学也不断受到人们的质疑。因此，许多硕儒名士纷纷著书立说，希冀通过对儒家经典的创造性解释，来重建儒学的合法性之地位。于是有《四书》及其注释书的出笼，有《论语》及其注释书的大发展。这主要表现在以下两个方面。

（1）论著数量大增。据朱彝尊《经义考》计有251部，比发展期的魏晋南北朝时期在数量上多出了近2倍。其中产生了《论语》学史上两部有重要影响的著作：一部是北宋邢昺的《论语注疏》，另一部是朱熹的《论语集注》。朱熹的《论语集注》一出，备受后世统治者青睐，甚至被定为科考的基本内容，成为各级学校的必学教材。

（2）《论语》注解方式发生了重大变化。这一时期《论语》的注解方式，一方面注重对文字的解释，另一方面更加强调对义理的解读和阐发。《论语》学由此进入宋学（理学）时期。

在这一时期，《论语》在海外得到了较大程度的传播。1593年，著名传教士利玛窦把《四书》译为拉丁文寄回意大利，《论语》传入欧洲。以后又有法、英、德、俄等文译本。《论语》在这些国家都产生过程度不同的影响，如法国的启蒙思想家伏尔泰认为孔子“己所不欲，勿施于人”的思想，是超过基督教教义的最纯粹的道德。被马克思称为“现代政治经济学始祖”的魁奈，自命为孔子的继承人，被人称为“欧洲的孔子”。即使在今天，西方国家仍有不少学者致力于对《论语》现代意义的诠释与阐发。

5. 清朝中前期出现新成果

由于实学的兴起和文字狱的兴盛，考据学大兴，重考证成为清代《论语》学的重要特点，由此产生了不少以辑佚、考异、辨伪、注释为主的《论语》研究新成果。

6. 清朝末年至今是《论语》学发展的新时期

第一个阶段是1911—1949年。这一阶段虽然战乱频频，但对《论语》的研究并未停止。

第二个阶段是从1950年到今天。1950—1980年，《论语》学的研究重心主要在中国港台地区，这期间共出版专著16部，发表论文289篇。而当时大陆（内地）地区的《论语》研究基本上处于停滞状态：30年间共出版专著3部，发表论文7篇，而且大都集中在1950—1961年间。1980年以后，大陆（内地）地区的《论语》研究迅速恢复并发展起来，逐渐成为研究的中心。在几十年的时间里，国内学者一起，共同开创了《论语》研究的新局面，共出版专著数十部，发表论文数百篇。在这期间出版的专著中，关于《论语》注译的著作占了相当大的比例，如杨伯峻的《论语译注》、方骥龄的《论语新诠》等。其中杨氏之的《论语译注》，是中国第一部白话文《论语》译本。发表的论文中，除继续研讨老问题外，也开拓了许多新的研究领域，主要有海外《论语》传播情况研究，《论语》与其他经典的关系考察，以及《论语》的时代价值探讨等。

——参考资料：唐明贵，《〈论语〉学的形成、发展与中衰》，博士学位论文，2004年4月。

（二）《论语》的研究

1. 关于《论语》定名时间的争鸣

《论语》之名定于何时？前贤对这个问题莫衷一是。统而言之，主要有以下两种说法：一是成书之时就有此名，二是先成书后有名。

持第一种观点的又可分为两种。

（1）认为“论语”之名是弟子所题。比如在皇侃《论语义疏叙》中有：“弟子佥陈往训，各记旧闻，撰为此书，成而实录，上以尊仰圣师，下则垂轨万代，既方为世典，不可无名。”

（2）认为“论语”之名起于孔子门人。萧梁刘勰《文心雕龙·论说篇》云：“昔仲尼微言，门人追记，故仰其经目，称为‘论语’。盖群经立名，始于此矣。”

持第二种观点的人也分为几种。

（1）认为书名至迟出现在秦汉之间。如现代学者朋星认为：“书名是由后儒取定的，最迟在秦汉之间已被称号使用。”

（2）认为书名确定在汉代。比如清乾嘉间学者吴骞在《经说》中说：“《坊记》‘《论语》曰’。按《论语》之书，孔子殁，游、夏之徒所记孔门答问之言，初无《论语》之名目，孟子所引《论语》，犹不言《论语》也，此称《论语》，知是汉人所记。”

（3）认为“论语”一名定于景帝末或武帝初。比如吴承仕在《经典释文序录疏证》中说：“景武之际，鲁共王坏孔壁而得《古文论语》二十一篇，孔安国受之，以授扶卿。自是《论语》之名，始有局限；《论语》之学，始有专师。”

（4）认为定于汉孔安国。此观点由王充提出，其《论衡·正说篇》曰：“初，孔子孙孔安国以教鲁人扶卿，官至荆州刺史，始曰《论语》。”

（5）认为定于汉后。马培棠《国故概要》说：“《论语》之名，虽早见于《礼记·坊记》，而两汉时代，称谓并不一致，或单称《论》，或单称《语》，或别称《传》，或别称《记》，或详称《论语说》。直至汉后，《论语》之称，方告确定。其内容强半皆孔子之言，故曰《论语》。”

2. 关于《论语》名字解释的争鸣

最初编辑《论语》的人，何以以“论语”二字命名呢？自汉以来，众说纷纭，主要有以下几种观点。

（1）“伦理”说。如东汉刘熙《释名·释典艺》云：“《论语》记孔子与诸弟子所语之言也。‘论’，伦也，有伦理也。‘语’，叙也，叙己所欲说也。”

（2）“追论”说。唐李善注《文选》引晋朝傅玄《傅子》说：“昔仲尼既殁，仲弓之徒追论夫子之言，谓之‘论语’。”这是说“论语”是仲弓等追“论”夫子之“语”而成。

（3）“多义”说。皇侃、陆德明、邢昺主之。

（4）“言理”说。宋陈祥道主之，他在《论语全解序》中将“论”字解作“言理”。

(5)“讨论”说。何异孙、袁枚主之。元人何异孙《十一经问对》说：“《论语》有弟子记夫子之言者，有夫子答弟子问者，有弟子自相答问者；又有时人相言者，有臣对君问者，有师弟子对大夫之问者，皆所以讨论文义，故谓之‘论语’。”清袁枚《论语解四篇》中有：“《论语》一书，须知命名之义。‘论’，议论也。‘语’，语人也。”

(6)“选择”说。刘义钦、李雁主之。刘义钦认为：“‘论’，在秦汉间经常被用于‘选择’意。《说文通训定声·屯部》曰：‘论，假借为抡。’《说文》解‘抡’为：‘择也，从手仑声。’可见，《论语》之‘论’可通‘抡’，做‘选择’讲，故《论语》书名的确切意义应是‘选纂的孔子言语’。”

事实上，最早言及“论语”二字意义的是《汉书·艺文志》：“《论语》者，孔子应答弟子时人及弟子相与言而接闻于夫子之语也。当时弟子各有所记，夫子既卒，门人相与辑而论撰，故谓之‘论语’。”“论语”就是对孔子及其弟子们话语的编纂。由于此说义理周备，颇得其要，故此种解释目前为大多数学者所接受。

3. 关于《论语》编撰者的争鸣

关于《论语》的编纂者，约有以下几说法。

(1) 孔子亲定说。清代的廖燕认为，《论语》为孔子笔削而定。与之约略同时的李塨也主张《论语》为孔子亲定。但这一观点基本上被许多学者否定。

(2) 孔子弟子编定说。这种说法又分为两种：一种是出于众弟子之手，另一种是出于个别弟子之手。最先论及这两种说法的分别是汉代的刘向和郑玄。晋朝的傅玄承袭此说。宋朝的陆九渊《象山语录》也说：“郑康成、王肃谓《论语》为子游、子夏所编，亦有可考者。如《学而》篇‘子曰’次章便载‘有若’一章，又‘子曰’而下载‘曾子’一章，皆不名而以‘子’称之，盖子夏辈平昔所尊者此二人耳。”

(3) 孔子门人编纂说。此说盖源自刘歆。《汉书·艺文志》曰：“《论语》者，孔子应答弟子时人及弟子相与言而接闻于夫子之语也。当时弟子各有所记，夫子既卒，门人相与辑而论撰，故谓之《论语》。”

总之，历朝历代的学者对于《论语》编撰者的问题都提出了各自的观点，虽然各有缺陷和可取之处，但并无定论。纵观诸多观点，可以肯定的是，《论语》的编撰是一个过程，不是一蹴而就的，也非一人一时就能编成的，其凝聚了众多门人弟子的心血。

——参考资料：唐明贵，《〈论语〉学的形成、发展与中衰》，博士学位论文，2004年4月。

四、延伸阅读

[1]《十三经注疏·论语注疏》，[魏]何晏注，[宋]邢昺疏，李学勤主编，朱汉民整理，张岂之审定，北京大学出版社，1999年1月。

推荐理由：本书是研习《论语》的经典读本，采用简体横排的方法刊印，是还原《论语》最权威最经典的版本。

[2]《论语译注》，杨伯峻译注，中华书局，2009年10月。

推荐理由：著名语言学家杨伯峻教授的《论语译注》汇编了研究孔子的重要文献《论语》二十篇，并做了较为具体的分析和解注。该书译文明白流畅，在集古今学者之大成的基础上颇多个人新见，是论语的入门基础图书。

[3]《论语别裁》，南怀瑾著述，复旦大学出版社，2019年7月。

推荐理由：该书是我国台湾地区著名学者南怀瑾先生关于《论语》的讲演录。书中对《论语》二十篇的每一段原文都做了详细而又生动的讲述，同时将对原文的串讲撮编为一个个历史故事，妙趣横生。

【思考题】

1. 试述对孔子仁学思想的认识和理解。

2. 总结孔子论君子人格有哪些主要思想和观点。

3. 如何理解孔子的义利观？

4. 从教育的作用、目的、对象、原则和方法等多个角度理解孔子的教育观。

5. 结合现实，试论《论语》思想的当代价值。

孟　子（选）

一、简介

孟子是战国时期儒家代表人物，是孔子第四代弟子，其继承并发扬了孔子的思想。孔子是圣人，孟子是亚圣。孟子与孔子合称“孔孟之道”。孟子曾仿效孔子，带领门徒周游各国，但不被当时各国所接受，遂退隐与弟子一起著书。

《孟子》一书就是孟子的言论汇编，是记录了孟子的语言、政治观点和政治行动的儒家经典著作。

《孟子》有七篇传世：《梁惠王》（上、下）、《公孙丑》（上、下）、《滕文公》（上、下）、《离娄》（上、下）、《万章》（上、下）、《告子》（上、下）、《尽心》（上、下）。《孟子》是先秦极富特色的散文专集，常用夸张、比喻和寓言故事增强说服力。

南宋时朱熹将《孟子》与《论语》《大学》《中庸》合称为“四书”。《孟子》是四书中篇幅最大、部头最重的一本，有三万五千多字。

从此直到清末，四书一直是科举必考内容。

二、原文（节选）

梁惠王上（节选）

孟子见梁惠王①。王曰：“叟②！不远千里而来，亦将有以利吾国乎？”

孟子对曰：“王！何必曰利？亦有仁义而已矣。王曰：‘何以利吾国？’大夫曰：‘何以利吾家？’士庶人曰：‘何以利吾身？’上下交征利而国危矣。万乘之国，弑其君者，必千乘之家；千乘之国，弑其君者，必百乘之家。③万取千焉，千取百焉，不为不多矣。苟为后义而先利，不夺不餍④。未有仁而遗其亲者也，未有义而后其君者也。王亦曰仁义而已矣，何必曰利？”

【注释】

①惠王：就是魏惠王，“惠”是他的谥号。公元前370年，魏武侯死后，其子继位，即魏惠王。继位后九年，他将旧都安邑（今山西夏县北）迁至大梁（今河南开封西北），所以又叫“梁惠王”。

②叟：老人。

③万乘、千乘、百乘：古代用四匹马拉的一辆兵车叫一乘，诸侯国的大小以兵车的多少来衡量。据刘向《战国策·序》说，战国末期的万乘之国有韩、赵、魏（梁）、燕、齐、楚、秦七国，千乘之国有宋、卫、中山以及东周、西周。至于千乘、百乘之家的“家”，则是指拥有封邑的公卿大夫。公卿封邑大，有兵车千乘；大夫封邑小，有兵车百乘。

④餍（yàn）：满足。

孟子见梁惠王。王立于沼上，顾鸿雁麋鹿，曰："贤者亦乐此乎？"

孟子对曰："贤者而后乐此，不贤者，虽有此不乐也。《诗》云：'经始灵台，经之营之。庶民攻之，不日成之。经史勿亟，庶民子来。王在灵囿，麀[①]鹿攸伏。麀鹿濯濯，白鸟鹤鹤。王在灵沼，於牣鱼跃。'文王以民力为台为沼，而民欢乐之，谓其台曰灵台，谓其沼曰灵沼，乐其有麋鹿鱼鳖。古之人与民偕乐，故能乐也。《汤誓》[②]曰：'时日害丧，予及女偕亡。'民欲与之偕亡，虽有台池鸟兽，岂能独乐哉？"

【注释】

①麀（yōu）鹿：母鹿。

②《汤誓》：《尚书》中的一篇，记载商汤王讨伐夏桀时的誓师词。

梁惠王曰："寡人之于国也，尽心焉耳矣。河内凶，则移其民于河东，移其粟于河内。河东凶亦然。察邻国之政，无如寡人之用心者。邻国之民不加少，寡人之民不加多，何也？"

孟子对曰："王好战，请以战喻。填然鼓之，兵刃既接，弃甲曳兵而走。或百步而后止，或五十步而后止。以五十步笑百步，则何如？"

曰："不可！直不百步耳，是亦走也。"

曰："王如知此，则无望民之多于邻国也。不违农时，谷不可胜食也；数[①]罟[②]不入洿池，鱼鳖不可胜食也；斧斤以时入山林，材木不可胜用也。谷与鱼鳖不可胜食，材木不可胜用，是使民养生丧死无憾也。养生丧死无憾，王道之始也。"

"五亩之宅，树之以桑，五十者可以衣帛矣。鸡豚狗彘之畜，无失其时，七十者可以食肉矣。百亩之田，勿夺其时，数口之家可以无饥矣。谨庠[③]序之教，申之以孝悌之义，颁白者不负戴于道路矣。七十者衣帛食肉，黎民不饥不寒，然而不王者，未之有也。"

"狗彘食人食而不知检，涂有饿莩而不知发，人死，则曰：'非我也，岁也。'是何异于刺人而杀之，曰：'非我也，兵也。'王无罪岁，斯天下之民至焉。"

【注释】

①数（shuò）：细也，密也。

②罟（gǔ）：渔网。古代曾经规定，网眼在四寸以下的叫作密网，禁止放在湖泊里捕鱼，意在保留鱼种。

③庠（xiáng）：古代的地方学校。

梁惠王曰："寡人愿安承教。"

孟子对曰："杀人以梃与刃，有以异乎？"

曰："无以异也。"

"以刃与政，有以异乎？"

曰："无以异也。"

曰："庖[①]有肥肉，厩[②]有肥马，民有饥色，野有饿莩，此率兽而食人也！兽相食，且人恶之；为民父母，行政，不免于率兽而食人，恶在其为民父母也？仲尼曰：'始作俑者，其无后乎！'为其象人而用之也。如之何其使斯民饥而死也？"

【注释】

①庖（páo）：厨房。

②厩（jiù）：马栏。

梁惠王曰："晋国[①]，天下莫强焉，叟之所知也。及寡人之身，东败于齐，长子死焉[②]；西丧地于秦七百里[③]；南辱于楚[④]。寡人耻之，愿比死者壹洒之，如之何则可？"

孟子对曰："地方百里而可以王。王如施仁政于民，省刑罚，薄税敛，深耕易耨，壮者以暇日修其孝悌忠信，入以事其父兄，出以事其长上，可使制梃以达秦、楚之坚甲利兵矣。彼夺其民时，使不得耕耨以养其父母。父母冻饿，兄弟妻子离散。彼陷溺其民，王往而征之，夫谁与王敌？故曰：'仁者无敌。'王请勿疑！"

【注释】

①晋国：韩、赵、魏三家分晋，被周天子和各国承认为诸侯国，称三家为三晋，所以，梁（魏）惠王自称魏国也为晋国。

②东败于齐，长子死焉：公元前341年，魏与齐战于马陵，兵败，主将庞涓被杀，太子申被俘。

③西丧地于秦七百里：马陵之战后，魏国国势渐衰，秦屡败魏国，迫使魏国献出河西之地和上郡的十五个县，约七百里地。

④南辱于楚：公元前324年，魏又被楚将昭阳击败于襄陵，魏国失去八邑。

孟子见梁襄王[①]，出，语人曰："望之不似人君，就之而不见所畏焉。卒然问曰：'天下恶乎定？'吾对曰：'定于一。'"

"'孰能一之？'对曰：'不嗜杀人者能一之。'"

"'孰能与之？'对曰：'天下莫不与也。王知夫苗乎？七八月之间旱，则苗槁矣。天油然作云，沛然下雨，则苗浡然兴之矣。其如是，孰能御之？今夫天下之人牧，未有不嗜杀人者也。如有不嗜杀人者，则天下之民皆引领而望之矣。诚如是也，民归之，由水之就下，沛然谁能御之？'"

【注释】

①梁襄王：梁惠王的儿子，名嗣，公元前318年至公元前296年在位。

梁惠王下（节选）

孟子见齐宣王曰："所谓故国者，非谓有乔木之谓也，有世臣之谓也。王无亲臣矣，昔者所进，今日不知其亡也。"

王曰："吾何以识其不才而舍之？"

曰："国君进贤，如不得已，将使卑逾尊，疏逾戚，可不慎与？左右皆曰贤，未可也；诸大夫皆曰贤，未可也；国人皆曰贤，然后察之。见贤焉，然后用之。左右皆曰不可，勿听；诸大夫皆曰不可，勿听；国人皆曰不可，然后察之。见不可焉，然后去之。左右皆曰可杀，勿听；诸大夫皆曰可杀，勿听；国人皆曰可杀，然后察之。见可杀焉，然后杀之。故曰国人杀之也。如此，然后可以为民父母。"

齐宣王问曰："汤放桀①，武王伐纣②，有诸？"

孟子对曰："于传有之。"

曰："臣弑其君，可乎？"

曰："贼仁者谓之'贼'，贼义者谓之'残'。残贼之人，谓之'一夫'。闻诛一夫纣矣，未闻弑君也。"

【注释】

①汤放桀：桀，夏朝最后一个君主，暴虐无道。传说商汤灭夏后，把桀流放到南巢（据传在今安徽省巢县一带）。

②武王伐纣：纣，商朝最后一个君主，昏庸残暴。周武王起兵讨伐，灭掉商朝，纣自焚而死。

孟子见齐宣王，曰："为巨室，则必使工师求大木。工师得大木，则王喜，以为能胜其任也。匠人斲①而小之，则王怒，以为不胜其任矣。夫人幼而学之，壮而欲行之，王曰：'姑舍女所学而从我。'则何如？今有璞玉于此，虽万镒，必使玉人雕琢之。至于治国家，则曰：'姑舍女所学而从我。'则何以异于教玉人雕琢玉哉？"

【注释】

①斲（zhuó）：砍削。

齐人伐燕①，胜之。宣王问曰："或谓寡人勿取，或谓寡人取之。以万乘之国伐万乘之国，五旬而举之②，人力不至于此。不取，必有天殃。取之，何如？"

孟子对曰："取之而燕民悦，则取之。古之人有行之者，武王是也。取之而燕民不悦，则勿取。古之人有行之者，文王是也。以万乘之国伐万乘之国，箪食壶浆以迎王师，岂有他哉？避水火也。如水益深，如火益热，亦运而已矣。"

【注释】

①齐人伐燕：公元前315年（齐宣王五年），燕王哙将燕国让给他的相国子之，国人不服气，将军市被和太子平进攻子之，子之反攻，杀死了市被和太子平，国内一片混乱。齐宣王趁机进攻燕国，很快就取得了胜利。

②五旬而举之：据《战国策·燕策》记载，当齐国的军队攻打燕国时，燕国"士卒不战，城门不闭"，因此齐国军队只用五十天就攻进了燕国的首都，杀死了燕王哙和子之。

齐人伐燕，取之。诸侯将谋救燕。宣王曰："诸侯多谋伐寡人者，何以待之？"

孟子对曰："臣闻七十里为政于天下者，汤是也。未闻以千里畏人者也。《书》曰：'汤一征，自葛始。①'天下信之，东面而征，西夷怨；南面而征，北狄怨，曰：'奚为后我？'民望之，若大旱之望云霓也。归市者不止，耕者不变，诛其君而吊其民，若时雨降，民大悦。《书》曰：'徯我后，后来其苏。'今燕虐其民，王往而征之，民以为将拯己于水火之中也，箪食壶浆以迎王师。若杀其父兄，系累其子弟，毁其宗庙，迁其重器，如之何其可也？天下固畏齐之强也，今又倍地而不行仁政，是动天下之兵也。王速出令，反其旄倪②，止其重器，谋于燕众，置君而后去之，则犹可及止也。"

【注释】

①汤一征，自葛始：《尚书》逸文。

②旄（mào）倪：旄，同"耄"，八九十岁的人叫作耄，这里通指老年人；倪，指小孩子。

邹与鲁哄①。穆公②问曰："吾有司死者三十三人，而民莫之死也。诛之，则不可胜诛；不诛，则疾视其长上之死而不救，如之何则可也？"

孟子对曰："凶年饥岁，君之民老弱转乎沟壑，壮者散而之四方者，几千人矣；而君之仓廪实，府库充，有司莫以告，是上慢而残下也。曾子③曰：'戒之戒之！出乎尔者，反乎尔者也。'夫民今而后得反之也。君无尤焉！君行仁政，斯民亲其上，死其长矣。"

【注释】

①邹与鲁哄：邹国与鲁国交战。

②穆公：即邹穆公。孟子是邹国人，所以穆公问他。

③曾子：即孔子的学生曾参。

滕文公[①]问曰："滕，小国也，间于齐、楚。事齐乎？事楚乎？"

孟子对曰："是谋非吾所能及也。无已，则有一焉：凿斯池也，筑斯城也，与民守之，效死而民弗去，则是可为也。"

【注释】

①滕文公：滕国国君。滕国，古国名，在今山东滕州西南，西周分封的诸侯国，姬姓，开国国君是周文王的儿子错叔绣。滕国于公元前414年被越国灭，不久复国，又被宋国灭。

滕文公问曰："齐人将筑薛[①]，吾甚恐，如之何则可？"

孟子对曰："昔者大王居邠[②]，狄[③]人侵之，去，之岐山之下居焉。非择而取之，不得已也。苟为善，后世子孙必有王者矣。君子创业垂统，为可继也。若夫成功，则天也。君如彼何哉？强为善而已矣。"

【注释】

①薛：国名，其地在今山东滕州东南，战国初期为齐所灭，后成为齐权臣田婴、田文的封邑。

②邠（bīn）：地名，在今陕西郴县。

③狄：即獯鬻。

滕文公问曰："滕，小国也。竭力以事大国，则不得免焉，如之何则可？"

孟子对曰："昔者大王居邠，狄人侵之。事之以皮币，不得免焉；事之以犬马，不得免焉；事之以珠玉，不得免焉。乃属其耆老而告之曰：'狄人之所欲者，吾土地也。吾闻之也：君子不以其所以养人者害人。二三子何患乎无君？我将去之。'去邠，逾梁山，邑于岐山之下居焉。邠人曰：'仁人也，不可失也。'从之者如归市。或曰：'世守也，非身之所能为也。'效死勿去。君请择于斯二者。"

鲁平公[①]将出，嬖人臧仓者请曰："他日君出，则必命有司所之。今乘舆已驾矣，有司未知所之，敢请！"

公曰："将见孟子。"

曰："何哉！君所为轻身以先于匹夫者，以为贤乎？礼义由贤者出，而孟子之后丧逾前丧，君无见焉！"

公曰："诺。"

乐正子[②]入见，曰："君奚为不见孟轲也？"

曰："或告寡人曰：'孟子之后丧逾前丧。'是以不往见也。"

曰："何哉？君所谓逾者，前以士，后以大夫；前以三鼎，而后以五鼎与？"

曰："否。谓棺椁衣衾[3]之美也"

曰："非所谓逾也，贫富不同也。"

乐正子见孟子曰："克告于君，君为来见也。嬖人有臧仓者沮君，君是以不果来也。"

曰："行，或使之；止，或尼[4]之。行止，非人所能也。吾之不遇鲁侯，天也。臧氏之子焉能使予不遇哉？"

【注释】

①鲁平公：战国时鲁国国君姬叔，公元前316年至公元前297年在位。

②乐正子：即乐正克，孟子弟子，当时在鲁国做官。

③椁：外棺。衣衾（qīn）：这里指死者入殓时所用的衣服被褥。

④尼（nì）：阻止。

公孙丑上（节选）

"敢问夫子恶乎长？"

曰："我知言，我善养吾浩然[1]之气。"

"敢问何谓浩然之气？"

曰："难言也。其为气也，至大至刚，以直养而无害，则塞于天地之间。其为气也，配义与道。无是，馁也。是集义所生者，非义袭而取之也。行有不慊[2]于心，则馁矣。我故曰：告子未尝知义，以其外之也。必有事焉而勿正[3]，心勿忘，勿助长也。无若宋人然：宋人有闵其苗之不长而揠之者，芒芒然归，谓其人曰：'今日病矣！予助苗长矣！'其子趋而往视之，苗则槁矣。天下之不助苗长者寡矣。以为无益而舍之者，不耘苗者也；助之长者，揠苗者也，非徒无益，而又害之。"

"何谓知言？"

曰："诐辞[4]知其所蔽，淫辞[5]知其所陷，邪辞知其所离，遁辞知其所穷。生于其心，害于其政；发于其政，害于其事。圣人复起，必从吾言矣。"

【注释】

①浩然：盛大而流动的样子。

②慊：满意。

③正：止。"而勿正"即"而勿止"。

④诐（bì）辞：偏颇的言辞。

⑤淫辞：夸张、过分的言辞。

孟子曰："以力假仁者霸，霸必有大国；以德行仁者王，王不待大。汤以七十里，文王以百里。以力服人者，非心服也，力不赡也；以德服人者，中心悦而诚服也，如七十子之服孔子也。《诗》云：'自西自东，自南自北，无思不服。'此之谓也。"

孟子曰："仁则荣，不仁则辱。今恶辱而居不仁，是犹恶湿而居下也。如恶之，莫如贵德而尊士，贤者在位，能者在职。国家闲暇，及是时，明其政刑。虽大国，必畏之矣。《诗》云：'迨天之未阴雨，彻彼桑土[①]，绸缪牖户。今此下民，或敢侮予。'孔子曰：'为此诗者，其知道乎！能治其国家，谁敢侮之？'今国家闲暇，及是时，般乐怠敖，是自求祸也。祸福无不自己求之者。《诗》云：'永言配命，自求多福。'《太甲》[②]曰：'天作孽，犹可违。自作孽，不可活。'此之谓也。"

【注释】

①桑土（dù）：桑根之皮。

②《太甲》：《尚书》篇名，今文古文皆不传。

孟子曰："尊贤使能，俊杰在位，则天下之士皆悦，而愿立于其朝矣；市，廛而不征，法而不廛[①]，则天下之商皆悦，而愿藏于其市矣；关，讥而不征，则天下之旅皆悦，而愿出于其路矣；耕者，助而不税，则天下之农皆悦，而愿耕于其野矣；廛，无夫里之布，则天下之民皆悦，而愿为之氓矣。信能行此五者，则邻国之民仰之若父母矣。率其子弟，攻其父母，自有生民以来未有能济者也。如此，则无敌于天下。无敌于天下者，天吏也。然而不王者，未之有也。"

【注释】

①廛（chán）：市中储藏或堆积货物的货栈。征：征税。

孟子曰："人皆有不忍人之心。先王有不忍人之心，斯有不忍之政矣。以不忍人之心，行不忍人之政，治天下可运之掌上。所以谓人皆有不忍人之心者，今人乍见孺子将入于井，皆有怵惕恻隐之心，非所以内交于孺子之父母也，非所以要誉于乡党朋友也，非恶其声而然也。由是观之，无恻隐之心，非人也；无羞恶之心，非人也；无辞让之心，非人也；无是非之心，非人也。恻隐之心，仁之端也；羞恶之心，义之端也；辞让之心，礼之端也；是非之心，智之端也。人之有是四端也，犹其有四体也。有是四端而自谓不能者，自贼者也；谓其君不能者，贼其君者也。凡有四端于我者，知皆扩而充之矣，若火之始然，泉之始达。苟能充之，足以保四海；苟不充之，不足以事父母。"

孟子曰："矢人[①]岂不仁于函人[②]哉？矢人唯恐不伤人，函人唯恐伤人。巫匠亦然[③]。故术[④]不可不慎也。孔子曰：'里仁为美。择不处仁，焉得智？'夫仁，天之尊爵也，人之安宅也。莫之御而不仁，是不智也。不仁、不智，无礼、无义，人役也。人役而耻为役，由弓人而耻为弓，矢人而耻为矢也。如耻之，莫如为仁。仁者如射，射者正己而后发；发而不中，不怨胜己者，反求诸己而已矣。"

【注释】

①矢人：造箭的人。

②函人：造铠甲的人。

③巫：巫医。匠：匠人，这里特指做棺材的木匠。

④术：这里指选择谋生之术，也就是选择职业。

孟子曰："子路，人告之以有过，则喜。禹，闻善言，则拜。大舜有大焉，善与人同，舍己从人，乐取于人以为善。自耕稼、陶、渔以至为帝，无非取于人者。取诸人以为善，是与人为善者也。故君子莫大乎与人为善。"

公孙丑下（节选）

孟子曰："天时不如地利，地利不如人和。[①]三里之城，七里之郭[②]，环而攻之而不胜。夫环而攻之，必有得天时者矣；然而不胜者，是天时不如地利也。城非不高也，池[③]非不深也，兵革非不坚利也，米粟非不多也；委而去之，是地利不如人和也。故曰：域民不以封疆之界，固国不以山谿之险，威天下不以兵革之利。得道者多助，失道者寡助。寡助之至，亲戚畔[④]之；多助之至，天下顺之。以天下之所顺，攻亲戚之所畔；故君子有不战，战必胜矣。"

【注释】

①天时、地利、人和：《荀子·王霸篇》中有"农夫朴力而寡能，则上不失天时，下不失地利，中得人和而百事不废"。荀子所指的"天时"指农时，"地利"指土壤肥沃，"人和"是指人的分工。而孟子在这里所说的"天时"则指尖兵作战的时机、气候等，"地利"是指山川险要、城池坚固等，"人和"则指人心所向、内部团结等。

②三里之城，七里之郭：内城叫"城"，外城叫"郭"。内外城比例一般是三里之城、七里之郭。

③池：即护城河。

④畔：同"叛"。

陈臻[①]问曰："前日于齐，王馈兼金[②]一百而不受；于宋，馈七十镒而受；于薛，馈五十镒而受。前日之不受是，则今日之受非也；今日之受是，则前日之不受非也。夫子必居一于此矣。”

孟子曰：“皆是也。当在宋也，予将有远行，行者必以赆；辞曰：‘馈赆。’予何为不受？当在薛也，予有戒心；辞曰：‘闻戒，故为兵馈之。’予何为不受？若于齐，则未有处也。无处而馈之，是货[③]之也。焉有君子而可以货取乎？”

【注释】

①陈臻：孟子的学生。

②兼金：好金。因其价格双倍于普通金，所以称为“兼金”。

③货：动词，收买，贿赂。

孟子谓蚳蛙曰：“子之辞灵丘而请士师，似也，为其可以言也。今既数月矣，未可以言与？”

蚳蛙谏于王而不用，致为臣而去。

齐人曰：“所以为蚳蛙则善矣，所以自为则吾不知也。”

公都子以告。

曰：“吾闻之也，有官守者，不得其职则去；有言责者，不得其言则去。我无官守，我无言责也，则吾进退，岂不绰绰然有余裕哉？”

孟子自齐葬于鲁，反于齐，止于嬴。

充虞请曰：“前日不知虞之不肖，使虞敦匠事[①]。严[②]，虞不敢请。今愿窃有请也：木若以美然。”

曰：“古者棺椁无度，中古，棺七寸，椁称之。自天子达于庶人，非直为观美也，然后尽于人心。不得，不可以为悦；无财，不可以为悦。得之为，有财，古之人皆用之，吾何为独不然？且比化者[③]无使土亲肤，于人心独无恔[④]乎？吾闻之，君子不以天下俭其亲。”

【注释】

①敦：治，管。匠事：木匠制作棺材的事。

②严：急，忙。

③化者：死者。

④恔（xiào）：快，快慰，满足。

孟子致为臣而归[①]。王就见孟子，曰：“前日愿见而不可得，得侍同朝，甚喜。今又弃寡人而归，不识可以继此而得见乎？”

对曰：“不敢请耳，固所愿也。”

他日，王谓时子曰：“我欲中国[②]而授孟子室，养弟子以万钟，使诸大夫国人皆有所矜式。子盍为我言之!”

时子因陈子而以告孟子，陈子以时子之言告孟子。

孟子曰：“然。夫时子恶知其不可也？如使予欲富，辞十万而受万，是为欲富乎？季孙曰：‘异哉子叔疑！使己为政，不用，则亦已矣，又使其子弟为卿。人亦孰不欲富贵？而独于富贵之中有私龙断焉。’古之为市也，以其所有易其所无者，有司者治之耳。有贱丈夫焉，必求龙断而登之，以左右望而罔市利。人皆以为贱，故从而征之。征商自此贱丈夫始矣。”

【注释】

①致为臣而归：指孟子辞去齐宣王的客卿而归故乡。致，在古代有“致仕”“致禄”“致政”等多种说法，其中的“致”都是“归还”的意思。

②中国：在国都之中，指临淄城。“中”在这里是介词，“国”即国都。

孟子去齐，充虞路问曰：“夫子若有不豫色然。前日虞闻诸夫子曰：‘君子不怨天，不尤人。’”

曰：“彼一时，此一时也。五百年必有王者兴，其间必有名世者。由周而来，七百有余岁矣。以其数，则过矣；以其时考之，则可矣。夫天未欲平治天下也，如欲平治天下，当今之世，舍我其谁也？吾何为不豫哉？”

滕文公上(节选)

滕文公为世子，将之楚，过宋而见孟子。孟子道性善，言必称尧、舜。

世子自楚反，复见孟子。孟子曰：“世子疑吾言乎？夫道一而已矣。成覸谓齐景公曰：‘彼，丈夫也；我，丈夫也；吾何畏彼哉？’颜渊曰：‘舜，何人也？予，何人也？有为者亦若是。’公明仪曰：‘文王，我师也；周公岂欺我哉？’今滕，绝长补短，将五十里也，犹可以为善国。《书》曰：‘若药不瞑眩①，厥疾不瘳②。’”

【注释】

①瞑眩：眼睛昏花看不清楚。

②瘳（chōu）：病愈。

滕定公薨。世子谓然友曰：“昔者孟子尝与我言于宋，于心终不忘。今也不幸至于大故，吾欲使子问于孟子，然后行事。”

然友之邹，问于孟子。

孟子曰：“不亦善乎！亲丧，固所自尽也。曾子曰：‘生，事之以礼；死，葬之以礼，祭之以礼，可谓孝矣。’诸侯之礼，吾未之学也。虽然，吾尝闻之矣。三年之丧，齐疏之服，飦粥之食，自天子达于庶人，三代共之。”

然友反命，定为三年之丧。父兄百官皆不欲，曰："吾宗国鲁先君莫之行，吾先君亦莫之行也，至于子之身而反之，不可。且《志》曰：'丧祭从先祖。'曰：'吾有所受之也。'"

谓然友曰："吾他日未尝学问，好驰马试剑。今也父兄百官不我足也，恐其不能尽于大事，子为我问孟子。"然友复之邹问孟子。

孟子曰："然。不可以他求者也。孔子曰：'君薨，听于冢宰[①]。歠[②]粥，面深墨，即位而哭，百官有司莫敢不哀，先之也。'上有好者，下必有甚焉者矣。君子之德，风也；小人之德，草也。草尚之风，必偃。[③]是在世子。"

然友反命。世子曰："然。是诚在我。"

五月居庐，未有命戒。百官族人可，谓曰知。及至葬，四方来观之，颜色之戚，哭泣之哀，吊者大悦。

【注释】

①冢宰：官名。在君王居丧期间代理朝政。

②歠（chuò）：饮。

③君子之德……必偃：这几句出自《论语·颜渊》篇孔子的话。"尚"同"上"。偃，倒下。

滕文公下（节选）

陈代曰："不见诸侯，宜若小然。今一见之，大则以王，小则以霸。且《志》曰：'枉尺而直寻。'宜若可为也。"

孟子曰："昔齐景公田，招虞人以旌，不至，将杀之。志士不忘在沟壑，勇士不忘丧其元。孔子奚取焉？取非其招不往也。如不待其招而往，何哉？且夫枉尺而直寻者，以利言也。如以利，则枉寻直尺而利，亦可为与？昔者赵简子使王良与嬖奚乘，终日而不获一禽。嬖奚反命曰：'天下之贱工也。'或以告王良。良曰：'请复之。'强而后可，一朝而获十禽。嬖奚反命曰：'天下之良工也。'简子曰：'我使掌与女乘。'谓王良。良不可，曰：'吾为之范我驰驱，终日不获一；为之诡遇，一朝而获十。《诗》云："不失其驰，舍矢如破。"我不贯与小人乘，请辞。'御者且羞与射者比，比而得禽兽，虽若丘陵，弗为也。如枉道而从彼，何也？且子过矣，枉己者，未有能直人者也。"

景春[①]曰："公孙衍[②]、张仪[③]岂不诚大丈夫哉？一怒而诸侯惧，安居而天下熄[④]。"

孟子曰："是焉得为大丈夫乎？子未学礼乎？丈夫之冠也，父命之[⑤]；女子之嫁也，母命之，往送之门，戒之曰：'往之女家，必敬必戒，无违夫子！'以顺为正者，妾妇之道也。居天下之广居，立天下之正位，行天下之大道[⑥]；得志，与民由之；不得志，独行其道。富贵不能淫，贫贱不能移，威武不能屈，此之谓大丈夫。”

【注释】

①景春：人名，纵横家的信徒。

②公孙衍：人名，即魏国人犀首，著名的说客。

③张仪：魏国人，与苏秦同为纵横家的主要代表，致力于游以路横去服从秦国，与苏秦“合纵”相对。

④熄：指战火熄灭，天下太平。

⑤丈夫之冠也：古代男子到二十岁叫作成年，行加冠礼。父命之：父亲开导他。

⑥广居、正位、大道：朱熹注释为“广居，仁也；正位，礼也；大道，义也”。

孟子谓戴不胜曰：“子欲子之王之善与？我明告子。有楚大夫于此，欲其子之齐语也，则使齐人傅诸？使楚人傅诸？”

曰：“使齐人傅之。”

曰：“一齐人傅之，众楚人咻之，虽日挞而求其齐也，不可得矣；引而置之庄岳之间数年，虽日挞而求其楚，亦不可得矣。子谓薛居州，善士也，使之居于王所。在于王所者，长幼卑尊皆薛居州也，王谁与为不善？在王所者，长幼卑尊皆非薛居州也，王谁与为善？一薛居州，独如宋王何？”

公孙丑问曰：“不见诸侯，何义？”

孟子曰：“古者不为臣不见。段干木逾垣而辟之，泄柳闭门而不纳，是皆已甚；迫，斯可以见矣。阳货欲见孔子而恶无礼。大夫有赐于士，不得受于其家，则往拜其门。阳货瞰[①]孔子之亡也，而馈孔子蒸豚。孔子亦瞰其亡也，而往拜之。当是时，阳货先，岂得不见？曾子曰：‘胁肩谄笑，病于夏畦[②]。’子路曰：‘未同而言，观其色赧赧然，非由之所知也。’由是观之，则君子之所养，可知已矣。”

【注释】

①瞰：窥视。

②胁肩谄笑：胁肩，耸起肩头，故做恭敬的样子。胁肩谄笑形容逢迎谄媚的丑态。畦：本指菜地间划分的行列，这里作动词用，指在菜地里劳动。

戴盈之曰：“什一，去关市之征，今兹[①]未能，请轻之，以待来年，然后已，何如？”

孟子曰：“今有人日攘[②]其邻之鸡者，或告之曰：‘是非君子之道。’曰：‘请损之，月攘一鸡，以待来年，然后已。’如知其非义，斯速已矣，何待来年？”

【注释】

①兹：年。

②攘：偷。

匡章曰："陈仲子岂不诚廉士哉？居於陵，三日不食，耳无闻，目无见也。井上有李，螬食实者过半矣[①]，匍匐往，将食之，三咽，然后耳有闻，目有见。"

孟子曰："于齐国之士，吾必以仲子为巨擘焉。虽然，仲子恶能廉？充仲子之操，则蚓而后可者也。夫蚓，上食槁壤，下饮黄泉。仲子所居之室，伯夷之所筑与？抑亦盗跖之所筑与？所食之粟，伯夷之所树与？抑亦盗跖之所树与？是未可知也。"

曰："是何伤哉？彼身织屦，妻辟纑[②]，以易之也。"

曰："仲子，齐之世家也，兄戴，盖禄万钟。以兄之禄为不义之禄而不食也，以兄之室为不义之室而不居也，辟兄离母，处于於陵。他日归，则有馈其兄生鹅者，己频颇[③]曰：'恶用是鶃鶃者为哉？'他日，其母杀是鹅也，与之食之。其兄自外至，曰：'是鶃鶃之肉也！'出而哇之。以母则不食，以妻则食之；以兄之室则弗居，以於陵则居之。是尚为能充其类也乎？若仲子者，蚓而后充其操者也。"

【注释】

①螬（cáo）：即蛴螬，俗称"地蚕""大蚕"，是金龟子的幼虫。

②辟纑：绩麻练麻。绩麻为辟，练麻为纑。

③频颇（cù）：即颦蹙，不愉快的样子。

离　娄　上（节选）

孟子曰："离娄[①]之明，公输子[②]之巧，不以规矩，不能成方圆；师旷[③]之聪，不以六律[④]，不能正五音[⑤]；尧、舜之道，不以仁政，不能平治天下。今有仁心仁闻[⑥]而民不被其泽，不可法于后世者，不行先王之道也。故曰：徒善不足以为政，徒法不能以自行。《诗》云：'不愆不忘，率由旧章[⑦]。'遵先王之法而过者，未之有也。圣人既竭目力焉，继之以规矩准绳，以为方圆平直，不可胜用也；既竭耳力焉，继之以六律正五音，不可胜用也；既竭心思焉，继之以不忍人之政，而仁覆天下矣。故曰：为高必因丘陵，为下必因川泽，为政不因先王之道，可谓智乎？是以惟仁者宜在高位。不仁而在高位，是播其恶于众也。上无道揆[⑧]也，下无法守也，朝不信道，工不信度，君子犯义，小人犯刑，国之所存者幸也。故曰：城郭不完，兵甲不多，非国之灾也；田野不辟，货财不聚，非国之害也。上无礼，下无学，贼民兴，丧无日矣。《诗》曰：'天之方蹶，无然泄泄[⑨]。'泄泄犹沓沓也。事君无义，进退无礼，言则非先王之道者，犹沓沓也。故曰：责难于君谓之恭，陈善闭邪谓之敬，吾君不能谓之贼。”

【注释】

①离娄：相传为黄帝时人，目力极强，能于百步之外望见秋毫之末。

②公输子：即公输班，鲁国人，所以又叫“鲁班”，古代著名的巧匠，约生活于鲁定公或者哀公的时代，年岁比孔子小，比墨子大。其事迹见于《礼记·檀弓》《战国策》《墨子》等书。

③师旷：春秋时晋国的乐师，古代极有名的音乐家。其事迹见于《左传》《礼记》《国语》等。

④六律：中国古代将音律分为阴律、阳律两部分，各有六种音。六律即阳律的六音，分别是黄钟、太蔟、姑洗、蕤宾、夷则、无射。

⑤五音：中国古代音阶名称，即宫、商、角、徵、羽，相当于简谱中的“1，2，3，5，6”这五音。

⑥闻：名声。

⑦愆：过失。率：遵循。

⑧揆：度量。

⑨天之方蹶，无然泄泄：蹶，动；泄泄，多言，话多。

孟子曰：“三代之得天下也以仁，其失天下也以不仁。国之所以废兴存亡者亦然。天子不仁，不保四海；诸侯不仁，不保社稷；卿大夫不仁，不保宗庙；士庶人不仁，不保四体。今恶死亡而乐不仁，是犹恶醉而强酒。”

孟子曰：“爱人不亲，反其仁；治人不治，反其智；礼人不答，反其敬。行有不得者皆反求诸己，其身正而天下归之。《诗》云：‘永言配命，自求多福。’”

孟子曰：“人有恒言，皆曰‘天下国家’。天下之本在国，国之本在家，家之本在身。”

孟子曰：“不仁者可与言哉？安其危而利其菑①，乐其所以亡者。不仁而可与言，则何亡国败家之有？有孺子歌曰：‘沧浪②之水清兮，可以濯③我缨④；沧浪之水浊兮，可以濯我足。’孔子曰：‘小子听之！清斯濯缨，浊斯濯足矣。自取之也。’夫人必自侮，然后人侮之；家必自毁，而后人毁之；国必自伐，而后人伐之。《太甲》曰：‘天作孽，犹可违；自作孽，不可活。’此之谓也。”

【注释】

①菑：同“灾”。

②沧浪：前人有多种解释。或认为是水名（汉水支流），或认为是指水的颜色

（青苍色）。各种意思都不影响对原文的理解。

③濯（zhuó）：洗。

④缨：系帽子的丝带。

孟子曰："桀纣之失天下也，失其民也。失其民者，失其心也。得天下有道：得其民，斯得天下矣。得其民有道：得其心，斯得民矣。得其心有道：所欲与之聚之，所恶勿施尔也①。民之归仁也，犹水之就下、兽之走圹②也。故为渊驱鱼者，獭也；为丛驱爵③者，鹯④也；为汤武驱民者，桀与纣也。今天下之君有好仁者，则诸侯皆为之驱矣。虽欲无王，不可得已。今之欲王者，犹七年之病求三年之艾⑤也。苟为不畜，终身不得。苟不志于仁，终身忧辱，以陷于死亡。《诗》云：'其何能淑，载胥及溺。'此之谓也。"

【注释】

①尔也：如此罢了。

②圹：同"旷"，旷野。

③爵：同"雀"。

④鹯（zhān）：一种像鹞鹰的猛禽。

⑤艾：即陈艾，常用于灸病，存放时间越久，疗效越好。

孟子曰："自暴者，不可与有言也；自弃者，不可与有为也。言非礼义，谓之自暴也。吾身不能居仁由义，谓之自弃也。仁，人之安宅也；义，人之正路也。旷安宅而弗居，舍正路而不由，哀哉！"

孟子曰："道在迩而求诸远，事在易而求诸难——人人亲其亲，长其长，而天下平。"

孟子曰："居下位而不获于上，民不可得而治也。获于上有道，不信于友，弗获于上矣。信于友有道，事亲弗悦，弗信于友矣。悦亲有道，反身不诚，不悦于亲矣。诚身有道，不明乎善，不诚其身矣。是故诚者，天之道也。思诚者，人之道也。至诚而不动者，未之有也。不诚，未有能动者也。"

孟子曰："存①乎人者，莫良于眸子。眸子不能掩其恶。胸中正，则眸子瞭②焉；胸中不正，则眸子眊③焉。听其言也，观其眸子，人焉廋④哉！"

【注释】

①存：察。

②瞭：明。

③眊（mào）：不明，蒙眊。

④廋（sōu）：藏匿。

离　娄　下（节选）

孟子曰："可以取，可以无取，取伤廉；可以与，可以无与，与伤惠；可以死，可以无死，死伤勇。"

逢蒙[①]学射于羿，尽羿[②]之道，思天下惟羿为愈己，于是杀羿。孟子曰："是亦羿有罪焉。"

公明仪曰："宜若无罪焉。"

曰："薄乎云尔，恶得无罪？郑人使子濯孺子侵卫，卫使庾公之斯追之。子濯孺子曰：'今日我疾作，不可以执弓，吾死矣夫！'问其仆曰：'追我者谁也？'其仆曰：'庾公之斯也。'曰：'吾生矣。'其仆曰：'庾公之斯，卫之善射者也。夫子曰吾生，何谓也？'曰：'庾公之斯学射于尹公之他，尹公之他学射于我。夫尹公之他，端人也，其取友必端矣。'庾公之斯至，曰：'夫子何为不执弓？'曰：'今日我疾作，不可以执弓。'曰：'小人学射于尹公之他，尹公之他学射于夫子。我不忍以夫子之道反害夫子。虽然，今日之事，君事也，我不敢废。'抽矢，扣轮，去其金，发乘矢[③]而后反。"

【注释】

①逢（páng）蒙：羿的学生和家众，后来叛变，帮助寒浞杀了羿。

②羿：又称"后羿"，传说是夏代有穷国的君主。

③乘矢：四支箭。

孟子曰："君子所以异于人者，以其存心也。君子以仁存心.以礼存心。仁者爱人，有礼者敬人。爱人者，人恒爱之；敬人者，人恒敬之。有人于此，其待我以横逆[①]，则君子必自反也：我必不仁也，必无礼也，此物奚宜至哉[②]？其自反而仁矣，自反而有礼矣，其横逆由是也，君子必自反也，我必不忠。自反而忠矣，其横逆由是也。君子曰：'此亦妄人也已矣。如此，则与禽兽奚择哉？于禽兽又何难焉？'是故君子有终身之忧，无一朝之患也。乃若所忧则有之：舜，人也；我，亦人也。舜为法于天下，可传于后世，我由未免为乡人也，是则可忧也。忧之如何？如舜而已矣。若夫君子所患则亡矣。非仁无为也，非礼无行也。如有一朝之患，则君子不患矣。"

【注释】

①横逆：蛮横无理。

②此物：指上文所说"横逆"的态度。奚宜：怎么应当。

孟子曰："世俗所谓不孝者五：惰其四支，不顾父母之养，一不孝也；博弈好饮酒，不顾父母之养，二不孝也；好货财，私妻子，不顾父母之养，三不孝也；从耳目之欲，以为父母戮，四不孝也；好勇斗狠，以危父母，五不孝也。"

齐人有一妻一妾而处室者，其良人出，则必餍酒肉而后反。其妻问所与饮食者，则尽富贵也。其妻告其妾曰："良人出，则必餍酒肉而后反，问其与饮食者，尽富贵也，而未尝有显者来，吾将瞷①良人之所之也。"

蚤②起，施从良人之所之，遍国中无与立谈者。卒之东郭墦间③，之祭者，乞其余；不足，又顾而之他，此其为餍足之道也。

其妻归，告其妾，曰："良人者，所仰望而终身也，今若此。"与其妾讪其良人，而相泣于中庭，而良人未之知也，施施从外来，骄其妻妾。

由君子观之，则人之所以求富贵利达者，其妻妾不羞也而不相泣者，几希矣。

【注释】

①瞷（jiàn）：窥视。

②蚤：同"早"。

③墦间：坟墓间。

万　章　上（节选）

万章问曰："《诗》云：'娶妻如之何？必告父母。'信斯言也，宜莫如舜。舜之不告而娶，何也？"

孟子曰："告则不得娶。男女居室，人之大伦也。如告，则废人之大伦，以怼①父母，是以不告也。"

万章曰："舜之不告而娶，则吾既得闻命矣。帝之妻舜而不告，何也？"

曰："帝亦知告焉则不得妻也。"

万章曰："父母使舜完廪，捐阶，瞽瞍焚廪。使浚井，出，从而掩②之。象曰：'谟盖都君咸我绩，牛羊父母，仓廪父母，干戈朕，琴朕，弤③朕；二嫂使治朕栖。'象往入舜宫，舜在床琴。象曰：'郁陶思君尔。'忸怩。舜曰：'惟兹臣庶，汝其于予治。'不识舜不知象之将杀己与？"

曰："奚而不知也？象忧亦忧，象喜亦喜。"

曰："然则舜伪喜者与？"

曰："否。昔者有馈生鱼于郑子产，子产使校人④畜之池。校人烹之，反命曰：'始舍之，圉圉⑤焉；少则洋洋⑥焉；攸然⑦而逝。'子产曰：'得其所哉！得其所哉！’校人出，曰：‘孰谓子产智？予既烹而食之，曰，得其所哉！得其所哉！’故君子可欺以其方，难罔以非其道。”

【注释】

①怼（duì）：怨。

②掩（yǎn）：覆。

③牴（dǐ）。

④校人：管理池塘的小官。

⑤圉圉（yǔ）：鱼在水中疲弱的样子。

⑥洋洋：舒缓摇尾的样子。

⑦攸然：迅速游动的样子。

万 章 下（节选）

孟子曰：“伯夷，目不视恶色，耳不听恶声。非其君不事，非其民不使。治则进，乱则退。横[①]政之所出，横民之所止，不忍居也。思与乡人处，如以朝衣朝冠坐于涂炭也。当纣之时，居北海之滨，以待天下之清也。故闻伯夷之风者，顽[②]夫廉，懦夫有立志。”

“伊尹曰：‘何事非君？何使非民？’治亦进，乱亦进，曰：‘天之生斯民也，使先知觉后知，使先觉觉后觉。予，天民之先觉者也。予将以此道觉此民也。’思天下之民，匹夫匹妇有不与被尧、舜之泽者，若己推而内之沟中，其自任以天下之重也。”

“柳下惠不羞污君，不辞小官。进不隐贤，必以其道。遗佚[③]而不怨，厄穷而不悯。与乡人处，由由然不忍去也。‘尔为尔，我为我，虽袒裼裸裎[④]于我侧，尔焉能浼[⑤]我哉？’故闻柳下惠之风者，鄙夫[⑥]宽，薄夫[⑦]敦。”

“孔子之去齐，接淅而行。去鲁，曰：‘迟迟吾行也。’去父母国之道也。可以速而速，可以久而久，可以处而处，可以仕而仕，孔子也。”

孟子曰：“伯夷，圣之清者也；伊尹，圣之任者也；柳下惠，圣之和者也；孔子，圣之时者也。孔子之谓集大成。集大成也者，金声而玉振之也。金声也者，始条理也；玉振之也者，终条理也。始条理者，智之事也；终条理者，圣之事也。智，譬则巧也；圣，譬则力也。由射于百步之外也，其至，尔力也；其中，非尔力也。”

【注释】

①横：暴。

②顽：贪婪。

③遗佚：不被重用。

④袒裼裸裎：四个字意思相近，同义复用，都是赤身裸体的意思。

⑤浼：污染。
⑥鄙夫：心胸狭窄的人。
⑦薄夫：刻薄的人。

万章问曰："敢问友。"

孟子曰："不挟长，不挟贵，不挟兄弟而友。友也者，友其德也，不可以有挟也。孟献子，百乘之家也，有友五人焉：乐正裘、牧仲，其三人则予忘之矣。献子之与此五人者友也，无献子之家者也。此五人者，亦有献子之家，则不与之友矣。非惟百乘之家为然也，虽小国之君亦有之。费惠公曰：'吾于子思则师之矣，吾于颜般则友之矣。王顺、长息，则事我者也。'非惟小国之君为然也，虽大国之君亦有之。晋平公之于亥唐也，入云则入，坐云则坐，食云则食。虽蔬食菜羹，未尝不饱，盖不敢不饱也。然终于此而已矣，弗与共天位也，弗与治天职也，弗与食天禄也。士之尊贤者也，非王公之尊贤也。舜尚见帝，帝馆甥于贰室，亦飨舜，迭为宾主，是天子而友匹夫也。用下敬上，谓之贵贵；用上敬下，谓之尊贤。贵贵尊贤，其义一也。"

孟子曰："仕非为贫也，而有时乎为贫；娶妻非为养也，而有时乎为养。为贫者，辞尊居卑，辞富居贫。辞尊居卑，辞富居贫，恶乎宜乎？抱关击柝①。孔子尝为委吏②矣，曰：'会计当而已矣。'尝为乘田③矣，曰：'牛羊茁壮长而已矣。'位卑而言高，罪也。立乎人之本朝④而道不行，耻也。"

【注释】

①抱关：守门的小卒。击柝（tuò）：打更。柝指打更用的梆子。
②委吏：管仓库的小吏。
③乘田：管苑囿的小吏，负责牲畜的饲养和放牧。
④本朝：朝廷。

齐宣王问卿。孟子曰："王何卿之问也？"王曰："卿不同乎？"曰："不同。有贵戚之卿，有异姓之卿。"王曰："请问贵戚之卿。"曰："君有大过则谏，反覆之而不听，则易位。"王勃然变乎色。曰："王勿异也。王问臣，臣不敢不以正对。"王色定，然后请问异姓之卿。曰："君有过则谏，反覆之而不听，则去。"

告　子　上（节选）

告子曰："性犹湍水也，决诸东方则东流，决诸西方则西流。人性之无分于善不善也，犹水之无分于东西也。"

孟子曰："水信无分于东西，无分子上下乎？人性之善也，犹水之就下也。人无有不善，水无有不下。今夫水，搏而跃之，可使过颡①；激而行之，可使在山。是岂水之性哉？其势则然也。人之可使为不善，其性亦犹是也。”

【注释】

①颡（sǎng）：额头。

公都子曰：“告子曰：‘性无善无不善也。’或曰：‘性可以为善，可以为不善。是故文、武兴，则民好善；幽、厉兴，则民好暴。’或曰：‘有性善，有性不善。是故以尧为君而有象，以瞽瞍①为父而有舜，以纣为兄之子且以为君，而有微子启、王子比干。’今曰‘性善’，然则彼皆非欤？”

孟子曰：“乃若其情，则可以为善矣，乃所谓善也。若夫为不善，非才之罪也。恻隐之心，人皆有之；羞恶之心，人皆有之；恭敬之心，人皆有之；是非之心，人皆有之。恻隐之心，仁也；羞恶之心，义也；恭敬之心，礼也；是非之心，智也。仁义礼智，非由外铄我也，我固有之也，弗思耳矣。故曰：‘求则得之，舍则失之。’或相倍蓰而无算者，不能尽其才者也。《诗》曰：‘天生蒸民，有物有则。民之秉彝，好是懿德。’孔子曰：‘为此诗者，其知道乎！故有物必有则，民之秉彝也，故好是懿德。’”

【注释】

①瞽（gǔ）瞍（sǒu）：舜的父亲，品行不善。

孟子曰：“牛山①之木尝美矣，以其郊于大国②也，斧斤伐之，可以为美乎？是其日夜之所息③，雨露之所润，非无萌蘖④之生焉，牛羊又从而牧之，是以若彼濯濯也。人见其濯濯也，以为未尝有材焉，此岂山之性也哉？虽存乎人者，岂无仁义之心哉？其所以放其良心者，亦犹斧斤之于木也，旦旦而伐之，可以为美乎？其日夜之所息，平旦之气，其好恶与人相近也者几希，则其旦昼之所为，有梏亡之矣。梏之反复，则其夜气不足以存。夜气不足以存，则其违禽兽不远矣。人见其禽兽也，而以为未尝有才焉者，是岂人之情也哉？故苟得其养，无物不长；苟失其养，无物不消。孔子曰：‘操则存，舍则亡；出入无时，莫知其乡。’惟心之谓与？”

【注释】

①牛山：齐国首都临淄郊外的山。

②郊：此处做动词用，意为“生长在郊外”。大国：即大都市，指临淄。

③息：生长。

④萌蘖（niè）：新枝嫩芽。

孟子曰：“无或乎王之不智也。虽有天下易生之物也，一日暴之，十日寒之，未有能生者也。吾见亦罕矣，吾退而寒之者至矣，吾如有萌焉何哉？今夫弈之为数，小数也；不专心致志，则不得也。弈秋，通国之善弈者也。使弈秋诲二人弈，其一人专心致志，惟弈秋之为听。一人虽听之，一心以为有鸿鹄将至，思援弓缴而射之，虽与之俱学，弗若之矣。为是其智弗若与？曰：非然也。”

孟子曰：“鱼，我所欲也，熊掌，亦我所欲也；二者不可得兼，舍鱼而取熊掌者也。生，亦我所欲也，义，亦我所欲也；二者不可得兼，舍生而取义者也。生亦我所欲，所欲有甚于生者，故不为苟得也；死亦我所恶，所恶有甚于死者，故患有所不辟也。如使人之所欲莫甚于生，则凡可以得生者，何不用也？使人之所恶莫甚于死者，则凡可以辟患者，何不为也？由是则生而有不用也，由是则可以辟患而有不为也，是故所欲有甚于生者，所恶有甚于死者。非独贤者有是心也，人皆有之，贤者能勿丧耳。一箪食，一豆羹，得之则生，弗得则死，呼尔而与之，行道之人弗受；蹴尔而与之，乞人不屑也。万钟则不辩礼义而受之。万钟于我何加焉？为宫室之美、妻妾之奉、所识穷乏者得我与？乡为身死而不受，今为宫室之美为之；乡为身死而不受，今为妻妾之奉为之；乡为身死而不受，今为所识穷乏者得我而为之，是亦不可以已乎？此之谓失其本心。”

孟子曰：“仁，人心也；义，人路也。舍其路而弗由，放其心而不知求，哀哉！人有鸡犬放，则知求之；有放心而不知求。学问之道无他，求其放心而已矣。”

孟子曰：“今有无名之指，屈而不信，非疾痛害事也，如有能信之者，则不远秦、楚之路，为指之不若人也。指不若人，则知恶之；心不若人，则不知恶。此之谓不知类也。”

孟子曰：“人之于身也，兼所爱。兼所爱，则兼所养也。无尺寸之肤不爱焉，则无尺寸之肤不养也。所以考其善不善者，岂有他哉？于己取之而已矣。体有贵贱，有小大。无以小害大，无以贱害贵。养其小者为小人，养其大者为大人。今有场师，舍其梧槚①，养其樲棘②，则为贱场师焉。养其一指而失其肩背，而不知也，则为狼疾③人也。饮食之人，则人贱之矣，为其养小以失大也。饮食之人无有失也，则口腹岂适④为尺寸之肤哉？”

【注释】

①梧：梧桐。槚（jiǎ）：即楸树，也是一种木质很好的树。
②樲（èr）：酸枣。棘：荆棘。
③狼疾：同“狼藉”，昏乱，糊涂。
④适：同“啻”（chì），仅仅，只。

孟子曰："欲贵者，人之同心也。人人有贵于己者，弗思耳。人之所贵者，非良贵也。赵孟之所贵，赵孟能贱之。《诗》云：'既醉以酒，既饱以德。'言饱乎仁义也，所以不愿人之膏粱之味也。令闻广誉施于身，所以不愿人之文绣也。"

孟子曰："仁之胜不仁也，犹水胜火。今之为仁者，犹以一杯水救一车薪之火也，不熄，则谓之水不胜火。此又与于不仁之甚者也，亦终必亡而已矣。"

告 子 下（节选）

任[①]人有问屋庐子[②]曰："礼与食孰重？"

曰："礼重。"

"色与礼孰重？"

曰："礼重。"

曰："以礼食，则饥而死；不以礼食，则得食，必以礼乎？亲迎[③]，则不得妻；不亲迎，则得妻，必亲迎乎？"

屋庐子不能对。明日之邹，以告孟子。

孟子曰："於！答是也，何有？不揣其本，而齐其末，方寸之木可使高于岑楼[④]。金重于羽者，岂谓一钩金[⑤]与一舆羽之谓哉？取食之重者与礼之轻者而比之，奚翅[⑥]食重？取色之重者与礼之轻者而比之，奚翅色重？往应之曰：'紾[⑦]兄之臂而夺之食，则得食；不紾，则不得食，则将紾之乎？窬东家墙而搂其处子，则得妻；不搂，则不得妻，则将搂之乎？'"

【注释】

①任：春秋时国名，故址在今山东济宁。
②屋庐子：孟子的学生。
③亲迎：古代婚姻制度，新郎亲迎新娘。这里代指按礼制娶亲。
④岑楼：尖顶高楼。
⑤钩：衣带钩。一钩金即一衣带钩那样一点点金。
⑥翅：同"啻"，只，止，但。
⑦紾（zhěn）：扭转。

曹交[①]问曰："人皆可以为尧、舜，有诸？"

孟子曰："然。"

"交闻文王十尺，汤九尺，今交九尺四寸以长，食粟而已，如何则可？"

曰："奚有于是？亦为之而已矣。有人于此，力不能胜一匹雏[②]，则为无力人矣。今曰举百钧，则为有力人矣。然则举乌获[③]之任，是亦为乌获而已矣。夫人岂以不胜为患哉？弗为耳。徐行后长者谓之弟，疾行先长者谓之不弟。夫徐行者，岂人所不能哉？所不为也。尧、舜之道，孝弟而已矣。子服尧之服，诵尧之言，行尧之行，是尧而已矣。子服桀之服，诵桀之言，行桀之行，是桀而已矣。”

曰：“交得见于邹君，可以假馆[④]，愿留而受业于门。”

曰：“夫道若大路然，岂难知哉？人病不求耳。子归而求之，有余师。”

【注释】

①曹交：赵岐注认为是曹君的弟弟，名交。但在孟子的时代曹国已亡，所以也不确切。

②一匹雏：一只小鸡。

③乌获：古代传说中的大力士。

④假馆：借客舍，意为找一个住处。

宋牼[①]将之楚，孟子遇于石丘[②]，曰：“先生将何之？”

曰：“吾闻秦、楚构兵[③]，我将见楚王说[④]而罢之。楚王不悦，我将见秦王说而罢之。二王我将有所遇[⑤]焉。”

曰：“轲也请无问其详，愿闻其指。说之将何如？”

曰：“我将言其不利也。”

曰：“先生之志则大矣，先生之号则不可。先生以利说秦、楚之王，秦、楚之王悦于利，以罢三军之师，是三军之士乐罢而悦于利也。为人臣者怀利以事其君，为人子者怀利以事其父，为人弟者怀利以事其兄，是君臣、父子、兄弟终去仁义，怀利以相接，然而不亡者，未之有也。先生以仁义说秦、楚之王，秦、楚之王悦于仁义，而罢三军之师，是三军之士乐罢而悦于仁义也。为人臣者怀仁义以事其君，为人子者怀仁义以事其父，为人弟者怀仁义以事其兄，是君臣、父子、兄弟去利，怀仁义以相接也，然而不王者，未之有也。何必曰利？”

【注释】

①宋牼（kēng）：战国时宋国著名学者，反对战争，主张和平。

②石丘：地名，其址不详。

③构兵：交战。

④说：劝说。

⑤遇：说而相合。

白圭[①]曰：“吾欲二十而取一，何如？”

孟子曰：“子之道，貉[②]道也。万室之国，一人陶，则可乎？”

曰："不可，器不足用也。"

曰："夫貉，五谷不生，惟黍生之。无城郭、宫室、宗庙、祭祀之礼，无诸侯币帛饔飧[3]，无百官有司，故二十取一而足也。今居中国，去人伦，无君子[4]，如之何其可也？陶以寡，且不可以为国，况无君子乎？欲轻之于尧、舜之道者，大貉小貉也；欲重之于尧、舜之道者，大桀小桀也。"

【注释】

①白圭：名丹，曾做过魏国的宰相，以筑堤治水而闻名。

②貉（mò）：又作"貊"，古代北方的一个小国。

③饔飧：早晚餐。这里以饔飧代指请客吃饭的礼节。

④去人伦，无君子：去人伦指无君臣、祭祀、交际的礼节，无君子指无百官有司。

鲁欲使乐正子为政。孟子曰："吾闻之，喜而不寐。"

公孙丑曰："乐正子强乎？"

曰："否。"

"有知虑乎？"

曰："否。"

"多闻识乎？"

曰："否。"

"然则奚为喜而不寐？"

曰："其为人也好善。"

"好善足乎？"

曰："好善优于天下，而况鲁国乎？夫苟好善，则四海之内皆将轻千里而来告之以善。夫苟不好善，则人将曰：'訑訑，予既已知之矣。'訑訑之声音颜色距人于千里之外。士止于千里之外，则谗谄面谀之人至矣。与谗谄面谀之人居，国欲治，可得乎？"

孟子曰："舜发于畎亩[1]之中，傅说[2]举于版筑[3]之间，胶鬲[4]举于鱼盐之中，管夷吾举于士[5]，孙叔敖举于海[6]，百里奚举于市[7]。故天将降大任于是人也，必先苦其心志，劳其筋骨，饿其体肤，空乏其身，行拂乱其所为，所以动心忍性，曾[8]益其所不能。人恒过，然后能改；困于心，衡[9]于虑，而后作；征于色，发于声，而后喻。入则无法家拂士[10]，出则无敌国外患者，国恒亡。然后知生于忧患而死于安乐也。"

【注释】

①畎亩：田间，田地。

②傅说：殷武丁时人，曾为刑徒，在傅险筑墙，后被武丁发现，举用为相。

③版筑：一种筑墙工作，在两块墙板中，填入泥土夯实。

④胶鬲：殷纣王时人，曾以贩卖鱼、盐为生，周文王把他举荐给纣，后辅佐周武王。

⑤管夷吾：管仲。士：此处指狱囚管理者。当年齐桓公和公子纠争夺君位，公子纠失败后，管仲随他一起逃到鲁国。齐桓公知道他贤能，所以要求鲁君杀死公子纠，而把管仲押回给自己处理。鲁君于是派狱囚管理者押管仲回国，结果齐桓公用管仲为宰相。

⑥孙叔敖：是春秋时楚国的隐士，隐居海边，被楚王发现后任为令尹（宰相）。

⑦百里奚举于市：春秋时的贤人百里奚，流落在楚国，秦穆公用五张羊皮的价格把他买回，任为宰相，所以说“举于市”。

⑧曾：同“增”。

⑨衡：同“横”，指横塞。

⑩法家拂士：法家，有法度的大臣；拂，假借为“弼”，辅佐；拂士即辅佐的贤士。

尽　心　上（节选）

孟子曰：“尽其心者，知其性也。知其性，则知天矣。存其心，养其性，所以事天也。夭寿不贰，修身以俟之，所以立命也。”

孟子曰：“莫非命也，顺受其正。是故知命者不立乎岩墙之下。尽其道而死者，正命也；桎梏死者，非正命也。”

孟子曰：“行之而不著焉，习矣而不察焉，终身由之而不知其道者，众也。”

孟子曰：“人不可以无耻，无耻之耻，无耻矣。”

孟子谓宋勾践①曰：“子好游②乎？吾语子游。人知之，亦嚣嚣；人不知，亦嚣嚣。”

曰：“何如斯可以嚣嚣矣？”

曰：“尊德乐义，则可以嚣嚣矣。故士穷不失义，达不离道。穷不失义，故士得己焉；达不离道，故民不失望焉。古之人，得志，泽加于民；不得志，修身见于世。穷则独善其身，达则兼善天下。”

【注释】

①宋勾践：人名，姓宋，名勾践，生平不详。

②游：指游说。

孟子曰：“仁言不如仁声之入人深也，善政不如善教之得民也。善政，民畏之；善教，民爱之。善政得民财，善教得民心。”

孟子曰："人之所不学而能者，其良能也；所不虑而知者，其良知也。孩提之童无不知爱其亲者，及其长也，无不知敬其兄也。亲亲，仁也；敬长，义也。无他，达之天下也。"

孟子曰："君子有三乐，而王天下不与存焉。父母俱存，兄弟无故①，一乐也；仰不愧于天，俯不怍②于人，二乐也；得天下英才而教育之，三乐也。君子有三乐，而王天下不与存焉。"

【注释】

①故：事故，指灾患病丧。

②怍（zuò）：惭愧。

孟子曰："广土众民，君子欲之，所乐不存焉；中天下而立，定四海之民，君子乐之，所性不存焉。君子所性，虽大行①不加焉，虽穷居不损焉，分定故也。君子所性，仁义礼智根于心，其生色也睟然②，见于面，盎③于背，施于四体，四体不言而喻。"

【注释】

①大行：指理想、抱负通行于天下。

②睟（suì）然：颜色润泽。

③盎（àng）：显露。

孟子曰："孔子登东山①而小鲁，登泰山而小天下，故观于海者难为水，游于圣人之门者难为言。观水有术，必观其澜。日月有明，容光②必照焉。流水之为物也，不盈科不行；君子之志于道也，不成章③不达。"

【注释】

①东山：即蒙山，在今山东蒙阴县南。

②容光：指能够容纳光线的小缝隙。

③成章：古称乐曲终结为一章，由此引申，指事物达到一定阶段或有一定规模。

桃应问曰："舜为天子，皋陶为士，瞽瞍杀人，则如之何？"

孟子曰："执之而已矣。"

"然则舜不禁与？"

曰："夫舜恶得而禁之？夫有所受之也。"

"然则舜如之何？"

曰："舜视弃天下犹弃敝屣也。窃负而逃，遵海滨而处，终身䜣然，乐而忘天下。"

尽　心　下（节选）

孟子曰："尽信《书》，则不如无《书》。吾于《武成》①，取二三策②而已矣。仁人无敌于天下，以至仁伐至不仁，而何其血之流杵也？"

【注释】

①《武成》：《尚书》的篇名。现存《武成》篇是伪古文。

②策：竹简。古代用竹简书写，一策相当于我们今天说的一页。

孟子曰："民为贵，社稷①次之，君为轻。是故得乎丘②民而为天子，得乎天子为诸侯，得乎诸侯为大夫。诸侯危社稷，则变置。牺牲③既成，粢盛既絜④，祭祀以时，然而旱干水溢，则变置社稷。"

【注释】

①社稷：社，土神；稷，谷神。古代帝王或诸侯建国时，都要立坛祭祀"社""稷"，所以，"社稷"又作为国家的代称。

②丘：众。

③牺牲：供祭祀用的牛、羊、猪等祭品。

④粢盛既絜：盛在祭器内的祭品已洁净了。絜，同"洁"。

孟子曰："贤者以其昭昭，使人昭昭；今以其昏昏，使人昭昭。"

孟子谓高子曰："山径之蹊，间介然用之而成路，为间不用，则茅塞之矣。今茅塞子之心矣。"

盆成括仕于齐，孟子曰："死矣盆成括！"

盆成括见杀，门人问曰："夫子何以知其将见杀？"

曰："其为人也小有才，未闻君子之大道也，则足以杀其躯而已矣。"

孟子曰："说①大人则藐之，勿视其巍巍然。堂高数仞，榱题②数尺，我得志，弗为也。食前方丈，侍妾数百人，我得志，弗为也。般乐饮酒，驱骋田猎，后车千乘，我得志，弗为也。在彼者，皆我所不为也；在我者，皆古之制也。吾何畏彼哉？"

【注释】

①说（shuì）：向……进言。

②榱（cuī）题：也叫"出檐"，指屋檐的前端。

孟子曰："养心莫善于寡欲。其为人也寡欲，虽有不存焉者，寡矣；其为人也多欲，虽有存焉者，寡矣。"

万章问曰："孔子在陈曰：'盍归乎来！吾党之小子狂简，进取，不忘其初。'[①]孔子在陈，何思鲁之狂士？"

孟子曰："孔子'不得中道而与之，必也狂狷乎！狂者进取，狷者有所不为也'。[②]孔子岂不欲中道哉？不可必得，故思其次也。"

"敢问何如斯可谓狂矣？"

曰："如琴张[③]、曾皙、牧皮[④]者，孔子之所谓狂矣。"

"何以谓之狂也？"

曰："其志嘐嘐[⑤]然，曰：'古之人，古之人。'夷[⑥]考其行，而不掩焉者也。狂者又不可得，欲得不屑不洁之士而与之，是狷也，是又其次也。孔子曰：'过我门而不入我室，我不憾焉者，其惟乡原[⑦]乎！乡原，德之贼也。[⑧]'"

曰："何如斯可谓之乡原矣？"

曰："何以是嘐嘐也？言不顾行，行不顾言，则曰'古之人，古之人。行何为踽踽凉凉[⑨]？生斯世也，为斯世也，善斯可矣'。阉然媚于世也者，是乡原也。"

万子曰："一乡皆称原人焉，无所往而不为原人，孔子以为德之贼，何哉？"

曰："非之无举也，刺之无刺也。同乎流俗，合乎污世。居之似忠信，行之似廉洁，众皆悦之，自以为是，而不可与入尧、舜之道，故曰'德之贼'也。孔子曰：'恶似而非者：恶莠，恐其乱苗也；恶佞，恐其乱义也；恶利口，恐其乱信也；恶郑声，恐其乱乐也；恶紫，恐其乱朱也；恶乡原，恐其乱德也。'君子反经而已矣。经正则庶民兴，庶民兴，斯无邪慝[⑩]矣。"

【注释】

①孔子在陈曰：见《论语·公冶长》，原文为"归与归与！吾党之小子狂简，斐然成章，不知所以裁之"，与万章所引略有不同。

②孔子……所不为也：见《论语·子路》。原文和孟子这里所引一样。

③琴张：人名，不详。

④牧皮：人名，不详。

⑤嘐嘐（xiāo）：赵岐注为"志大言大者也"。

⑥夷：平。或认为做语助词，无义。

⑦乡原（yuàn）：也作"乡愿"。愿，谨慎。乡原指外貌忠诚谨慎，实际上欺世盗名的人。

⑧孔子曰：这段话在《论语·阳货》中只有"子曰：'乡原，德之贼也。'"

⑨踽踽（jǔ）：独行不进的样子。凉凉：淡薄，冷漠。

⑩慝（tè）：奸邪。

孟子曰："由尧、舜至于汤，五百有余岁。若禹、皋陶，则见而知之；若汤，则闻而知之。由汤至于文王，五百有余岁，若伊尹、莱朱[①]，则见而知之；若文王，则闻而知之。由文王至于孔子，五百有余岁。若太公望、散宜生[②]，则见而知之；若孔子，则闻而知之。由孔子而来至于今，百有余岁，去圣人之世，若此其未远也，近圣人之居，若此其甚也，然而无有乎尔，则亦无有乎尔[③]。"

【注释】

①莱朱：汤的贤臣。

②散宜生：文王贤臣。

③然而无有乎尔，则亦无有乎尔：朱熹《集注》引林氏的解释认为，前半句"然而无有乎尔"指没有"见而知之"者，后半句"则亦无有乎尔"指五百余岁之后更不会人"闻而知之"者了。因此，是孟子对没有人继承孔子圣人学说的忧虑。

三、学习提示

（一）《孟子》的传播

（1）战国时期，社会动荡，各国诸侯均急功近利，试图称霸天下，但却不注重培养道德的政治基础。而孟子宣扬的王道思想、仁政主张，与当时的统治者心理格格不入。《孟子》研究的萌发期是战国后期。荀子首开批判孟子之先河。他在《非十二子》中，对子思、孟子的"略法先王而不知其统"的复古思想，进行了责难和批驳。

（2）到了汉代，汉武帝"罢黜百家，独尊儒术"，使儒家思想取得正统地位，孟子才逐渐为人们所尊崇。西汉时期，《孟子》已广泛流传。据孟氏家志记载，汉文帝时曾一度将《论语》《孝经》《孟子》同置博士。章帝建初年间，大会诸儒于白虎观，论说群经，皆引《孟子》为证；西汉司马迁著《史记》，为孟子立传，除简述孟子的生平思想外，还说明了孟子学说在战国时不被采纳的原因。

东汉时期对《孟子》的评价略高于西汉。这一时期见于史书记载的著述有东汉赵岐的《孟子章句》、程曾的《孟子章句》、郑玄的《孟子注》、刘熙的《孟子注》、高诱的《孟子章句》，但现今尚存的只有赵岐的《孟子章句》，其他各书均已亡佚。因此赵岐的《孟子章句》成为今存最早的《孟子》注本，是研究汉代孟学的珍贵资料。东汉思想家王充对儒家发起了大胆的攻击，在他的批儒专论《论衡》中，有一篇《刺孟》，对孟子的一些言行进行了讥刺。司马光也写过《疑孟》，对孟子的言论加以抨击。直到王安石当政，《孟子》才被立于学官，与其他十二经合称为"十三经"，成为士子必读的经书。

（3）宋代仁宗时期，范仲淹、欧阳修、孙复、石介等人上书朝廷，表彰孟子之功。到神宗时期，孟子升经运动达到高潮。当时，二程的"洛学"、张载的"关学"及王安石的“新学”，在尊孟上基本达成一致。熙宁四年，《孟子》首次列入科举。南宋光宗绍熙年间，黄唐将十三经注疏合刊。这是《孟子》第一次以经书的形式刊行。南宋陈振孙在《直斋书录解题》中把《孟子》正式列入经部。至此，孟子升经运动基本完成。

朱熹把《礼记》中的《大学》《中庸》两篇抽出来，与《论语》《孟子》合编为“四书”，并用毕生精力为之撰集注，使《四书章句集注》成为宋代理学的标志性著作，这对于孟子地位的提高和孟学的发展影响极大。从此，孔、孟一起受到封建统治者的顶礼膜拜。

（4）明清学风截然不同。明人学问浮躁，好发议论，所以明代的《孟子》研究成绩平平。《对孟子》的研究撰述虽多，但基本上不出朱熹集注和《四书大全》的窠臼。直到明中叶王阳明心学兴起，思想界出现了异端思潮，对《孟子》研究才出现了转机。这中间能集大成、最为人称道的，首推焦循的《孟子正义》。梁启超的《中国近三百年学术史》誉之为“新疏家模范作品，价值是永永不朽的”。如戴震的《孟子字义疏证》、周广业的《孟子四考》等也都是孟学史上前所未有的第一流著述。《孟子字义疏证》是戴氏的一部重要哲学著作，它以疏正《孟子》字义的方式发挥自己的哲学思想，以为“宋以来，孔孟之书尽失其解，儒者杂袭老释之言以解之”（《答彭进士允初书》），批判了宋儒“理在气上”“理在事先”的唯心主义理论，阐明了“理在事中”的唯物主义思想。

纵观自汉至清历代孟学著述，体裁虽多种多样，但笺注一体则是主流。其间堪称里程碑式的著作有汉赵岐的《孟子注疏》、宋朱熹的《孟子集注》、清焦循的《孟子正义》。它们的一个共同特点就是都怀着对原著近乎宗教式的崇奉和谨慎，字琢句磨，一丝不苟；不同的是，赵注侧重于笺释文句，朱注注重于阐发义理，焦疏偏重于考证史实。从某种意义上说，赵注、焦疏颇像“我注六经”，朱注则近乎“六经注我”。

（5）自1840年鸦片战争至新中国成立之前，对《孟子》的研究虽未停止，但没有取得长足的进步。不过清康有为的《孟子微》，以及民国时王治心的《孟子研究》、杨大膺的《孟子学说研究》，对于治孟学者都有一定参考价值。

新中国成立初期，由于国内学术界、思想界对儒学基本上以批判为主，因此，对《孟子》的科学研究和客观冷静的评价几乎处于停滞的状态。但1960年出版的杨伯峻的《孟子译注》却是一部非常好的《孟子》注本。全书分原文、译文、注释三部分，书后附《孟子辞典》，精于训诂、校勘、考证。

（6）20世纪70年代后期至今，人们开始重新审视儒学，一批研究《孟子》的专家学者纷纷在全国各种学术报刊发表论文，已汇编成文集出版的如《孟子研究论文集》。同时，一些高质量的研究《孟子》的专著也已陆续问世，如杨国荣的《孟子评传》、王其俊的《亚圣智慧——孟子新论》、刘鄂培的《孟子大传》、杨泽波的《孟子评传》、董洪利的《孟子研究》，都是其中代表。而论及《孟子》的论著，更是非常宏富。

我国港台地区的老一代学者中，研究孟子思想成就最大的有徐复观和牟宗三。徐复观1969年出版的《中国人性论史·先秦篇》中的第六章专论《孟子》。他从历史的观点出发，将性善论看作是中国文化长期发展的结果，并提出性善论以心善为根据，性善即心善的观点。牟宗三1968年出版的《心体与性体》和1985年出版的《圆善论》对《孟子》的论述最为集中。牟宗三的研究一是站在心学立场上来评述《孟子》，二是用康德思想研究《孟子》，以康德的道德自律学说为视角研究性善论，并且在许多方面独辟蹊径，给人以深刻启发。

我国台湾地区新一代研究《孟子》的学者主要有李明辉、黄俊杰、袁保新等。

——参考资料：周洪才、钟淑娥，《〈孟子〉历代研究考述》，《石油大学学报（社会科学版）》，1993年第3期；潍坊学院文学与传播学院教案：《国学专书研究概论》。

（二）《孟子》的研究

《孟子》是儒家四书之一，它在儒家典籍中占有极为重要的地位。其历代研究者众多，其中也出现了许多不同的意见。

1. 关于《孟子》成书时间及作者的争鸣

关于《孟子》的成书时间及作者，古今有三种不同的看法。

一是认为该书完成于孟子生前，是孟子自己所著的。东汉赵岐在《孟子题辞》和清代焦循在《孟子正义》中都持这种看法。

二是认为《孟子》是孟轲死后由其门人弟子万章、公孙丑之徒记述的。唐代韩愈、宋代晁公武等人都主张这种观点。

第三种看法认为《孟子》一书是由孟子和弟子们合定的。司马迁在《史记·孟荀列传》中说："退而与万章之徒序《诗》《书》，述仲尼之意，作《孟子》七篇。"朱熹的观点与司马迁相近。他一方面认为孟子必定亲自下手，所以才"首尾文字一体"，少有瑕疵；另一方面又认为有些内容是"其徒所记"，由孟子加以删定。杨伯峻和现代大多数学者都认为司马迁的观点是最为可信的。

2. 关于孟子师承的争鸣

关于孟子的师承，有三种说法。

一种认为孟子是子思的弟子。班固在《汉书·艺文志》、赵岐在《孟子题辞》中都主此说。但因为子思的年龄比孟子大得太多，孟子可能赶不上向子思学习的机会。

第二种说法以《孟子外书》为代表，认为孟子是子思的儿子子上的弟子。但《孟子外书》可能是伪书，而且子上的年寿也不高，未必能做孟子的老师。

第三种是司马迁的观点，认为孟子是子思的再传弟子。现代学者大多认为这种说法比较可靠。

3. 关于《孟子》版本及真伪的争鸣

《孟子》篇卷，各家著录不尽一致。《史记·孟荀列传》中说《孟子》共有7篇，赵岐将这7篇都分为上下两卷。但应劭的《风俗通·穷通篇》和班固的《汉书·艺文志》却说《孟子》有11篇。赵岐认为，其中多出来的《外书》4篇：《性善辩》《文说》《孝经》《为政》，都是伪书，后来也渐渐亡佚了。

4. 关于孟子游历的争鸣

孟子游历是学界广泛关注的问题，其分歧在于“先齐后梁”还是“先梁后齐”。《史记·孟轲荀卿列传》云：“道既通，游事齐宣王，宣王不能用。适梁，梁惠王不果所言，则见以为迂远而阔于事情。”《史记》认为孟子先事齐宣王，这与史实不符，在时间上也难以讲通，故后人对此多有怀疑。到宋代，学界开始争辩。《资治通鉴》认为“先梁后齐”，朱熹则认为“先齐后梁”。

以黄震为代表的一些学者主张“先齐后梁”，支持《史记》的说法。黄震的考证有三个依据：一是齐伐燕有二事，孟子是两次到齐国；二是有两个齐王，一为齐宣王，一为齐湣王，后人将两齐王误混为一齐王；三是发现《孟子》文章中的史实与“先齐后梁”的假设相符。通过以上这三点，黄震坚持孟子“先齐后梁”。后来，狄子奇的《孟子编年》提出孟子一生实际到过齐国两次，由于司马迁的疏漏，只记录了后一次，造成了错误和混乱，后人认为此说可信度较大，因此大部分学者接受“先齐后梁”之说。

——参考资料：刘瑾辉、孙继康，《明代〈孟子〉考据学综论》，《求是学刊》，2011年第2期。

四、延伸阅读

[1]《孟子译注》，杨伯峻译注，中华书局，2008年12月。

推荐理由：该书对《孟子》注解详细并做了简要考证，备受学界推崇。白话文版本可以帮助读者借自学方式提高阅读古书的能力。

[2]《孟子集注》，朱熹著，齐鲁书社，1992年4月。

推荐理由：宋代儒学大师朱熹将《礼记》中的《大学》《中庸》篇独立出来，与《论语》《孟子》合称“四书”。而由他著述的《四书章句集注》备受推崇，被定为科举考试的必备教材，成为对后世有深远影响的儒家经典。

【思考题】

1. 结合具体的作品理解孟子散文的特点。
2. 如何理解孟子的“劳心”“劳力”说？
3. 如何理解孟子所提出的“性善论”？
4. 如何理解孟子的“四端之说”为孔子“仁”之哲学依据的含义？
5. 试论孟子思想对孔子思想的发展。

大　学（选）

一、简介

《大学》原为《礼记》第四十二篇，作者已无可考，学者多认为是出于孔门之作。北宋程颢、程颐兄弟把它从《礼记》中抽出，编次章句；南宋朱熹将《大学》与《中庸》《论语》《孟子》合编注释为“四书”，从此《大学》成为儒家经典。

《大学》主要有两个版本：一是经朱熹编排整理，划分为经、传的《大学章句》本；二是按原有次序排列的古本，即《礼记》中的《大学》原文。现以朱熹《大学章句》本流传最广、影响最大。

《大学》一文经朱熹重订，分为“经”一章、“传”十章。“经”一章是全文的总纲，提出了明明德、亲民、止于至善三条纲领。三纲领体系一贯，是不断进取开展的过程；“传”十章分条细论，提出了格物、致知、诚意、正心、修身、齐家、治国、平天下八个条目。格、致、诚、正、修五条目是修己，齐、治、平三条目是治人，八个条目是实现三条纲领的途径。

简要来说，《大学》之书，就是教人达到内圣外王之道，是一部科学的儒家政治哲学。

二、原文（节选）

经

大学之道①，在明明德②，在亲民③，在止于至善④。知止而后有定，定而后能静，静而后能安，安而后能虑，虑而后能得。物有本末，事有终始。知所先后，则近道矣。古之欲明明德于天下者，先治其国；欲治其国者，先齐其家；欲齐其家者，先修其身；欲修其身者，先正其心；欲正其心者，先诚其意；欲诚其意者，先致其知；致知在格物。物格而后知至，知至而后意诚，意诚而后心正，心正而后身修，身修而后家齐，家齐而后国治，国治而后天下平。自天子以至于庶人，壹是皆以修身为本。其本乱，而未治者否矣。其所厚者薄，而其所薄者厚，未之有也。

【注释】

①大学之道：大学的宗旨。“大学”一词在古代有两种含义：一是“博学”的意思，二是相对于小学而言的“大人之学”。古人八岁入小学，学习“洒扫应对进退、礼乐射御书数”等文化基础知识和礼节；十五岁入大学，学习伦理、政治、哲学等“穷理正心，修己治人”的学问。

②明明德：前一个“明”做动词，后一个“明”做形容词，指发扬光明正大的品德。

③亲民："亲"应为"新"，即革新、弃旧图新。亲民，也就是新民，使人弃旧图新、去恶从善。

④止于至善：达到最完善的境地。

传　一

《康诰》曰："克明德。"《大甲》曰："顾禔天之明命。"《帝典》曰："克明峻德。"皆自明也。

传　二

汤之《盘铭》[①]曰："苟日新，日日新，又日新。"《康诰》曰："作新民。"《诗》曰："周虽旧邦，其命维新。"是故君子无所不用其极。

【注释】

①盘铭：刻在器皿上用来警戒自己的箴言。铭文的意思是："如果每天都洗去污浊，面目一新，那么天天都是一个崭新的面貌。"用以比喻道德修养的日日进步。

传　三

《诗》云："邦畿千里，惟民所止。"《诗》云："缗蛮黄鸟，止于丘隅。"子曰："于止，知其所止，可以人而不如鸟乎[①]?"《诗》云："穆穆文王，於缉熙敬止！"为人君，止于仁；为人臣，止于敬；为人子，止于孝；为人父，止于慈；与国人交，止于信。

《诗》云："瞻彼淇澳，绿竹猗猗。有斐君子，如切如磋，如琢如磨。瑟兮僩兮，赫兮喧兮。有斐君子，终不可諠兮！"如切如磋者，道学也；如琢如磨者，自修也；瑟兮僩兮者，恂栗也；赫兮喧兮者，威仪也；有斐君子，终不可諠兮者，道盛德至善，民之不能忘也。[②]《诗》云："於戏！前王不忘。"君子贤其贤而亲其亲，小人乐其乐而利其利，此以没世不忘也。

【注释】

①于止，知其所止，可以人而不如鸟乎：就居住的地方来说，黄鸟尚且知道它所应该栖息的地方，可是有些人却贪图禄位，不知道自己所应当居住的地方，这样的人连黄鸟都不如啊。

②"瞻彼淇奥"句至"民之不能忘也"句：看那淇水的岸边，绿竹青青多茂盛。有位文质彬彬的君子，他的道德修养功夫好像加工骨器、琢磨玉石一般。他是那样威严、胸怀宽大啊！那样文采煊赫啊！像这样的君子，终究是不可忘怀的啊！

传　四

子曰："听讼，吾犹人也，必也使无讼乎！"无情者不得尽其辞。大畏民志，此谓知本。

传　五

此谓知本。此谓知之至也。①

（所谓致知在格物者，言欲致吾之知，在即物而穷其理也②。盖人心之灵莫不有知，而天下之物莫不有理，惟于理有未穷③，故其知有不尽也。是以《大学》始教，必始学者即凡天下之物，莫不因其已知之理而益④穷之，以求至乎其极。至于用力之久，而一旦豁然贯通焉，则众物之表里精粗无不到，而吾心之全体大用无不明矣。此谓物格。）

【注释】

①原文为："此谓知本。此谓知之至也。"朱熹认为，"此谓知本"一句是上一章的衍文，"此谓知之至也"一句前面又缺了一段文字。朱熹根据上下文关系补充了下面的一段文字。

②即：接近，接触。穷：穷究，彻底研究。

③未穷：未穷尽，未彻底。

④益：更加。

传　六

所谓诚其意①者，毋自欺也。如恶恶臭②，如好好色③，此之谓自谦④。故君子必慎其独也！

小人闲居为不善，无所不至，见君子而后厌然⑤，掩其不善，而著⑥其善。人之视己，如见其肺肝然，则何益矣。此谓诚于中⑦，形于外。故君子必慎其独也。

曾子曰："十目所视，十手所指，其严乎！"富润屋⑧，德润身⑨，心广体胖 。故君子必诚其意。

【注释】

①其意：使意念真诚。

②恶（wù）恶（è）臭（xiù）：厌恶腐臭的气味。臭，气味，较现代单指臭（chòu）味的含义宽泛。

③好（hào）好（hǎo）色：喜爱美丽的女子。好（hǎo）色，美女。

④谦（qiān）：同"慊"，心安理得的样子。

⑤厌然：躲躲闪闪的样子。

⑥著：显示。

⑦中：指内心。下面的"外"指外表。

⑧润屋：装饰房屋。

⑨润身：修养自身。

⑩心广体胖（pán）：心胸宽广，身体舒泰安康。

传　七

所谓修身在正其心者，身[1]有所忿懥[2]，则不得其正；有所恐惧，则不得其正；有所好乐，则不得其正；有所忧患，则不得其正。

心不在焉，视而不见，听而不闻，食而不知其味。此谓修身在正其心。

【注释】

①身：程颐认为应为“心”。

②忿懥（zhì）：愤怒。

传　八

所谓齐其家在修其身者，人之其所亲爱而辟[1]焉，之其所贱恶而辟焉，之其所畏敬而辟焉，之其所哀矜而辟焉，之其所敖惰而辟焉。故好而知其恶，恶而知其美者，天下鲜矣！[2]故谚有之曰：“人莫知其子之恶，莫知其苗之硕。”此谓身不修不可以齐其家。

【注释】

①辟：偏颇。

②“故好而知其恶”三句：很少有人能喜爱某人又能看到他的缺点，厌恶某人又能看到他的优点。

传　九

所谓治国必先齐其家者，其家不可教而能教人者，无之。故君子不出家而成教于国。孝者，所以事君也；悌者，所以事长也；慈者，所以使众也。

《康诰》曰：“如保赤子。”心诚求之，虽不中不远矣。未有学养子而后嫁者也！

一家仁，一国兴仁；一家让，一国兴让；一人贪戾，一国作乱。其机如此。此谓一言偾事，一人定国。

尧舜帅天下以仁，而民从之；桀纣帅天下以暴，而民从之。其所令反其所好，而民不从。是故君子有诸己而后求诸人，无诸己而后非诸人。所藏乎身不恕，而能喻诸人者，未之有也。故治国在齐其家。

《诗》云：“桃之夭夭，其叶蓁蓁。之子于归，宜其家人。”[1]宜其家人，而后可以教国人。《诗》云：“宜兄宜弟。”宜兄宜弟，而后可以教国人。《诗》云：“其仪不忒，正是四国。”其为父子兄弟足法，而后民法之也。此谓治国在齐其家。

【注释】

①“桃之夭夭”四句：火红的桃花盛开着，绿绿的叶子多茂盛。这个女子出嫁了，和和睦睦的一家。

三、学习提示

（一）《大学》的传播

（1）《大学》原是《礼记》中的一篇，到了宋代才有了单本。未被单列成书之前，有关《大学》的注释都是附在《礼记》中。现今可知最早为《大学》作注的是东汉末年的经学大师郑玄。他对《大学》的注见于其所著的《三礼注》的《礼记·大学》部分，这是现在可见的最早的有关《大学》的研究著述。郑玄对《大学》解释的发展表现在四个方面。

第一，从内容上说，郑玄对《大学》的解释以训诂和对名物制度的说明为两大着力点。在训诂时，郑玄是按照文句的次序来做的解释，字义、词义参照经传和《尔雅》，同时也自创新解。同时，多用声训的方法，即用同音字互训，因声求义。

第二，郑玄打破了家法和学派的界限，在对《大学》进行解释时，博采众家学说，择善而从。

第三，从体式上说，郑玄注《大学》崇尚简明扼要的文风，做到要言不烦。

第四，郑玄注《大学》体现了其个人治理国家、为仕从政的才能。他在注中针对汉末礼崩乐坏以及一些伪士人进行了讽刺。

郑玄认为《大学》是通论与礼有关的思想的文章，因此其注解也多从“礼”的角度出发，使得人们将《大学》定性为“礼学”。东汉末年，由于党锢之祸迭起，继之以军阀混战、三国鼎立，经学急剧衰弱。到了晋代，随着儒学地位的提升，原来附属于《仪礼》的《礼记》被立为“博士”，《礼记》的传习也胜过了《仪礼》。再到南北朝至隋朝，由于当时政权更迭频繁，经学的发展也忽起忽落，对于《大学》的研究亦罕有可称道者。

（2）到了唐朝，统治者十分重视经学，经学得以重兴。韩愈在《原道》中引用了《大学》话语并进行了发挥；李翱著《复性书》三篇，其中也引用了《大学》的纲领条目。从此，《大学》受到了越来越多学者的关注和重视，开启了后世尊崇之风。当时研究用力最厚者，当属经学家孔颖达的《礼记正义》。

孔颖达在《礼记·大学》中的注疏有三个特点：一是，孔注是针对郑注做的注解；二是引入了当时反切的注音方法；三是在注解的过程中孔并非完全照搬郑学，而是加入了个人的解读和看法。另外，孔颖达对《大学》的解读重点放在了“诚意”上。孔颖达的《礼记正义》帮助了时人阅读理解《大学》，一定程度上起到了扩大其影响范围的作用。

北宋统一中原后，社会局面相对安定，宋代统治者积极进行文化建设，促进儒学的恢复和发展。当时对《大学》的研究出现了新的特点，取得了新的成就。首先是程颐、程颢对《大学》的研究。在《大学》的作者问题上，程颢提出了《大学》出自孔子之手的说法，此说法被宋代许多学者沿用。另外，程颢还对《大学》文本进行了改定，其后程颐、林之奇、朱熹、王柏、吴澄等学者都对《大学》各自做了不同程度的改动。

二程其后的朱熹对《大学》极为重视，他把《大学》从《礼记》中抽取出来，离经独立，通过“移文补传”的工作，对原本《大学》进行文本改造和重新诠释解读，使之获得了“四书之首”的地位。另外，朱熹还对原来《礼记·大学》中的次序做了改动，使得章节之间逻辑紧密，结构有序。朱熹对于《大学》义理的阐释以及文本的改动，虽然后人一直有所争议，但其对后人的影响极其深远。

(3) 元代统治者崇奉宋学。元仁宗颁布的“考试程序”明确规定：《大学》《中庸》《论语》《孟子》用朱熹的《四书章句集注》，这就使得位列“四书之首”的《大学》的地位得到了极大的提高。

(4) 明代仍然沿袭元代的旧制，对《大学》的研究有增无减。明代对《大学》的研究最著者当属王阳明，他对朱熹的《大学》学说提出了异议，在版本上肯定古本《大学》，反对改本《大学》。同时，他对《大学》内容有了全新的阐释，即从“心”学出发对《大学》进行阐释，同朱熹的“理”学相对。

(5) 清初有关《大学》的研究著作就很多了。其中影响较大的有毛奇龄的《大学证文》、胡渭的《大学翼真》、李光地的《大学古本说》等。清人对《大学》的研究，或从朱熹，或从王阳明。“心”学与“理”学在《大学》研究上的争论也成为当时学界研究的焦点。

——参考资料：金建州，《〈大学〉研究综述》，《文教资料》，2008年2月上旬刊；张造群、张倩，《〈大学〉研究的新开展》，《文化学刊》，2009年7月第4期。

(二)《大学》的研究

《大学》在思想史上占有重要地位，特别自宋代被列入四书以后，其影响更为巨大。但围绕《大学》一直存在着种种争论，主要表现在以下七个方面。

1. 关于《大学》著书的作者和年代的争鸣

关于《大学》的作者和成书年代，学术史上一直存有争论，主要有“早出”和“晚出”两种观点。

持“早出说”者古已有之，他们认为《大学》早出年代应在孟子之前，成书于曾子或其弟子之手，宋代学者多支持此观点。朱熹将《大学》分为“经”与“传”，认为“经”一章是“孔子之言，而曾子述之”，而“传”十章则是“曾子之意，而门人记之”。这种观点在学术史上一直占据着主导地位。

持“晚出说”者主要是从文本的基本内容、思想传承、逻辑结构、语言特点、文体风格等方面进行立论的。他们认为《大学》不会早于孟子时代成书，至于晚出的具体年代各学者意见不一，但多数学者认为《大学》成书是在秦汉以后，并提出种种根据予以论证。认为《大学》晚出，一个重要根据是认为《大学》与《礼记》中的《学记》有关，是对古代学校制度的反映，而大学制度晚出，所以《大学》也应是晚出。另一个根据是《大学》的思想在相关文献中出现得较晚，因而《大学》一书亦形成较晚。

目前，这两种观点都存在着不足和矛盾，学者仍在不断争论和研究中。

2. 关于《大学》学派归属的争鸣

《大学》的学派归属主要有孟学、荀学、综合说三种观点。

宋代学者多认为《大学》属于孟学，他们认为《大学》是与曾子联系在一起的，与子思的《中庸》、孟子的《孟子》一脉相承，前后相续。

近代学者冯友兰则认为《大学》为荀学一派著作。他曾撰《〈大学〉为荀学说》，认为《大学》中的许多思想观点都出自《荀子》，“大学之道”应当用荀学的观点来解释。

我们知道，孔子的思想主要包括了仁和礼两个方面，这两个方面后被孟子和荀子分别加以发展，演化为两个不同的思想体系。但这一过程是逐步完成的，两种思想往往纠缠、交织在一起，呈现出复杂的面貌，这一特点在《大学》里也有所表现。所以有学者认为不能简单地划分《大学》学派，他们认为《大学》里面既有孟学的思想又有荀学的思想，甚至还有道家的思想，从而提出综合说。

3. 关于《大学》性质的争鸣

《大学》究竟是一本什么性质的书，着重讲了哪些方面的问题，对此，可谓人言人殊，总结起来主要有三种观点。

第一，《大学》是政治哲学。学者余敦康认为，《大学》所着重论述的是封建宗法主义的政治哲学，它的基本思想就是后来宋儒所概括的“三纲领”“八条目”，修身是“三纲领”“八条目”的根本。儒家把政治归结为修身，这是推行德治以维护家族政治制度的前提。

第二，《大学》是治国理论。学者师清芳则认为，无论是现代学者还是古代儒士，都忽视了一个问题，即大学的主体君子是从上到下的统治者体系或官员队伍，所以《大学》是儒家为这一集团所设计的治国王天下的理论体系，这是《大学》一书的真实性质。

第三，《大学》是政治教育大纲。学者邓球柏认为，被传统视为“圣人之学”“帝王之学”的《大学》实质上是中国古代思想政治教育的大纲，其中“三纲领”为中国古代思想政治教育的总纲领、总目标，“八条目”则为具体措施和主要内容，而“修身”则是古代思想政治教育的中心任务。

4. 对《大学》中“明明德”阐释的争论

“明明德”“亲民”“止于至善”构成了《大学》的基本思想和“纲领”。对于什么是“明明德”，学术界有过种种不同的看法。

宋明理学家如朱熹、王阳明等都把“明德”理解为“虚灵不昧”的心体，认为“明明德”即是发挥人本有的心性。

今人徐复观先生认为《大学》中的“明德”，大概只能做“明智的行为”的解释，而不是指的“心”。

当代有些学者则往往把“明明德”与思孟的性善论联系起来，认为“明明德”是对《中庸》“自明诚”一语的发挥，并说所谓“明明德”，就是指通过修行，使“明德”显明于心，并同时使“性”得以呈现于“心”。

5. 对《大学》中“格物”阐释的争论

什么是格物？向来是《大学》中最有争议的问题。据明末学者刘宗周的考证，“格物”到他那时已有72种不同的说法。其中较有影响的代表人物有郑玄、朱熹、王阳明。

郑玄认为：“格，来也。物，犹事也。其知于善深则来善物，其知于恶深则来恶物。言事缘人所好来也。”（《礼记正义》）按这种说法，“格物”是“致知”的结果，而不是相反，显然不符合《大学》的原义。

朱熹认为：“格，至也。物，犹事也。穷至事物之理，欲其极处无不到也。”（《大学章句》）朱熹释“格物”为“穷至事物之理”。

王阳明则认为：“格者，正也。正其不正，以归于正也。”“格物如孟子‘大人格君心’之‘格’。是去其心之不正，以全其本体之正。但意念所在，即要去其不正，以全其正。”朱熹补《大学》“格物致知”章，实际是突出、强调了《大学》向外求索的一面，而王阳明恢复《大学》古本，释“格物”之“物”为“事”，又以为“心之所发便是意”，“意之所在便是物”（《传习录上》），则是要把《大学》重新拉向内在的一面。

6. 对《大学》中“亲民”阐释的争论

程颐、朱熹主张“亲民”当作“新民”，成为后儒及今人争辩的焦点。反对程、朱者不乏其人，影响最大者为王阳明。他曾与弟子徐爱辩“宜从旧本作‘亲民’”，并将其列在《传习录》首章，认为“说亲民便是兼教养意，说新民便觉偏了”，足见二者的对立。

而郭氏竹简中却有“教民有新（亲）也”“不戚不新（亲），不新（亲）不爱”等语，其中“亲”皆写作“新”，则说明“亲”“新”本可通用，从而说明程朱等人将“亲民”改为“新民”并非毫无根据。这是“亲民”作“新民”的文字根据。

朱熹等改“亲民”为“新民”，主要是他们看到下文有“苟日新，日日新”“作新民”等语，而没有“亲民”的内容，所以才将“亲”作“新”，以传文考之为据。从思想连贯性上看，他把“新民”与“明明德”“止于至善”理解为一种并列关系，无疑是合理的。而王阳明则把“明明德”与“亲民”看作是体用的关系：“明明德者，立其天地万物一体之体也。亲民者，达其天地万物一体之用也。”

7. 对“八条目”之间关系的争论

“格物、致知、正心、诚意、修身、齐家、治国、平天下”是《大学》的“八条目”。这“八条目”之间究竟是什么关系，学界存在着各种不同意见。

学者徐复观认为，“八条目”中从格物到致知是一种发展的关系，层层递进，其他条目之间的关系也是如此。

学者郭沂借鉴徐的分析方法，认为“八条目”各含有两个阶段，两个阶段是平行的关系，且每一条目的第二阶段就是其后一条目的第一阶段，从而构成了一个环环相扣的链条。

学者余敦康则认为，《大学》的“三纲领”“八条目”并不是并行的关系，其中有着一种本末、终始、先后的关系。

——参考资料：张造群、张倩，《〈大学〉研究的新开展》，《文化学刊》，2009年7

月第4期；梁涛，《〈大学〉新解——兼论〈大学〉在思想史上的地位》，《中国哲学第23辑》，辽宁教育出版社，2001年。

四、延伸阅读

[1]《大学·中庸》（中华经典藏书），王国轩译注，中华书局，2006年9月。

推荐理由：译文非常简单，适合初学者。

[2]《大学章句集注》，朱熹著，中华书局，2011年1月。

推荐理由：权威版本，注解有图有文，版面清晰，生动活泼。

【思考题】

1.《大学》中展示的儒学的“三纲八目”的追求是什么？怎么理解？

2. 根据《大学》全篇，思考为什么“君子有絜矩之道”。

3. 曾国藩曰：“盖人不读书则已，亦既自名曰读书人，则必从事于《大学》。”请运用《大学》所学到的道理，去思考曾国藩这样说的原因。

4. 简述《大学》思想对今天人才培养的价值和意义。

中　庸（选）

一、简介

《中庸》原是《礼记》中的一篇，在南宋前从未单独刊印。一般认为它出于孔子的孙子子思之手，后经秦代学者修改整理，大致写定于秦统一全国后不久。

北宋程颢、程颐认为《中庸》是“孔门传授心法”，极力尊崇；南宋朱熹继承二程思想，把《中庸》从《礼记》中抽出来，著《中庸章句》，与《论语》《孟子》《大学》并列，成为四书之一。宋、元以后，《中庸》成为学校官定的教科书和科举考试的必读书，对古代教育产生了极大的影响。

《中庸》全书共三十三章，以天人合一为理论基础，其主题思想是提倡人们自觉地进行自我修养、自我监督、自我教育、自我完善，把自己培养成为具有理想人格，达到至善、至仁、至诚、至道、至德、至圣、合外内之道的理想人物，以创造“致中和，天地位焉万物育焉”的“天下太平”境界。

《中庸》具体内容主要包括五达道（君臣、父子、夫妻、兄弟以及朋友之间的五种人际关系）、三达德（智、仁、勇）、九经（修养自身、尊重贤人、爱护亲族、敬重大臣、体恤众臣、爱护百姓、劝勉各种工匠、优待远方来的客、安抚诸侯九项具体工作）。

《中庸》既讲修身之法又论治国之道，在中国思想史上占据着重要地位。

二、原文（节选）

第　一　章

天命①之谓性，率性之谓道，修道之谓教。

道也者，不可须臾离也，可离非道也。是故君子戒慎乎其所不睹，恐惧乎其所不闻。莫见乎隐，莫显乎微，故君子慎其独也。

喜怒哀乐之未发，谓之中；发而皆中节，谓之和。中也者，天下之大本也；和也者，天下之达道也。致中和，天地位焉，万物育焉。

【注释】

①天命：天赋。朱熹解释说：“天以阴阳五行化生万物，气以成形，而理亦赋焉，犹命令也。”（《中庸章句》）所以，这里的天命（天赋）实际上就是指的人的自然禀赋，并无神秘色彩。

第　二　章

仲尼曰：“君子中庸，小人反中庸。君子之中庸也，君子而时中；小人之中庸也[1]，小人而无忌惮也。”

【注释】

①小人之中庸也：应为“小人之反中庸也”。

第 三 章

子曰：“中庸其至矣乎！民鲜能久矣！”

第 四 章

子曰：“道之不行也，我知之矣：知者过之，愚者不及也。道之不明也，我知之矣：贤者过之，不肖者不及也。人莫不饮食也，鲜能知味也。”

第 五 章

子曰：“道其不行矣夫。”

第 六 章

子曰：“舜其大知也与！舜好问而好察迩言[1]，隐恶而扬善，执其两端，用其中于民，其斯以为舜乎！”

【注释】

①迩言：浅近的话。迩，近。

第 七 章

子曰：“人皆曰‘予知’，驱而纳诸罟[1]擭陷阱之中，而莫之知辟也。人皆曰‘予知’，择乎中庸而不能期月守也。”

【注释】

①罟（gǔ）：捕兽的机关、捕兽的木笼。

第 八 章

子曰：“回之为人也，择乎中庸，得一善，则拳拳服膺而弗失之矣。”

第 九 章

子曰：“天下国家可均也，爵禄可辞也，白刃可蹈也，中庸不可能也。”

第 十 章

子路问强。子曰：“南方之强与？北方之强与？抑而强与[1]？宽柔以教，不报[2]无道，南方之强也，君子居之。衽金革[3]，死而不厌[4]，北方之强也，而强者居[5]之。故君子和而不流[6]，强哉矫[7]！中立而不倚，强哉矫！国有道，不变塞[8]焉，强哉矫！国无道，至死不变，强哉矫！”

【注释】

①抑：选择性连词，意为“还是”。而：代词，你。与：疑问语气词。

②报：报复。

③衽：卧席，此处用为动词，躺卧。金：指铁制的兵器。革：指皮革制成的甲盾。

④死而不厌：死而后已的意思。

⑤居：处。

⑥和而不流：性情平和又不随波逐流。

⑦矫：坚强的样子。

⑧不变塞：不改变志向。

第十一章

子曰：“素隐行怪，后世有述焉，吾弗为之矣。君子遵道而行，半途而废，吾弗能已矣。君子依乎中庸，遁世不见知而不悔，唯圣者能之。”

第十二章

君子之道费而隐[1]。夫妇之愚，可以与知焉，及其至也，虽圣人亦有所不知焉。夫妇之不肖，可以能行焉，及其至也，虽圣人亦有所不能焉。天地之大也，人犹有所憾。故君子语大，天下莫能载焉；语小，天下莫能破焉。《诗》云：“鸢飞戾天，鱼跃于渊。”[2]言其上下察也。君子之道，造端乎夫妇，及其至也，察乎天地。

【注释】

①费：广大。隐：精微。

②鸢飞戾天，鱼跃于渊：引自《诗经·大雅·旱麓》。鸢，老鹰；戾，到达。

第十三章

子曰：“道不远人。人之为道而远人，不可以为道。《诗》云：‘伐柯伐柯，其则不远。’[1]执柯以伐柯，睨而视之，犹以为远。故君子以人治人，改而止。忠恕违道不远，施诸己而不愿，亦勿施于人。君子之道四，丘未能一焉：所求乎子以事父，未能也；所求乎臣以事君，未能也；所求乎弟以事兄，未能也；所求乎朋友先施之，未能也。庸德之行，庸言之谨；有所不足，不敢不勉，有余不敢尽。言顾行，行顾言，君子胡不慥慥尔？”

【注释】

①伐柯伐柯，其则不远：引自《诗经·豳风·伐柯》。伐柯，砍削斧柄；柯，斧柄；则，法则，这里指斧柄的式样。

第十四章

君子素其位①而行，不愿乎其外。素富贵，行乎富贵；素贫贱，行乎贫贱；素夷狄，行乎夷狄②；素患难，行乎患难。君子无入③而不自得焉。在上位，不陵下；在下位，不援上。正己而不求于人，则无怨。上不怨天，下不尤人。故君子居易以俟命，小人行险以侥幸。子曰："射有似乎君子，失诸正鹄，反求诸其身。"

【注释】

①素其位：安于现在所处的地位。素，平素，现在的意思，这里作动词用。

②夷：指东方的部族。狄：指西方的部族。夷狄泛指当时的少数民族。

③无入：无论处于什么情况下。入，处于。

第十五章

君子之道，辟①如行远必自迩②，辟如登高必自卑③。《诗》曰："妻子好合，如鼓瑟琴。兄弟既翕，和乐且耽。宜尔室家，乐尔妻帑。"④子曰："父母其顺矣乎！"

【注释】

①辟：同"譬"。

②迩：近。

③卑：低处。

④"妻子好合"句：引自《诗经·小雅·常棣》。妻子，妻与子；好合，和睦；鼓，弹奏；翕（xī）：和顺，融洽；耽，《诗经》原作"湛"，安乐；帑（nú），同"孥"，子孙。

第十六章

子曰："鬼神之为德，其盛矣乎！视之而弗见，听之而弗闻，体物而不可遗。使天下之人，齐明盛服①，以承祭祀，洋洋乎！如在其上，如在其左右。《诗》曰：'神之格思，不可度思，矧可射思。'②夫微之显，诚之不可掩如此夫！"

【注释】

①齐（zhāi）：同"斋"，斋戒。明：洁净。盛服：即盛装。

②"神之格思"句：引自《诗经·大雅·抑》。格，来临；思，语气词；度，揣度；矧（shěn），况且；射（yì），厌，指厌怠不敬。

第十七章

子曰："舜其大孝也与！德为圣人，尊为天子，富有四海之内，宗庙飨之①，子孙保之。故大德必得其位，必得其禄，必得其名，必得其寿。故天之生物，必因其材而笃焉[②]。故栽者培之，倾则覆之[③]。《诗》曰：‘嘉乐君子，宪宪令德。宜民宜人，受禄于天。保佑命之，自天申之。’[④]故大德者必受命。”

【注释】

①宗庙：古代天子、诸侯祭祀先王的地方。飨（xiǎng）：一种祭祀形式，祭先王。之：代词，指舜。

②材：资质，本性。笃：厚，这里指厚待。

③培：培育。覆：倾覆，摧败。

④“嘉乐君子”句：引自《诗经·大雅·假乐》。嘉乐，即《诗经》之“假乐”，“假”同“嘉”，意为美善；宪宪，《诗经》作“显显”，显明兴盛的样子；令，美好；申，重申。

第十八章

子曰：“无忧者其惟文王乎！以王季为父，以武王为子；父作之，子述之。武王缵大王、王季、文王之绪，壹戎衣而有天下。身不失天下之显名，尊为天子，富有四海之内，宗庙飨之，子孙保之。武王末受命，周公成文武之德，追王大王、王季，上祀先公以天子之礼。斯礼也，达乎诸侯大夫，及士庶人。父为大夫，子为士，葬以大夫，祭以士。父为士，子为大夫，葬以士，祭以大夫。期之丧，达乎大夫。三年之丧，达乎天子。父母之丧，无贵贱，一也。”

第十九章

子曰：“武王、周公，其达孝矣乎！夫孝者：善继人之志，善述人之事者也。春秋修其祖庙，陈其宗器，设其裳衣，荐其时食。宗庙之礼，所以序昭穆也；序爵，所以辨贵贱也；序事，所以辨贤也；旅酬下为上，所以逮贱也；燕毛，所以序齿也。践其位，行其礼，奏其乐，敬其所尊，爱其所亲，事死如事生，事亡如事存，孝之至也。郊社之礼，所以事上帝也；宗庙之礼，所以祀乎其先也。明乎郊社之礼、禘尝之义，治国其如示诸掌乎！”

第二十章

哀公[①]问政。子曰：“文武之政，布在方策[②]。其人[③]存，则其政举；其人亡，则其政息。人道敏政，地道敏[④]树。夫政也者，蒲卢[⑤]也。故为政在人，取人以身，修身以道，修道以仁。仁者，人也，亲亲为大。义者，宜也，尊贤为大。亲亲之杀[⑥]，尊贤之等，礼所生也。故君子不可以不修身。思修身，不可以不事亲；思事亲，不可以不知人；思知人，不可以不知天。”

天下之达道五，所以行之者三。曰君臣也，父子也，夫妇也，昆弟也，朋友之交也：五者，天下之达道也。知、仁、勇，三者，天下之达德也，所以行之者一也。或生而知之，或学而知之，或困而知之，及其知之一也。或安而行之，或利而行之，或勉强而行之，及其成功一也。子曰："好学近乎知，力行近乎仁，知耻近乎勇。知斯三者，则知所以修身；知所以修身，则知所以治人；知所以治人，则知所以治天下国家矣。"

凡为天下国家有九经，曰：修身也，尊贤也，亲亲也，敬大臣也，体群臣也，子庶民也，来百工也，柔远人也，怀诸侯也。修身则道立，尊贤则不惑，亲亲则诸父昆弟不怨，敬大臣则不眩，体群臣则士之报礼重，子庶民则百姓劝，来百工则财用足，柔远人则四方归之，怀诸侯则天下畏之。

齐明盛服，非礼不动，所以修身也；去谗远色，贱货而贵德，所以劝贤也；尊其位，重其禄，同其好恶，所以劝亲亲也；官盛任使，所以劝大臣也；忠信重禄，所以劝士也；时使薄敛[⑦]，所以劝百姓也；日省月试，既禀称事[⑧]，所以劝百工也；送往迎来，嘉善而矜不能，所以柔远人也；继绝世[⑨]，举废国，治乱持危，朝聘[⑩]以时，厚往而薄来，所以怀诸侯也。凡为天下国家有九经，所以行之者一也。

凡事豫则立，不豫则废。言前定则不跲[⑪]，事前定则不困，行前定则不疚，道前定则不穷。在下位不获乎上，民不可得而治矣。获乎上有道：不信乎朋友，不获乎上矣。信乎朋友有道：不顺乎亲，不信乎朋友矣。顺乎亲有道：反诸身不诚，不顺乎亲矣。诚身有道：不明乎善，不诚乎身矣。诚者，天之道也；诚之者，人之道也。诚者，不勉而中，不思而得，从容中道，圣人也。诚之者，择善而固执之者也。

博学之，审问之，慎思之，明辨之，笃行之。有弗学，学之弗能弗措也；有弗问，问之弗知弗措也；有弗思，思之弗得弗措也；有弗辨，辨之弗明弗措也；有弗行，行之弗笃弗措也。人一能之，己百之；人十能之，己千之。果能此道矣，虽愚必明，虽柔必强。

【注释】

①哀公：春秋时鲁国国君。姓姬，名蒋，"哀"是谥号。

②布：陈列。方：书写用的木板。策：书写用的竹简。

③其人：指文王、武王。

④敏：迅速。

⑤蒲卢：即芦苇。芦苇性柔而生长迅速。

⑥杀：减少，降等。

⑦时使：指使用百姓劳役有一定时间，不误农时。薄敛：赋税轻。

⑧既（xì）：即"饩"，指赠送别人粮食或饲料。禀：给予粮食。称：符合。

⑨继绝世：延续已经中断的家庭世系。

⑩朝聘：诸侯定期朝见天子。每年一见叫小聘，三年一见叫大聘，五年一见叫朝聘。

⑪跲（jiá）：绊倒。此处指说话不通畅。

三、学习提示

(一)《中庸》的传播

在中国思想史上，儒家创始人孔子第一次提出“中庸”概念，并视其为最高的伦理道德准则。自此，中庸遂成为儒家一个极为重要的范畴。孔子虽然很重视中庸，但“孔子尚未从哲学上进行理论的解释”。而把中庸思想上升到哲学高度进行发挥的则是子思及子思后学，他们以《中庸》一书为集大成，系统地探讨了中庸思想。

(1) 战国时期孟子对中庸极为重视，孟子思想直接来源于子思，我们可以从《孟子》一书中发现孟子对中庸思想的发展。《孟子·尽心上》载：“孟子曰：‘尽其心者，知其性也。知其性，则知天矣。存其心，养其性，所以事天也。夭寿不贰，修身以俟之，所以立命也。’”“尽其心”“知其性”而“知天”，贯穿着从内而外、由人及天的思想理路，这是孟子对中庸思想发展的主要贡献。

战国另一大儒荀子，他对《中庸》思想也有进一步的发展：一是荀子以礼义释“中”，将作为儒学哲学方法论的“比中而行之”的“中”，具体地落实到了“礼义”这个特定的历史理念上；二是以性恶论修正《中庸》的性善论。

(2) 汉代郑玄对《中庸》思想的发展主要表现在对“命、性、道”的诠释和“以礼释中”上。《中庸》中命、性、道历来是备受关注的核心范畴。《中庸》中释“天命”为：人的本性由自然之天所给予。而郑玄释“天命”之“天”并不是先秦自然之天或道德之天，而是董仲舒改造后的“阴阳五行”“天人通感”之天，从而在人性论上与孟、荀有异。《中庸》曰：“喜怒哀乐之未发，谓之中；发而皆中节，谓之和。中也者，天子之大本也；和也者，天下之达道也。”而郑玄以“礼”释“中”，对礼的起源提出自己的看法。他认为“礼”由“中”生、以“礼”制“中”，突出礼的作用，这是对荀子礼论的进一步发展。

(3) 在唐代，对《中庸》进行诠释的著作当属孔颖达的《礼记正义》和李翱对《中庸》的提倡与阐发。《中庸》不仅包含丰富的哲学思想，还有大量的伦理道德内涵。孔颖达把父子、君臣、朋友伦理全部纳入“忠恕”这一体系中，提出了“忠恕”模式，这是孔疏《中庸》文本对君臣关系的理论贡献。《中庸》开篇三句是全篇的核心，李翱在对这三句的诠释中体现了他对《中庸》人性论以及诚的新的看法。《复性书》开篇就直截了当地提出性情关系，认为正是由于常人受情所累而无法认识本善之性，故要灭情以复性，从而在肯定了孟子的性善论和子思的“天命之谓性”的基础上，提出了人性论的观点，建立了性情统一的学说。同时，李翱还继承了《中庸》“诚”的思想，把“道”分为天之道和人之道。

(4) 宋代，《中庸》《大学》从《礼记》中独立出来与《论语》《孟子》并升格为四书，受到统治者的重视，成了宋代学者研究的重点。其中，发挥重大作用的当属朱熹。朱熹对《中庸》的诠释成就主要表现在以下三方面。

第一，提出中和旧说与新说。南宋孝宗乾道二年，朱熹与张拭讨论已发、未发，开始逐步建立自己的以未发为性、已发为心的中和旧说。中和旧说极为强调“先察识后涵养”的功夫论，认为人如果不经常察识“良心”并涵养之，很有可能丢失善性。

在提出中和旧说之后，朱熹经过一段时间的思考，提出中和新说。中和新说对旧说大略有三个方面的发展：首先，对未发、已发有新的看法；其次，新说中朱熹将“已发”作“情”看，认为“情”为“心”之用，“心”统“性”“情”；最后，新说中增加了“涵养”的修养功夫。中和旧说在已发处用功，强调“动时省察”，忽视了“静时涵养”的功夫；而新说中朱熹认为未发、已发均是心的体用，未发为心之体，是寂然不动的，因此求喜怒哀乐之未发就有了可能性，转而强调未发，加上“涵养”功夫。

第二，以“理”为本体对《中庸》进行了诠释。朱熹认为“天以阴阳五行化生万物”，天即天理，天命即为天道。由于人之生以禀知天理而形成性，所以内蕴“健顺五常之德”。性与道都是天理，但是由于所察不同而形成圣人与众人之差异。对“致中和，天地位焉，万物育焉”的注释，《中庸章句》又有“盖天地万物，本吾一体”一句，以“理”为本体来对《中庸》本体进行诠释。

第三，对《中庸》“尊德性”“道问学”的诠释。在朱熹的诠释理路中，“尊德性”与“道问学”来自其对“心”“性”二者关系的认识。

（5）明清时期，王夫之以张载的气本体论对《中庸》进行了诠释。对“天命之谓性，率性之谓道”的阐释，王夫之提出了自己的观点。他将作为人的知觉运动的“自然人性”视为人性的重要内容，这与朱熹纯以道德之理言人性不同。在性命论上，船山提出了“命日受，性日生”之说，从而辩证地解决了“性命”之间的关系。

《中庸注》写成于1901年，为康有为折中中西思想，对儒家经典进行创造性诠释的代表作之一。在《中庸注·序》中，康有为指出其撰著的目的就是为了阐释其中的微言大义，发掘蕴藏在经典之中的“微言大义”与“孔子之大道”。历代儒者对《中庸》多从内圣即心性论的立场来加以诠释，而在《中庸注》中，康有为则从经世致用的立场阐发《中庸》蕴含的外王学说，阐发变革改制以自强，从而挽救民族危机的思想。

（6）从1950—1976年共26年间，由于受到片面的阶级斗争史观的影响，对《中庸》的研究基本停留在否定其价值的立场上。

1977年至20世纪90年代中期，学术研究开始步入正轨，为了恢复《中庸》的本来面目及其在中国思想史上的地位，学术界进行了新的探索。

当今研究者们对《中庸》的研究主要集中在其成书与作者、中庸思想的形成与发展、中庸思想的内涵、儒家中庸观与佛道及西方中道观的比较研究、中庸的影响与成就五个方面，并取得了一系列的学术成果，如萧兵的《中庸的文化省察》、陈科华的《儒家中庸之道研究》、徐儒宗的《中庸论》、陈赞的《中庸的思想》等。

——参考资料：解颉理，《〈中庸〉诠释史研究》，博士学位论文，2010年7月。

(二)《中庸》的研究

《中庸》作为儒家经典文献之一，是后世研究儒学的重要文献。对《中庸》的研究历来存在很多争论，主要表现在以下四个方面。

1. 关于《中庸》成书与作者的争鸣

自司马迁在《史记》中提出《中庸》为子思所作以来，一直为学界承袭。北宋欧阳修最先怀疑《中庸》非子思所作，自此对《中庸》成书与作者问题开始争论不休。归纳起来，大致有如下三种具有代表性的观点。

第一种意见认为，《中庸》的作者是子思，成书年代应早于孟荀。赞同这一观点的有胡适、侯外庐、吴乃恭、郭沂等人。他们认为《中庸》大部分都是子思所作，只有一小部分内容是战国末年学者所加，因而应当把《中庸》作为思孟学派的代表作来处理。

第二种意见则认为，《中庸》成书于秦汉之际，是对孟轲思想的发展。因为《中庸》文中“今天下车同轨，书同文，行同伦”之言所说乃秦汉统一中国后之景象，且书中所论“命”“性”“诚”“明”诸点比孟子所述详细，作者有可能是孟轲学说的发挥者，又有可能是秦汉时孟子学派所作。

第三种意见也认为《中庸》成书年代应在秦汉之际，不过不应将《中庸》的作者局限于具体的哪一个学派。从其思想内容来看，它表现了秦汉之际过渡时期思想混合的倾向，持这一观点的学者有钱穆、徐复观、李泽厚等人。

2. 关于中庸本义的争鸣

“中庸”一词最早由孔子提出，但孔子本人没有对其进行详尽的论述，他的“中庸”仅局限于道德哲学。后来诸多儒家学者对其不断发展，才使“中庸”具有了本体论上的意义，开始成为一个哲学范畴。对于何为“中庸”，汉宋儒者均做了不同的回答。

东汉大儒郑玄在《礼记·中庸》释：“名曰中庸者，以其记中和之为用也。庸，用也。”郑玄将“中庸”理解为一种方法，即“用中”，从而区别于老子的“用弱”和商韩的“用强”。

何晏注“中庸之为德”说：“庸，常也，中和可常行之德也。”将“中庸”作为“常德”来遵循，相比郑玄是一种进步，但未说明其内涵。

宋代程颐曰：“不偏之谓中，不易之谓庸。中者，天下之正道；庸者，天下之定理。”二程仅仅把中庸看成是一种方法，这在一定程度上违背了中庸的原义。

朱熹在二程“不易”的基础上进一步释《中庸》为“平常”，认为“庸”是在人伦日用中均有所体现的平常之理。

“中庸”一词究竟何意？目前学者因其研究途径的不同，意见不一，而又各有其理，我们应辩证看待。

3. 关于《中庸》文本的争鸣

(1) 据《汉书·艺文志·诸子略》记载：儒家文献中有《子思子》23篇，自注为孔子子孙子思作。后《隋书·音乐志》曰：“《中庸》取于《子思子》。”后人对这种说法多持怀疑态度。然而，郭店楚简的问世，则证实了《中庸》一书出于子思。学者蒋伯潜通过考证也认为：今本《中庸》很有可能就是《子思子》的首篇。他认为，我们今天所见今本就是西汉戴圣在纂辑《礼记》时从《子思子》中收录的《中庸》篇。

(2)《汉书·艺文志》中载有“《中庸说》两篇”，这里的《中庸说》历来也有所争论。

第一种观点认为《中庸说》两篇即是今本《中庸》，今人徐复观先生持此观点。

第二种观点认为《中庸说》是今本《中庸》的一部分，冯友兰先生早年持这一看法。但郭沫若对冯友兰以“今天下车同轨”为《中庸》分为前后两部分的理由进行反驳，并指出今本《中庸》是经后人增删而成。

第三种观点则认为《中庸说》两篇，实际上是《中庸》的“解诂”，清人王鸣盛持这一观点。“说”是同“经”“传”“记”并列的文献形式。通过检索古籍不难发现，“说”这种文献形式应是对经典进行“解话”“训注”的文献，这一观点被主流学者所认同。

4. 对《中庸》评价的争鸣

对中庸的评价问题，学界争论最为激烈，大体上有三种观点。

一是基本认为中庸之道既不是折中主义也不是调和主义，而是原则性和灵活性的统一，与唯物辩证法是相通的。

二是基本认为中庸之道就是折中主义，认为中庸虽然强调调和却不是调和主义。

三是认为中庸之道为精华与糟粕的糅合，在一定条件下有辩证法的因素，同时又存在着严重的理论缺陷。

——参考资料：吴涯，《〈中庸〉之“中庸”三维度释义》，《经济研究导刊》，2011年第4期。

四、延伸阅读

[1]《论语·大学·中庸（精）》（中华经典名著全本全注全译丛书），陈晓芬、徐儒宗译注，中华书局，2011年3月。

推荐理由：集中探讨孝、仁、礼、政、学习等一系列论题，尤其是孔子思想体系的中心部分，即仁与礼。

[2]《大学·中庸》（中华经典藏书），王国轩译注，中华书局，2006年9月。

推荐理由：每章有全章的介绍，每节分为古文、注释和译文三部分。原文和注解对照，简体中文，方便阅读。

[3]《大学中庸高级读解》（纸生态书系·国学典藏），李鍌等著，海峡文艺出版社，2009年1月。

推荐理由：是我国台湾地区《国学基本教材》的教师用书。它打破了通常的注释模式，将义理相近的章句重新归类，使之相互贯通，更明晰地阐发了儒家文化的精髓。

[4]《〈中庸〉洞见》，杜维明著，人民出版社，2008年7月。

推荐理由：本书是当代著名新儒家代表杜维明先生的一部诠释国学元典《中庸》深层义理的著作，其紧紧围绕文本的三个核心概念，即“君子”“政”和“诚”，对蕴含在《中庸》中的种种洞见做了高屋建瓴、鞭辟入里的解析和阐释。

【思考题】

1. 如何理解“好学近乎知，力行近乎仁，知耻近乎勇”？
2. 如何理解“三达德”与“五达道”之间的关系？
3. 深入思考中庸的哲学意义以及对现代社会发展的价值。
4. 简述中庸在中国文化史的意义和价值。
5. 简述中庸的思想史意义。

诗　　经（选）

一、简介

《诗经》是我国第一部诗歌总集，共收入诗歌305篇，最初称“诗”或“诗三百”，汉代儒者奉其为经典，乃称《诗经》。《诗经》包含的地域范围是黄河流域，最南的是在长江以北。《诗经》的时代，最早大概是西周初期，最迟是春秋中叶，而以西周末、东周初为中心。通过阅读《诗经》，可以推知那地域、那时代的政治、社会生活的大致情形。

《诗经》分为《风》《雅》《颂》。《风》又叫《国风》，包括《周南》《召南》《邶风》《鄘风》《卫风》《王风》《郑风》《齐风》《魏风》《唐风》《秦风》《陈风》《桧风》《曹风》《豳风》等“十五国风”，《雅》分为《小雅》《大雅》，《颂》分为《周颂》《商颂》《鲁颂》。

《诗经》最早的功能，在于《诗大序》所言：“上以风化下，下以风刺上，主文而谲谏，言之者无罪，闻之者足以戒，放曰风。……雅者，正也，宣王政之所由废兴也。政有小大，故有《小雅》焉、有《大雅》焉。颂者，美盛德之形容，以其成功告于神明者也。”

古人将风、雅、颂和赋、比、兴合起来叫作“六义”。风、雅、颂是诗的性质、体制上的分类，赋、比、兴则是诗的作法上的分类。

《诗经》就其性质而言，是歌曲的歌词，均可诵咏。古代多用乐器演奏、歌唱和伴舞等来表达。《史记·孔子世家》说：“三百五篇，孔子皆弦歌之，以求合韶、武、雅、颂之音。”

《诗经》就其创作内容而言，具有现实主义特色。

二、原文（节选）

爱　情　诗

《诗经》中最具艺术价值的诗篇主要是来自国风中收录的民歌，而这些诗篇中又以歌颂爱情的诗篇最广为流传。下面的一组诗篇中有表现男子渴望追求女子时的辗转，也有思念而不得的惆怅，还有表达夫妻之间的别离之苦。

关　　雎[①]【国风·周南】

关关雎鸠，在河之洲。窈窕淑女，君子好逑。
参差荇菜[②]，左右流之。窈窕淑女，寤寐求之。
求之不得，寤寐思服。悠哉悠哉，辗转反侧。

参差荇菜，左右采之。窈窕淑女，琴瑟友之。
参差荇菜，左右芼[3]之。窈窕淑女，钟鼓乐之。

【注释】

①这是首描写青年热恋采集荇菜女子的诗。全诗集中描写他求之不得的痛苦。

②荇（xìng）菜。

③芼（mào）。

汉　广[1]【国风·周南】

南有乔木，不可休思。汉有游女，不可求思。
汉之广矣，不可泳思。江之永矣，不可方思。

翘翘错薪，言刈其楚。[2]之子于归，言秣其马。
汉之广矣，不可泳思。江之永矣，不可方思。

翘翘错薪，言刈其蒌。之子于归，言秣其驹。
汉之广矣，不可泳思。江之永矣，不可方思。

【注释】

①这是首描写男子爱慕女子不能如愿以偿的民间情歌。

②刈：割。楚：植物名。魏源《诗古微》说：“《三百篇》言取妻者，皆以析薪取兴。盖古者嫁娶必以燎炬为烛，故《南山》之析薪，《车舝（xiá）》之析柞，《绸缪》之束薪，《豳风》之《伐柯》，皆与此错薪、刈楚同兴。”

蒹　葭[1]【国风·秦风】

蒹葭苍苍，白露为霜。所谓伊人，在水一方。
溯洄从之，道阻且长。溯游从之，宛在水中央。

蒹葭凄凄，白露未晞。所谓伊人，在水之湄。
溯洄从之，道阻且跻。溯游从之，宛在水中坻。[2]

蒹葭采采，白露未已。所谓伊人，在水之涘[3]。
溯洄从之，道阻且右。溯游从之，宛在水中沚。

【注释】

①这是首描写追求意中人而不得的诗。

②跻（jī）：升，高起。坻（chí）：水中小沙洲。

③涘（sì）：水边。

草　虫[①]【国风·召南】

喓喓[②]草虫，趯趯[③]阜螽。未见君子，忧心忡忡。
亦既见止，亦既觏[④]止，我心则降。

陟彼南山，言采其蕨。未见君子，忧心惙惙。
亦既见止，亦既觏止，我心则说。

陟彼南山，言采其薇。未见君子，我心伤悲。
亦既见止，亦既觏止，我心则夷。

【注释】

①这是首思妇的诗。诗中的主人公是一位采菜的劳动妇女。
②喓喓（yāo）：虫叫声。
③趯趯（tì）：虫跳的样子。
④觏（gòu）：夫妇相聚。

采　葛[①]【国风·王风】

彼采葛兮，一日不见，如三月兮！
彼采萧兮，一日不见，如三秋兮！
彼采艾兮，一日不见，如三岁兮！

【注释】

①这是一首思念情人的诗。

野有蔓草[①]【国风·郑风】

野有蔓草，零露漙兮。有美一人，清扬婉兮。
邂逅相遇，适我愿兮。

野有蔓草，零露瀼瀼。有美一人，婉如清扬。
邂逅相遇，与子偕臧。

【注释】

①这是首描写男女在田间相遇的恋歌。

击　鼓[①]【国风·邶风】

击鼓其镗，踊跃用兵。土国城漕，我独南行。
从孙子仲，平陈与宋。不我以归，忧心有忡。
爰居爰处？爰丧其马？于以求之？于林之下。

死生契阔，与子成说。执子之手，与子偕老。
于嗟阔兮，不我活兮。于嗟洵兮，不我信兮。

【注释】

①这是首描写卫国戍卒思归不得的诗。

反映周民族历史的诗

从这组诗歌中可以获知当时的社会生活的情况，具有较高的史料价值。

生　　民[①]【大雅·生民之什】

厥初生民，时维姜嫄[②]。
生民如何？克禋[③]克祀，以弗无子。
履帝武敏歆，攸介攸止。[④]
载震载夙[⑤]，载生载育，时维后稷。

诞弥厥月，先生如达。
不坼不副，无菑无害[⑥]，以赫厥灵。
上帝不宁，不康禋祀，居然生子。

诞寘之隘巷，牛羊腓字之。诞寘之平林，会伐平林。
诞寘之寒冰，鸟覆翼之。鸟乃去矣，后稷呱矣。
实覃实讦，厥声载路。[⑦]

诞实匍匐，克岐克嶷[⑧]，以就口食。
蓺之荏菽，荏菽旆旆[⑨]。
禾役穟穟，麻麦幪幪，瓜瓞唪唪[⑩]。

诞后稷之穑，有相之道。茀厥丰草，种之黄茂。
实方实苞，实种实褎[⑪]。实发实秀，实坚实好。
实颖实栗，即有邰家室。

诞降嘉种，维秬维秠，维穈维芑[⑫]。
恒之秬秠[⑬]，是获是亩。
恒之穈芑，是任是负，以归肇祀。

诞我祀如何？或舂或揄[⑭]，或簸或蹂。
释之叟叟，烝之浮浮。载谋载惟，取萧祭脂。
取羝以軷，载燔载烈，以兴嗣岁。

印盛于豆，于豆于登，其香始升。
上帝居歆，胡臭亶时。
后稷肇祀，庶无罪悔，以迄于今。

【注释】

①这首诗是周人的史诗之一，讲述了周始祖后稷的事迹。
②姜嫄：传说中邰氏之女，周始祖后稷之母。
③禋（yīn）：升烟以祭，古代祭天的典礼。
④攸介攸止：休息调养。
⑤震：娠。夙：肃
⑥坼（chè）：分裂。副（pì）：分离。
⑦覃（tán）：长。讦（xū）：大。
⑧嶷（ní）：识。
⑨旆旆（pèi）：茂盛的样子。
⑩唪唪（bēng）：多实貌。
⑪褎（yòu）：长。
⑫糜（mén）：谷子的一种。芑（qǐ）：一种白苗高粱。
⑬秬（jù）。秠（pī）。
⑭揄（yóu）：舀取。

公　刘①【大雅·生民之什】

笃公刘，匪居匪康。
乃埸乃疆，乃积乃仓。乃裹糇粮，于橐于囊。
思辑用光，弓矢斯张。干戈戚扬，爰方启行。

笃公刘，于胥斯原。既庶既繁，既顺乃宣，而无永叹。
陟则在巘，复降在原。何以舟之？维玉及瑶，鞞琫容刀。

笃公刘，逝彼百泉，瞻彼溥原。
乃陟南冈，乃觏于京。
京师之野，于时处处，于时庐旅。
于时言言，于时语语。

笃公刘，于京斯依。跄跄济济，俾筵俾几。
既登乃依，乃造其曹。
执豕于牢，酌之用匏。食之饮之，君之宗之。

笃公刘，既溥既长，既景乃冈。相其阴阳，观其流泉。
其军三单，度其隰原，彻田为粮。度其夕阳，豳居允荒。

笃公刘，于豳斯馆。涉渭为乱，取厉取锻。
止基乃理，爰众爰有。夹其皇涧，溯其过涧。
止旅乃密，芮鞫之即。

【注释】

①这首诗主要讲述了周人祖先公刘带领周民自邰迁豳，定居并发展农业的历史。

绵[1]【大雅·文王之什】

绵绵瓜瓞，民之初生，自土沮漆。
古公亶父，陶复陶穴，未有家室。

古公亶父，来朝走马。率西水浒，至于岐下。
爰及姜女，聿来胥宇。

周原朊朊，堇荼如饴。
爰始爰谋，爰契我龟：曰止曰时，筑室于兹。

乃慰乃止，乃左乃右，乃疆乃理，乃宣乃亩。
自西徂东，周爰执事。

乃召司空，乃召司徒，俾立室家。
其绳则直，缩版以载，作庙翼翼。

捄之陾陾，度之薨薨。筑之登登，削屡冯冯。
百堵皆兴，鼛鼓弗胜。

乃立皋门，皋门有伉。乃立应门，应门将将。
乃立冢土，戎丑攸行。

肆不殄厥愠，亦不陨厥问。柞棫拔矣，行道兑矣。
混夷駾矣，维其喙矣!

虞芮质厥成，文王蹶厥生。
予曰有疏附，予曰有先后。
予曰有奔奏，予曰有御侮！

【注释】

①这是首周人自述太王迁岐、创业兴国、文王继昌的开国历史的诗。

怨 刺 诗

在《诗经》的情歌中还有一种弃妇之辞，以《氓》为代表，反映了当时妇女婚姻生活的不幸。也有许多反映民生疾苦的诗歌，例如本篇中的《式微》就是反映人民的劳役之苦。同时本组诗歌中有人民讽刺统治者的丑陋行为和压迫的诗，也有宦官被迫害后泄愤的诗。本组诗歌语言浅近，具有高度的思想意义。

柏 舟① 【国风·邶风】

泛彼柏舟，亦泛其流。耿耿不寐，如有隐忧。
微我无酒，以敖以游。

我心匪鉴，不可以茹。亦有兄弟，不可以据。
薄言往愬②，逢彼之怒。

我心匪石，不可转也。我心匪席，不可卷也。
威仪棣棣，不可选③也。

忧心悄悄，愠于群小。觏④闵既多，受侮不少。
静言思之，寤辟有摽。

日居月诸⑤，胡迭而微？心之忧矣，如匪浣衣。
静言思之，不能奋飞。

【注释】

①这是首描写一位妇女自伤不得与夫、见侮于众妾的诗。
②愬：同“诉”，诉苦。
③选（suān）：同“算”，计算。
④觏（gòu）：碰到。
⑤日，月：这里意指丈夫。

式　　微[①]【国风·邶风】

式微，式微！胡不归？微君之故，胡为乎中露！
式微，式微！胡不归？微君之躬，胡为乎泥中！

【注释】

①这是首人民苦于劳役，对君主发出的怨词。

伐　　檀[①]【国风·魏风】

坎坎伐檀兮，置之河之干兮，河水清且涟猗。
不稼不穑，胡取禾三百廛兮？
不狩不猎，胡瞻尔庭有县貆兮？
彼君子兮，不素餐兮！

坎坎伐辐兮，置之河之侧兮，河水清且直猗。
不稼不穑，胡取禾三百亿兮？
不狩不猎，胡瞻尔庭有县特兮？
彼君子兮，不素食兮！

坎坎伐轮兮，置之河之漘兮，河水清且沦猗。
不稼不穑，胡取禾三百囷兮？
不狩不猎，胡瞻尔庭有县鹑兮？
彼君子兮，不素飧兮！

【注释】

①这是首人民讽刺剥削阶级不劳而获的诗。

鸨　　羽[①]【国风·唐风】

肃肃鸨羽，集于苞栩。王事靡盬，不能蓺稷黍。
父母何怙？悠悠苍天！曷其有所？

肃肃鸨翼，集于苞棘。王事靡盬，不能蓺黍稷。
父母何食？悠悠苍天！曷其有极？

肃肃鸨行，集于苞桑。王事靡盬，不能蓺稻粱。
父母何尝？悠悠苍天！曷其有常？

【注释】

①这是首人民控诉徭役繁重，不能耕种以养父母的诗。

北　　门[1]【国风·邶风】

出自北门，忧心殷殷。终窭[2]且贫，莫知我艰。
已焉哉！天实为之，谓之何哉！

王事适我，政事一埤[3]益我。我入自外，室人交遍谪我。
已焉哉！天实为之，谓之何哉！

王事敦我，政事一埤遗我。我入自外，室人交遍摧我。
已焉哉！天实为之，谓之何哉！

【注释】

①这是首关于小官吏诉苦的诗。
②窭（jù）：房屋简陋无法讲求礼节排场。
③埤（pí）益：堆积、增加。

谷　　风[1]【国风·邶风】

习习谷风，以阴以雨。黾[2]勉同心，不宜有怒。
采葑采菲，无以下体？德音莫违，及尔同死。

行道迟迟，中心有违。不远伊迩，薄送我畿。
谁谓荼苦，其甘如荠。宴尔新昏，如兄如弟。

泾以渭浊，湜湜[3]其沚。宴尔新昏，不我屑以。
毋逝我梁，毋发我笱[4]。我躬不阅，遑恤我后。

就其深矣，方之舟之。就其浅矣，泳之游之。
何有何亡，黾勉求之。凡民有丧，匍匐求之。

不我能慉，反以我为雠[5]。既阻我德，贾[6]用不售。
昔育恐育鞫，及尔颠覆。既生既育，比予于毒。

我有旨蓄，亦以御冬。宴尔新昏，以我御穷。
有洸有溃[7]，既诒我肄。不念昔者，伊余来塈[8]。

【注释】

①这是首关于弃妇诉苦的诗。

②黾（mǐn）勉：勉力。

③湜湜（shí）：水清的样子。

④笱（gǒu）：捕鱼的竹篓

⑤慉（xù）：爱。雠：同“仇”。

⑥贾（gǔ）：卖。

⑦有洸（guāng）有溃：本义是形容水激流的样子，这里借用，形容人动武和发怒的样子。

⑧塈（jì）：爱。

氓[1]【国风·卫风】

氓之蚩蚩，抱布贸丝。匪来贸丝，来即我谋。
送子涉淇，至于顿丘。匪我愆期，子无良媒。
将子无怒，秋以为期。

乘彼垝垣，以望复关。不见复关，泣涕涟涟。
既见复关，载笑载言。尔卜尔筮，体无咎言。
以尔车来，以我贿迁。

桑之未落，其叶沃若。于嗟鸠兮！无食桑葚。
于嗟女兮！无与士耽。士之耽兮，犹可说也。
女之耽兮，不可说也。

桑之落矣，其黄而陨。自我徂尔，三岁食贫。
淇水汤汤，渐车帷裳。女也不爽，士贰其行。
士也罔极，二三其德。

三岁为妇，靡室劳矣。夙兴夜寐，靡有朝矣。
言既遂矣，至于暴矣。兄弟不知，咥其笑矣。
静言思之，躬自悼矣。

及尔偕老，老使我怨。淇则有岸，隰则有泮。
总角之宴，言笑晏晏。信誓旦旦，不思其反。
反是不思，亦已焉哉！

【注释】

①这是首关于弃妇诉苦的诗。

农事燕觞诗

本组诗中收录的诗歌既有反映人民劳动生产的，也有反映贵族生活、描写贵族的宴会之乐的。

七　月[①]【国风·豳风】

七月流火，九月授衣。一之日觱发，二之日栗烈。
无衣无褐，何以卒岁？三之日于耜[②]，四之日举趾。
同我妇子，馌[③]彼南亩。田畯至喜！

七月流火，九月授衣。春日载阳，有鸣仓庚。
女执懿筐，遵彼微行[④]，爰求柔桑。
春日迟迟，采蘩祁祁。女心伤悲，殆及公子同归。

七月流火，八月萑苇[⑤]。蚕月条桑，取彼斧斨[⑥]。
以伐远扬，猗[⑦]彼女桑。七月鸣鵙[⑧]，八月载绩。
载玄载黄，我朱孔阳，为公子裳。

四月秀葽，五月鸣蜩。[⑨]八月其获，十月陨萚[⑩]。
一之日于貉，取彼狐狸，为公子裘。
二之日其同，载缵武功。言私其豵，献豜[⑪]于公。

五月斯螽动股，六月莎鸡振羽。[⑫]
七月在野，八月在宇，九月在户，十月蟋蟀入我床下。
穹窒熏鼠，塞向墐[⑬]户。嗟我妇子，曰为改岁，入此室处。

六月食郁及薁，七月亨葵及菽。八月剥枣，十月获稻。
为此春酒，以介眉寿。
七月食瓜，八月断壶，九月叔苴。采荼薪樗，食我农夫。

九月筑场圃，十月纳禾稼。黍稷重穋，禾麻菽麦。
嗟我农夫，我稼既同，上入执宫功。
昼尔于茅，宵尔索绹。亟其乘屋，其始播百谷。

二之日凿冰冲冲，三之日纳于凌阴。四之日其蚤，献羔祭韭。
九月肃霜，十月涤场。朋酒斯飨，曰杀羔羊。
跻彼公堂，称彼兕觥：万寿无疆！

【注释】

①这是一首叙述西周农民一年到头无休止的劳动过程和他们生活情况的诗，反映了当时农民衣、食、住各方面的情况。

②耜（sì）：农具。

③馌（yè）：送饭。

④微行（háng）：小路。

⑤萑（huán）苇：荻草和芦苇。

⑥斨（qiāng）：方孔的斧。

⑦猗（yī）：拉着。

⑧䴗（jú）：鸟名，又名伯劳。

⑨葽（yāo）：药名。蜩（tiáo）：蝉。

⑩萚（tuò）：落叶。

⑪豜（jiān）：三岁的大猪，这里泛指大兽。

⑫斯螽（zhōng）：蚱蜢。莎（suō）鸡：纺织娘。

⑬墐（jìn）：用泥涂抹。古代农民多编柴竹为门，冬天需涂泥塞缝，以御寒气。

芣　苢①【国风·周南】

采采芣苢，薄言采之。采采芣苢，薄言有之。
采采芣苢，薄言掇之。采采芣苢，薄言捋之。
采采芣苢，薄言袺之。采采芣苢，薄言襭之。

【注释】

①这是首古代劳动妇女采集车前子时唱的短歌。芣苢（fú yǐ）：车前草。

鹿　鸣①【小雅·鹿鸣之什】

呦呦鹿鸣，食野之苹。我有嘉宾，鼓瑟吹笙。
吹笙鼓簧，承筐是将。人之好我，示我周行。

呦呦鹿鸣，食野之蒿。我有嘉宾，德音孔昭。
视民不恌，君子是则是效。我有旨酒，嘉宾式燕以敖。

呦呦鹿鸣，食野之芩。我有嘉宾，鼓瑟鼓琴。
鼓瑟鼓琴，和乐且湛。我有旨酒，以燕乐嘉宾之心。

【注释】

①这是首描写贵族宴会宾客的诗。

常　棣①【小雅·鹿鸣之什】

常棣之华，鄂不韡韡。凡今之人，莫如兄弟。
死丧之威，兄弟孔怀。原隰裒矣，兄弟求矣。
脊令在原，兄弟急难。每有良朋，况也永叹。
兄弟阋于墙，外御其务。每有良朋，烝也无戎。
丧乱既平，既安且宁。虽有兄弟，不如友生。
傧尔笾豆，饮酒之饫。兄弟既具，和乐且孺。
妻子好合，如鼓琴瑟。兄弟既翕，和乐且湛。
宜尔家室，乐尔妻帑。是究是图，亶其然乎？

【注释】

①这是首关于宴请兄弟的诗。

伐　木①【小雅·鹿鸣之什】

伐木丁丁，鸟鸣嘤嘤。出自幽谷，迁于乔木。
嘤其鸣矣，求其友声。
相彼鸟矣，犹求友声。矧伊人矣，不求友生？
神之听之，终和且平。

伐木许许，酾酒有芎。既有肥羜，以速诸父。
宁适不来，微我弗顾。
於粲洒扫，陈馈八簋。既有肥牡，以速诸舅。
宁适不来，微我有咎。

伐木于阪，酾酒有衍。笾豆有践，兄弟无远。
民之失德，干馁以愆。
有酒湑我，无酒酤我。坎坎鼓我，蹲蹲舞我。
迨我暇矣，饮此湑矣。

【注释】

①这是首关于宴请亲戚故旧的诗。

南有嘉鱼①【小雅·南有嘉鱼之什】

南有嘉鱼，烝然罩罩。君子有酒，嘉宾式燕以乐。
南有嘉鱼，烝然汕汕。君子有酒，嘉宾式燕以衎。
南有樛木，甘瓠累之。君子有酒，嘉宾式燕绥之。
翩翩者鵻，烝然来思。君子有酒，嘉宾式燕又思。

【注释】

①这是首关于贵族宴请宾客的诗。

三、学习提示

(一)《诗经》的传播

我国研究《诗经》的资料极为丰富，仅清初《四库全书总目提要》收录及存目，就共计147部、1864卷，其中不包括历代大量的重要著作。

《诗经》所录诗歌时间跨度从西周初年至春秋中叶，涵盖黄河以北直至江汉流域。《诗经》中相当一部分是民歌，属集体口头创作，而《诗经》得以保存和传播至今，一个关键人物就是孔子。当时，只有贵族才有受教育的机会，因此包括《诗经》在内的许多文献都属于官方。而作为宋国贵族后裔的孔子是第一个开办私学的人，他以《诗经》为教育弟子的教材。传说孔子删订《诗经》，《论语》载他论诗十余处，散见《学而》《为政》《八佾》《述而》《子路》《卫灵公》《季氏》《阳货》诸篇。随着孔子地位的提升，他的理论开创了儒家诗教，他对于《诗经》的评价“思无邪”，日后也成为《诗经》的代名词。

(1) 先秦诸子中，引用《诗经》者颇多，如孟子、荀子、墨子、庄子、韩非子等人在说理论证时，多引述《诗经》中的句子以增强说服力。《孟子》7篇中引诗33处。《荀子》全书论诗7处，引诗81处，以“引诗为证”的方法，体现他创立的“明道征圣宗经”的文学观。左丘明的《春秋左传》全书引诗134处，记载了春秋时期贵族社会应用三百篇的大量事实，是了解《诗经》在春秋时期流传及其社会作用的重要材料。

(2) 秦代曾经焚毁包括《诗经》在内的所有儒家典籍。但由于《诗经》是易于记诵的、世人普遍熟悉的书，所以到汉代又得到流传。汉代汉武帝罢黜百家，独尊儒术，《诗经》被奉为儒家经典，其名目也由此确定下来，成为“六经”（包括《诗》《书》《礼》《乐》《易》《春秋》）之一。

(3) 汉初传授《诗经》学的共有齐诗、鲁诗、韩诗、毛诗四个学派。到了东汉以后，毛诗日渐兴盛，并为官方所承认，前三家则逐渐衰落，到南宋，就完全失传了。今天我们看到的《诗经》，就是毛诗一派的传本。毛亨的《毛诗训诂传》是最早的毛诗注本，其首篇之序为古代文艺理论的重要文献。

汉代司马迁的《史记》、刘向的《古列女传》、班固的《汉书·艺文志》、许慎的《说文解字》及董仲舒的《春秋繁露》等书都有关于《诗经》的重要论述。其中郑玄《毛诗传笺》以毛诗为本，为《毛传》作笺注，采录《诗序》，兼取三家可取诗说，实现今、古文合流，成为两汉《诗经》研究的集成性著作。

(4) 唐朝，陆德明的《经典释文》综合了汉魏以来文字音训研究成果，考述经学传授源流。孔颖达的《毛诗正义》，是汉学研究的集成著作。魏晋南北朝时，《诗经》专著多亡佚。长孙无忌等的《隋书经籍志》收录书目并简要说明了诸家学术源流及其演变，从而对先唐《诗经》学流变，能考见其大概。

唐代的许多著名诗人，如陈子昂、李白、杜甫、韩愈、柳宗元、白居易、元稹等人或以诗论诗，或撰写理论文章，都表达了他们对《诗经》的看法。唐代规定训诂疏释必须依据《毛诗正义》。

（5）宋代，欧阳修《毛诗本义》开始对《毛传》《郑笺》进行指摘，对《诗序》进行批评，开启了宋学自由研究的学风。苏辙《诗集传》对汉学伪托《诗序》为圣贤之作，提出怀疑，他注疏《诗经》只取小序首句，对其余文字多有批驳。朱熹的《诗集传》是宋以后广为流传，至今还常用的解释《诗经》的传本。

（6）元人《诗经》著述，基本上都是解释朱熹《诗集传》的，其中刘瑾的《诗传通释》较详细。

（7）明代学术浮躁，多是抄袭或伪书。其中明初胡广等人奉敕撰《五经大全》作为官定标准本，全是抄袭刘瑾的《诗传通释》。另外一些代表性研究，如何楷的《诗经世本古义》一改旧说，将305篇诗按世代重新排列，不分《风》《雅》《颂》，以诗编年，甚至认为《公刘》《七月》等八诗为夏代之诗。陈第的《毛诗古音考》开辟了《诗经》音韵学。

（8）清代名家辈出。顾炎武是清代考据学的开创者，其著作《诗本音》把治经与文字、音韵、训诂、名物、考古、校勘、历史、地理等学科相结合，他的音学研究奠定了清代音韵学的基础。章学诚提出“六经皆史”，把《诗经》当作史料。陈奂的《诗毛氏传疏》是清代研究毛诗的集大成著作。

魏源的《诗古微》是清代今文学派一部重要的《诗经》研究专著，论述三家诗与毛诗之异同，认为应以三家为主，毛诗只可作一家之言，并在诗入乐问题论争中提出诗全入乐的论点。王国维是清代考据学的最后集大成学者，其《观堂集林》所收关于古代史料、名物、文字学、音韵学的考证论文，对《诗经》研究也有帮助。

（9）现代研究诗经的优秀论著也很多。五四新文化运动兴起以后，人们不再把《诗经》看成“经典”，而是从新的角度去解读它，这不仅使之恢复了本来的面目，而且使我们能够更为科学地认识到它在形成中国历史文化传统中的作用。鲁迅是用爱国主义、革命民主主义评论《诗经》的第一个人。胡适是现代资产阶级《诗经》研究的开山人。郭沫若是我国用马克思主义研究《诗经》的奠基者之一。闻一多是现代的《诗经》研究大师，他创始《诗经》新训诂学，倡导用民俗学方法研究《诗经》。闻一多也有如《风诗类钞》《诗经新义》《诗经通义》《神话与诗》等代表作。

——参考资料：夏传才，《〈诗经〉研究史概要》，中州书画社，1982年9月。

（二）《诗经》的研究

诗经作为我国第一部诗歌总集，历代研究者众多，其中也出现了许多不同的意见。

1. 关于《诗经》作者的争鸣

《诗经》的作者成分很复杂，产生的地域也很广。除了周王朝乐官制作的乐歌，公卿、列士进献的乐歌，还有许多原来流传于民间的歌谣。关于这些民间歌谣是如何集中到朝廷来的，一直以来有不同说法，主要有以下三种。

（1）采诗说

汉代某些学者认为，周王朝派有专门的采诗人到民间搜集歌谣，以了解政治和风俗的盛衰利弊。对此最早的记载出现于《左传》。另外在《汉书·食货志》中记载："孟春之月，群居者将散，行人振木铎，徇于路以采诗，献之太师，比其音律，以闻于天子。故曰王者不出牖户而知天下。"当时的采诗官被称为"行人"（见《左传》）。

（2）献诗说

认为这些民歌是由各国乐师搜集的。乐师是掌管音乐的官员和专家，他们以唱诗作曲为职业，搜集歌谣是为了丰富他们的唱词和乐调。诸侯之乐献给天子，这些民间歌谣便汇集到朝廷里。《国语·周语》："故天子听政，使公卿至于列士献诗。"

（3）删诗说

司马迁在《史记·孔子世家》中记载："古者诗三千余篇，及至孔子，去其重，取可施于礼义……三百零五篇。"认为孔子从3000篇古诗中选择了305篇编成《诗经》。由于《史记》是权威的正史，因此这一说法流传了几百年，直到唐初孔颖达才开始质疑这一记载。他认为："书、传所引之诗，见在者多，亡佚者少，则孔子所录，不容十去其九，马迁言古诗三千余篇，未可信也。"到了宋代，人们认为《诗经》中有大量的"淫诗"，因此不能承认是由孔子删订而成，从而展开了长达800余年的删诗说与非删诗说的论战。经过千百年学者的考证，目前学界基本达成共识，即孔子并没有删诗，只是做了校正乐调的工作，而这些对《诗经》的流传起了重要作用。

2. 关于《诗经》四始的争鸣

（1）孔颖达疏引郑玄《答张逸》云："四始，'风'也，'小雅'也，'大雅'也，'颂'也。此四者，人君行之则为兴，废之则为衰。"

（2）《史记·孔子世家》："《关雎》之乱以为'风'始，《鹿鸣》为'小雅'始，《文王》为'大雅'始，《清庙》为'颂'始。"

（3）《大雅》的《大明》，《小雅》的《四牡》《南有嘉鱼》《鸿雁》，《毛诗序》曰"是谓四始"。孔颖达疏："《诗纬泛历枢》云：'《大明》在亥，水始也；《四牡》在寅，木始也；《嘉鱼》在巳，火始也；《鸿雁》在申，金始也。'……《纬》文因金、木、水、火、有四始之义，以《诗》文托之。"

3. 关于《诗经》分类标准的争鸣

《诗经》分为风、雅、颂三大类，而对分类的标准也有不同的说法。

（1）按诗的作用分，以《毛诗序》为代表。《毛诗序》："风，风也，教也，风以动之，教以化之。……上以风化下，下以风刺上，主文而谲谏，言之者无罪，闻之者足以戒，故曰风。……是以一国之事，系一人之本，谓之风；言天下之事，形四方之风，谓之雅。雅者，正也，言王政之所由废兴也。政有大小，故有小雅焉，有大雅焉。颂者，美盛德之形容，以其成功告于神明者也。”

（2）认为按使用场所的不同划分。张震泽的《诗经赋比兴本义新探》：“周代通行宗庙祭祀、朝会宴享、日常生活之礼。”《诗经》在典礼上有此三用，三用的意义不同，方式也不同，所以就形成了风、雅、颂三体。

（3）认为按音乐分，以郑樵《六经奥论》为代表。“风”是指各地不同的音乐。“雅”是雅正之声，指周王朝京畿地区的音乐。雅又分为小雅、大雅，也是缘于音乐的不同。“颂”是宗庙祭祀用的舞曲。以这种说法最受认同。

4. 关于《诗经》中一些经典诗篇的争鸣

（1）《关雎》是诗经开篇第一首诗歌，重要的地位使它成为研究者关注的焦点。关于《关雎》的寓意历代也有多种解读。一种观点认为这是一首写求配偶、恋爱成功结婚的诗。可是《毛诗序》却认为《关雎》反映的是后妃之德。朱熹《诗集传》则认为是宫中人所作，君子指文王，淑女指文王之后太姒。张超《诮青衣赋》、罗泌《路史》、王应麟《困学纪闻》皆以为是怨刺诗。只有崔述认为是“君子自求良配，而他人代写其哀乐之情”。

（2）关于《汉广》，方玉润认为是樵夫砍柴唱诗，否定其是恋情诗。陈启源《毛诗稽古编》把《汉广》的诗境概括为“可见而不可求”，即追求爱情。王士禛认为，《汉广》是中国山水文学的发轫，也是《诗经》中仅有的几篇“刻画山水”的诗章之一（见《带经堂诗话》）。

（3）关于《柏舟》的作者和主旨，在历史上曾有长期争论，概括起来主要是两派：一派认为作者是男性仁臣。《毛诗序》说：“言仁而不遇也。卫顷公之时，仁人不遇，小人在侧。”另一派认为作者是女子。鲁诗即以为是卫宣夫人所作，说：“贞女不二心以数变，故有匪石之诗。”（刘向《列女传·贞顺》）现代学者多认为是女子所作。

（4）关于《草虫》的主旨。《毛诗序》认为是描写夫妇和谐、恪守礼仪，即宣扬妻子之德。朱熹《诗集传》则认为是描写诸侯大夫妻子思念丈夫。旧说另有“大夫归心召公说”“室家思念南仲说”“托男女情以写君臣念说”等。

（5）《采葛》表现了一种急切的相思情绪而没有具体内容，所以旧说随意性很大。如《毛诗序》以为是“惧谗”。朱熹《诗集传》则斥为“淫奔”之诗，青年男女向往爱情成了不思进取、不务正业的淫乐之事。吴懋清《毛诗复古录》则以为采葛（萧、艾）比喻平时蓄养人才，“临时方获其用，若求之太急……一日则如三月之久”。牟庭《诗切》又说是“刺人娶妻……而徒溺其色，一日不见，则思之如三月之久”。姚际恒、方玉润、吴闿生却一致认为是怀友忆远之诗。近人则多视为怀念情人之作。

（6）关于《北门》。《毛诗序》认为是讽刺仕不得志。郑玄笺曰：“不得其志者，君不知己志，而遇困苦。”但方玉润《诗经原始》则说是表达贤者安于困苦。现代学者（如高亨《诗经今注》、程俊英《诗经译注》等）一般都认为这是一首小官吏不堪其苦而向人怨诉的诗。

(7)《谷风》的主题，旧说大体相同。《毛诗序》认为《谷风》是讽刺幽王之作，朱熹《诗集传》认为是朋友相怨之诗。今人高亨的《诗经今注》、程俊英的《诗经译注》等均取此说。

(8) 对于《子衿》的解读。《毛诗序》认为此诗是讽刺乱世时学校不修，教育荒废。朱熹指出："此亦淫奔之诗。"(《诗集传》)看出这是男女相悦之辞，纠正了前人的曲解臆说。"子衿"这个名词也被曹操援引到其作品《短歌行》中，至此该词的原意也由"心上人"正式转变为"文人贤士"。

(9) 关于《蒹葭》这首诗的内容，历来有意见分歧。归纳起来，主要有下列三种说法。

一是《毛诗序》认为是讽刺襄公。今人苏东天在《诗经》辨义中阐析说："'在水一方'的'所谓伊人'(那个贤人)，隐喻周王朝礼制。如果逆周礼而治国，那就'道阻且长''且跻''且右'，意思是走不通、治不好的。如果顺从周礼，那就'宛在水中央''水中坻''水中沚'，意思是治国有希望。"

二是"招贤"说。姚际恒的《诗经通论》和方玉润的《诗经原始》都说这是一首招贤诗，"伊人"即"贤才"："贤人隐居水滨，而人慕而思见之。"

三是"爱情"说。今人蓝菊有、杨任之、樊树云、高亨、吕恢文等均持"恋歌"说。如吕恢文说："这是一首恋歌，由于所追求的心上人可望而不可即，诗人陷入烦恼。说河水阻隔，是含蓄的隐喻。"

(10)《君子偕老》一诗的主旨，除清魏源《诗古微》以为是哀夷姜之诗外，古今各家多从《毛诗序》之说，以为是讽刺宣姜之作，认为此诗所写的服饰仪容之美属于理想的"小君"(国君之妻)。而朱熹《诗集传》则以为服饰仪容之美乃是反衬宣姜人品行为之丑。在这点上今之学者多从朱熹之说。

——参考资料：夏传才，《诗经学四大公案的现代进展》，《河北学刊》，1998年第1期。

四、延伸阅读

[1]《诗经译注》，程俊英撰，上海古籍出版社，2004年7月。

推荐理由：《诗经译注》是《诗经》的全译本。本书由著名学者程俊英教授翻译并注释。作者博采古今《诗经》注家之长，融会贯通，筛汰选炼，解题和注释写得简明而精当。

[2]《诗经原始》，方玉润撰，中华书局，1986年2月。

推荐理由：《诗经原始》是方玉润晚年的名作。他抛开了封建礼教的东西，转而从自然天性的角度解释《诗经》，给人一种清丽脱俗的感觉。书名中的"原始"，即欲探求古人作诗本旨而原其始意。

【思考题】

1.《诗经》的语言艺术成就表现在哪些方面?

2. 结合《诗经》中的具体作品，谈一谈《诗经》的文化价值。

3. 思考孔子删诗的原因和影响。

4. 选择你感兴趣的2～3首诗歌，结合其历史地理特征，分析诗歌的文化含义和特点。

尚　书（选）

一、简介

《尚书》是一部多体裁的文献汇编，是我国最古老的皇室文集，由《虞书》《夏书》《商书》《周书》组成。战国时期总称《书》，汉代改称《尚书》，意为“公之于众的（古代）皇室文献”。因是儒家五经之一，又称《书经》。

《尚书》相传由孔子编撰而成，但有些篇目是后来儒家补充进去的，其保存了丰富的上古时期关于政治、经济、军事、思想和文化方面的珍贵资料。

它最引人注目的思想倾向是以天命观念解释历史兴亡，为现实提供借鉴。这种天命观念具有理性的内核：一是敬德，二是重民。

就文学而言，《尚书》虽然深奥难懂，但实际上历代散文家都从中取得了一定借鉴，是中国古代散文已经形成的标志，被文史学家称为我国最早的散文总集，是和《诗经》并列的一个文体类别。它是我们研究先秦奴隶社会和封建社会早期的重要历史文本，因而，无论在文化史、史学史上都具有极其重要的意义。

二、原文（节选）

虞夏书·尧典

曰若稽古帝尧[①]，曰放勋，钦、明、文、思、安安。允恭克让。光被四表，格于上下。克明俊德，以亲九族；九族既睦，平章百姓；百姓昭明，协和万邦；黎民于变时雍。

乃命羲和[②]，钦若昊天历象[③]——日月星辰，敬授民时。分命羲仲宅嵎夷曰旸谷[④]，寅宾出日，平秩东作。日中[⑤]、星鸟[⑥]，以殷仲春。厥民析，鸟兽孳尾。

申命羲叔宅南交，平秩南为，敬致。日永[⑦]、星火[⑧]，以正仲夏。厥民因，鸟兽希革。

分命和仲宅西曰昧谷，寅饯纳日，平秩西成。宵中[⑨]、星虚，以殷仲秋。厥民夷，鸟兽毛毨。

【注释】

①曰若稽古：史臣追记古事的开头用语。曰若，句首发语词，无意义；稽，考察。尧：相传为原始社会后期的一个部落首领，在后代儒家文献中逐渐被神化为德业最高的帝王。

②羲和：原是神话中太阳女神的名字。这里指主管天文历象的官员羲氏、和氏。

③钦若昊天历象：恭敬地按照天空中日月星辰的运转现象去认识它。历象，日月星

辰等天体运转的现象。

④旸谷：神话中日出之处。

⑤日中：指春分。春分这天昼夜时间相等，因此叫日中。

⑥星鸟：星名，指南方朱雀七宿。朱雀是鸟名。

⑦日永：指夏至。夏至这天白天最长，因此叫日永。

⑧星火：指火星。夏至这天黄昏，火星出现在南方。

⑨宵中：指秋分。秋分这天昼夜时间相等，因此叫宵中。

申命和叔宅朔方曰幽都，平在朔易。日短[①]、星昴[②]，以正仲冬。厥民隩，鸟兽鹬毛。

帝曰："咨汝羲暨和，期三百有六旬有六日，以闰月定四时成岁[③]。"

允厘百工，庶绩咸熙。帝曰："畴咨若时登庸？"放齐曰："胤子朱[④]启明。"帝曰："吁！嚚讼可乎？"帝曰："畴咨若予采？"欢兜[⑤]曰："都！共工[⑥]方鸠僝功。"帝曰："吁！静言庸违，象恭滔天。"

帝曰："咨！四岳。汤汤洪水方割，荡荡怀山襄陵，浩浩滔天，下民其咨，有能俾乂？"佥曰："于！鲧[⑦]哉。"帝曰："吁！咈哉，方命圮族。"岳曰："异哉！试可乃已。"帝曰，"往，钦哉！"九载，绩用弗成。

帝曰："咨！四岳。朕在位七十载，汝能庸命巽朕位。"岳曰："否德，忝帝位。"曰："明明扬侧陋。"师锡帝曰："有鳏在下，曰虞舜[⑧]。"帝曰："俞！予闻，如何？"岳曰："瞽子，父顽母嚚[⑨]，象[⑩]傲；克谐以孝，烝烝乂，不格奸。"帝曰："我其试哉！"

【注释】

①日短：指冬至。冬至这天白天最短，所以叫日短。

②星昴：星名，指昴星，为西方白虎七宿之一。

③以闰月定四时成岁：古代一年十二个月，大月三十天，小月二十九天，共计三百五十四天，比一年的实际天数少十一天又四分之一天。三年累计超过了一个月，所以安排闰月来补足，使四时不错乱。

④朱：原是神话人物。这里作为尧的儿子，名丹朱。

⑤欢兜：原是神话中人物。这里作为尧的一个臣子的名字。

⑥共工：原是神话中人物。这里作为尧的一个臣子的名字。

⑦鲧：神话人物。这里作为尧大臣的名字。

⑧虞舜：舜最初是以殷商族远祖的身份出现在传说和文献中，后来又作为黄河下游东夷部落首领的名称。

⑨父顽母嚚：这里顽、嚚二字互文义通，即愚顽凶狠，不顾忠信、德义之谓。据《史记》知此"母"乃舜的继母。

⑩象：舜的异母弟。

女于时，观厥刑于二女[①]，厘降二女于妫汭，嫔于虞。

帝曰："钦哉！"慎徽五典，五典[②]克从。纳于百揆，百揆时叙。宾于四门，四门穆穆。纳于大麓，烈风雷雨弗迷。

帝曰："格汝舜，询事考言，乃言厎可绩，三载。汝陟帝位。"

舜让于德弗嗣。正月上日，受终于文祖。在璇玑玉衡以齐七政。肆类于上帝，禋于六宗[③]，望于山川，遍于群神，辑五瑞。既月乃日，觐四岳群牧，班瑞于群后。

岁二月，东巡守，至于岱宗，柴。望秩于山川，肆觐东后。协时月、正日，同律、度、量、衡。修五礼、五玉、三帛、二生、一死贽，如五器。卒乃复。

五月，南巡守，至于南岳[④]，如岱礼。八月，西巡守，至于西岳，如初。十有一月，朔巡守，至于北岳，如西礼。归格于艺祖，用特。五载一巡守，群后四朝。敷奏以言，明试以功，车服以庸。肇十有二州，封十有二山，浚川。

象以典刑，流宥五刑，鞭作官刑，扑作教刑，金作赎刑。眚灾肆赦，怙终贼刑。钦哉！钦哉！惟刑之恤哉！

流共工于幽州，放欢兜于崇山，窜三苗于三危[⑤]，殛鲧于羽山[⑥]，四罪而天下咸服。

二十有八载，帝乃殂落，百姓如丧考妣。三载，四海遏密八音。月正元日，舜格于文祖，询于四岳，辟四门，明四目、达四聪。咨十有二牧曰："食哉惟时，柔远能迩，惇德允元，而难任人，蛮夷率服。"

舜曰："咨四岳，有能奋庸，熙帝之载，使宅百揆，亮采惠畴？"佥曰："伯禹作司空。[⑦]"帝曰："俞！"咨禹："汝平水土，惟时懋哉！"禹拜稽首，让于稷、契暨皋陶[⑧]。帝曰："俞！汝往哉！"

帝曰："弃，黎民阻饥，汝后稷，播时百谷。"

帝曰："契，百姓不亲，五品[⑨]不逊，汝作司徒，敬敷五教在宽。"

【注释】

①二女：指尧的女儿娥皇和女英。

②五典：五种伦常礼教。《左传》文公十八年有"父义、母慈、兄友、弟共（恭）、子孝"五教，即其义。

③禋：古代一种精诚洁净之祭礼。六宗：即甲骨文中的"六示"，指六代祖先的神祖。

④南岳：先秦文献中四岳、五岳之山多是虚无缥缈之名，并非实际山名，很难在地理上坐实。今日习称的西岳华山、南岳衡山、北岳恒山，都是汉代以后的说法。

⑤三危：原为神话中的山名。这里泛指西方极边远之地。

⑥羽山：神话中鲧遭流放而死之处，今不详。

⑦伯禹：即禹。神话中相传禹从鲧腹中剖出，鲧为禹父，鲧为伯爵，故禹又称“伯禹”。司空：周代官职名，与司徒、司马并列。

⑧稷：人名，即后稷，又名“弃”，是文献中周的宗祖神，被奉为周的始祖。皋陶：神话中的人物，战国文献中作为群舒地区偃姓族的宗族神出现。

⑨五品：同上“五典”，概指父义、母慈、兄友、弟恭、子孝的家庭道德。

帝曰：“皋陶，蛮夷猾夏，寇贼奸宄，汝作士。五刑①有服，五服三就；五流有宅，五宅三居。惟明克允。”

帝曰：“畴若予工？”佥曰：“垂哉！”帝曰：“俞！”咨垂：“汝共工。”垂拜稽首，让于殳斨暨伯与。帝曰：“俞！往哉，汝谐。”

帝曰：“畴若予上下草木鸟兽？”佥曰：“益②哉！”帝曰：“俞！”咨益：“汝作朕虞。”益拜稽首，让于朱、虎、熊、罴③。帝曰：“俞！往哉！汝谐。”

帝曰：“咨四岳，有能典朕三礼？”佥曰：“伯夷④。”帝曰：“俞！”咨伯：“汝作秩宗，夙夜惟寅，直哉惟清。”伯拜稽首，让于夔、龙⑤。帝曰：“俞！往，钦哉。”

帝曰：“夔！命汝典乐，教胄子⑥。直而温，宽而栗，刚而无虐，简而无傲。诗言志，歌永言，声依永，律和声。八音克谐，无相夺伦，神人以和。”夔曰：“於！予击石拊石，百兽率舞。”

帝曰：“龙，朕堲谗说殄行，震惊朕师，命汝作纳言⑦，夙夜出纳朕命，惟允。”

帝曰：“咨汝二十有二人，钦哉！惟时亮天功。”三载考绩，三考，黜陟幽明，庶绩咸熙。分北三苗。舜生三十征庸，三十在位，五十载，陟方乃死。

【注释】

①五刑：这里指五种刑具。

②益：即伯益，文献亦作“伯翳”“柏翳”等，为嬴秦之祖先，又名大费，神话传说记载其行事各有不同。

③朱、虎、熊、罴：山泽中的四个“灵兽”，在神话传说中作为氏族首领的名字。这里指四个大臣。

④伯夷：神话人物，姜姓之宗祖神。

⑤夔、龙：神话中两个氏族宗祖神之名。这里作为两个大臣的名字。

⑥胄子：这里指贵族子弟。胄，同“育”，稚。

⑦纳言：官名。

虞夏书·皋陶谟

曰若稽古皋陶曰：“允迪厥德，谟明弼谐。”禹曰：“俞！如何？”皋陶曰：“都！慎厥身修，思永。惇叙九族，庶明厉翼，迩可远在兹。”禹拜昌言，曰：“俞。”

皋陶曰："都！在知人，在安民。"禹曰："吁！咸若时，惟帝其难之。知人则哲，能官人；安民则惠，黎民怀之。能哲而惠，何忧乎驩兜，何迁乎有苗，何畏乎巧言令色孔壬？"

皋陶曰："都！亦行有九德[①]，亦言其人有德。"乃言曰："载采采。"禹曰："何？"皋陶曰："宽而栗，柔而立，愿而恭，乱而敬，扰而毅，直而温，简而廉，刚而塞，强而义。彰厥有常，吉哉！日宣三德，夙夜浚明有家，日严祗敬六德，亮采有邦。翕受敷施，九德咸事，俊乂在官。百僚、师师、百工惟时，抚于五长[②]，庶绩其凝。无教逸欲有邦，兢兢业业，一日二日万几。无旷庶官，天工人其代之。天叙有典，敕我五典五惇哉；天秩有礼，自我五礼有庸哉；同寅协恭和衷哉！天命有德，五服五章哉；天讨有罪，五刑[③]五用哉；政事懋哉懋哉！天聪明，自我民聪明；天明畏，自我民明威。达于上下，敬哉有土！"

【注释】

①行有九德：人的性行有九种品德。

②五长：五位众官之长，如司徒、司马、司寇、司空、大宗伯等各官之长。

③五刑：即《吕刑》之墨（刻面）、劓（割鼻）、膑（去膝盖骨）、宫（去生殖器）、大辟（死）。

皋陶曰："朕言惠可厎行？"禹曰："俞，乃言厎可绩。"皋陶曰："予未有知，思曰赞赞襄哉。"

帝曰："来！禹，汝亦昌言。"禹拜曰："都！帝，予何言？予思日孜孜。"皋陶曰："吁！如何？"禹曰："洪水滔天，浩浩怀山襄陵，下民昏垫。予乘四载[①]，随山刊木。暨益奏庶鲜食。予决九川距四海，浚畎浍距川。暨稷播奏庶艰食，鲜食，懋迁有无化居，烝民乃粒，万邦作乂。"皋陶曰："俞！师汝昌言。"

禹曰："都！帝慎在位。"帝曰："俞！"禹曰："安汝止，惟几惟康；其弼直，惟动丕应。徯志以昭受上帝，天其申命用休。"帝曰："吁！臣哉邻哉！邻哉臣哉！"禹曰："俞！"

帝曰："臣作朕股肱耳目。予欲左右有民，汝翼；予欲宣力四方，汝为；予欲观古人之象：日、月、星辰、山、龙、华虫、作会[②]，宗彝[③]、藻、火、粉米、黼、黻、絺绣，以五采彰施于五色作服，汝明。予欲闻六律、五声、八音[④]、七始咏，以出纳[⑤]五言，汝听；予违，汝弼。汝无面从，退有后言。钦四邻，庶顽谗说，若不在时，侯以明之，挞以记之，书用识哉，欲并生哉。工以纳言，时而飏之，格则承之、庸之，否则威之。"

【注释】

①四载：四种运载工具，旱路坐车，水路乘船，泥路用橇，山路用梮。

②华虫：一种美丽的野鸟。作会：指日、月、星辰、山、龙、华虫六者，用于上衣。

③宗彝：绘有虎、蜼（长尾猿）的宗庙彝器。

④五声：宫、商、角、徵、羽。八音：金、石、丝、竹、匏、土、革、木八种乐材的乐器所奏出的音乐。

⑤出纳：《尧典》有"纳言"之官，这里可理解为音乐工作的"采风"。

禹曰："俞哉！帝光天之下，至于海隅苍生，万邦黎献，共惟帝臣。惟帝时举，敷纳以言，明庶以功，车服以庸。谁敢不让，敢不敬应？帝不时，敷同日奏，罔功。"

帝曰："无若丹朱傲，惟慢游是好，敖虐是作，罔昼夜頟頟。罔水行舟。朋淫于家。用殄厥世。予创若时。"

禹曰："予娶涂山，辛壬癸甲[①]。启呱呱而泣，予弗子，惟荒度土功，弼成五服，至于五千，州十有二师。外薄四海，咸建五长。各迪有功，苗顽弗即工，帝其念哉。"

帝曰："迪朕德，时乃功惟叙。皋陶方祗厥叙，方施象刑惟明。"

夔曰："戛击鸣球，搏拊琴瑟以咏。祖考来格。虞宾在位，群后德让。下管鼗鼓，合止柷敔，笙镛以间。鸟兽跄跄。《箫韶》九成，凤皇来仪[②]。"夔曰："於！予击石拊石，百兽率舞，庶尹允谐。"

帝庸作歌曰："敕天之命，惟时惟几。"乃歌曰："股肱喜哉，元首起哉，百工熙哉！"皋陶拜手稽首飏言曰："念哉！率作兴事，慎乃宪，钦哉！屡省乃成，钦哉！"乃赓载歌曰："元首明哉！股肱良哉！庶事康哉！"又歌曰："元首丛脞哉！股肱惰哉！万事堕哉！"帝曰："俞！往钦哉！"

【注释】

①辛壬癸甲：古代以干支纪日，辛壬癸甲共计四天。

②凤皇来仪：指演奏《箫韶》之乐的箫管错落相间，有着凤凰般的仪容。旧说神鸟凤凰被音乐感动而到来。

商书·汤誓

王[①]曰："格尔众庶，悉听朕言。非台小子敢行称乱，有夏多罪，天命殛之！今尔有众，汝曰：'我后不恤我众，舍我穑事而割正夏？'予惟闻汝众言，夏氏有罪，予畏上帝，不敢不正。今汝其曰：'夏罪其如台？'夏王率遏众力，率割夏邑，有众率怠弗协。曰：'时日曷丧？予及汝皆亡！'夏德若兹，今朕必往。"

"尔尚辅予一人[②]，致天之罚，予其大赉汝。尔无不信，朕不食言。尔不从誓言，予则孥戮汝，罔有攸赦。”

【注释】

①王：指商汤。

②予一人：甲骨文、金文、古籍中常见的君主自称之词。

周书·洪范

惟十有三祀[1]，王访于箕子。王乃言曰：“呜呼！箕子。惟天阴骘下民，相协厥居。我不知其彝伦攸叙？”

箕子乃言曰：“我闻在昔，鲧堙洪水[2]，汩陈其五行，帝乃震怒，不畀洪范九畴，彝伦攸斁。鲧则殛死，禹乃嗣兴，天乃锡禹洪范九畴，彝伦攸叙。”

“初一，曰五行[3]。次二，曰敬用五事[4]；次三，曰农用八政；次四，曰协用五纪[5]；次五，曰建用皇极；次六，曰乂用三德[6]；次七，曰明用稽疑；次八，曰念用庶征；次九，曰向用五福，威用六极。”

“一，五行：一曰水，二曰火，三曰木，四曰金，五曰土。水曰润下，火曰炎上，木曰曲直，金曰从革，土爰稼穑。润下作咸，炎上作苦，曲直作酸，从革作辛，稼穑作甘。”

“二，五事：一曰貌，二曰言，三曰视，四曰听，五曰思。貌曰恭，言曰从，视曰明，听曰聪，思曰睿。恭作肃，从作乂，明作晢，聪作谋，睿作圣。”

“三，八政：一曰食，二曰货，三曰祀，四曰司空，五曰司徒，六曰司寇，七曰宾，八曰师。”

“四，五纪：一曰岁，二曰月，三曰日，四曰星[7]辰[8]，五曰历数[9]。”

【注释】

①十有三祀：指周文王建国后的第十三年，也是周武王即位后的第四年，灭商后的第二年。

②鲧：神话人物，传说为禹的父亲。

③五行：指水、火、土、木、金这五种被人利用的物质。

④五事：指一个人的态度、言语、观看、闻听、思考等五项。

⑤五纪：所举五种纪时计算之术。

⑥三德：正直、刚克、柔克三种品德。

⑦星：指二十八宿。

⑧辰：指十二辰。

⑨历数：日月运行经历周天的度数。

“五，皇极：皇建其有极。敛时五福[1]，用敷锡厥庶民；惟时厥庶民于汝极，锡汝保极。凡厥庶民，无有淫朋，人无有比德，惟皇作极。凡厥庶民，有猷有为有守，汝则念之。不协于极，不罹于咎，皇则受之，而康而色，曰‘予攸好德’，汝则锡之福。时人斯其惟皇之极。无虐茕独，而畏高明。人之有能有为，使羞其行，而邦其昌。凡厥正人，既富方谷；汝弗能使有好于而家，时人斯其辜。于其无好，汝虽锡之福，其作汝用咎。无偏无颇，遵王之义。无有作好，遵王之道。无有作恶，遵王之路。无偏无党，王道荡荡。无党无偏，王道平平[②]。无反无侧，王道正直。会其有极！归其有极！曰皇极之敷言，是彝是训，于帝其训。凡厥庶民极之敷言，是训是行，以近天子之光。曰天子作民父母，以为天下王！”

【注释】

①五福：指下文第九畴中的寿、福等五项。

②平平：同“辨辨”，治理，辨别。

“六，三德[①]：一曰正直，二曰刚克，三曰柔克。平康，正直；强弗友，刚克；燮友，柔克。沉潜，刚克；高明，柔克。惟辟作福，惟辟作威，惟辟玉食。臣无有作福、作威、玉食。臣之有作福、作威、玉食，其害于而家，凶于而国，人用侧颇僻，民用僭忒。”

“七，稽疑：择建立卜筮人，乃命卜筮。曰雨，曰霁，曰蒙，曰驿，曰克，曰贞，曰悔，凡七。卜五，占用二，衍忒。立时人作卜筮，三人占，则从二人之言。”

“汝则在有大疑，谋及乃心，谋及卿士，谋及庶人，谋及卜筮。汝则从，龟从，筮从，卿士从，庶民从，是之谓大同。身其康强，子孙其逢，吉。汝则从，龟从，筮从，卿士逆，庶民逆，吉。卿士从，龟从，筮从，汝则逆，庶民逆，吉。庶民从，龟从，筮从，汝则逆，卿士逆，吉。汝则从，龟从，筮逆，卿士逆，庶民逆，作内，吉；作外，凶。龟筮共违于人，用静，吉；用作，凶。”

“八，庶征：曰雨，曰旸，曰燠，曰寒，曰风。曰时五者来备，各以其叙，庶草蕃庑。一极备，凶；一极无，凶。”

“曰休征：曰肃，时雨若；曰乂，时旸若；曰哲，时燠若；曰谋，时寒若；曰圣，时风若。”

“曰咎征：曰狂，恒雨若；曰僭，恒旸若；曰舒，恒燠若；曰急，恒寒若；曰蒙，恒风若。”

“曰：王省惟岁，卿士[②]惟月，师尹[③]惟日。岁月日时无易，百谷用成，乂用明，俊民用章，家用平康。日月岁时既易，百谷用不成，乂用昏不明，俊民用微，家用不宁。”

“庶民惟星：星有好风，星有好雨。日月之行，则有冬有夏；月之从星，则以风雨[④]。”

"九，五福：一曰寿，二曰富，三曰康宁，四曰攸好德，五曰考终命。六极：一曰凶短折，二曰疾，三曰忧，四曰贫，五曰恶，六曰弱。"

【注释】

①三德：三种统治方法。

②卿士：周王朝掌管国政最高级的官员。

③师尹：泛指周王朝高级文武百官。

④月之从星，则以风雨：古人传说月亮运行经过爱好风雨的星就会引起云雨。这里是比喻意，强调君王要加强统治，不能迁就民欲。

周书·康诰

惟三月哉生魄，周公初基作新大邑于东国洛，四方民大和会，侯、甸、男邦、采卫，百工、播民[1]，和见士于周。周公咸勤，乃洪大诰治。

王若曰[2]："孟侯，朕其弟小子封。惟乃丕显考文王克明德慎罚，不敢侮鳏寡[3]，庸庸祗祗威威显民。用肇造我区夏，越我一二邦，以修我西土，惟时怙冒闻于上帝。帝休，天乃大命文王殪戎殷，诞受厥命越厥邦厥民。惟时叙乃寡兄勖，肆汝小子封在兹东土。"

王曰："呜呼！封，汝念哉！今民将在！祗遹乃文考，绍闻衣德言。往敷求于殷先哲王，用保乂民；汝丕远惟商耇成人，宅心知训；别求闻由古先哲王，用康保民。宏于天若德，裕乃身不废在王命。"

王曰："呜呼！小子封，恫瘝乃身，敬哉！天畏棐忱，民情大可见，小人难保。往尽乃心，无康好逸，乃其乂民。我闻曰：'怨不在大，亦不在小。'惠不惠，懋不懋。已！汝惟小子，乃服惟弘。王应保殷民，亦惟助王宅天命，作新民。"

【注释】

①播民：指一些侯、甸、男邦及采卫中所领有之殷馀民，但主要是指迁至洛邑的殷馀民。

②王若曰：王如此说，王这样说。这是史臣代宣王命时的开头用语。

③鳏寡：古人成语。指下层孤独无靠的人民。

王曰："呜呼！封，敬明乃罚。人有小罪，非眚，乃惟终，自作不典，式尔；有厥罪小，乃不可不杀。乃有大罪，非终，乃惟眚灾，适尔；既道极厥辜，时乃不可杀。"

王曰："呜呼！封，有叙时，乃大明服，惟民其勑懋和。若有疾，惟民其毕弃咎。若保赤子，惟民其康乂。非汝封刑人杀人，无或刑人杀人；非汝封又曰劓刵人，无或劓刵人。"

王曰："外事[1]，汝陈时臬司，师兹殷罚有伦。"又曰："要囚，服念五六日，至于旬时，丕蔽要囚。”

王曰：“汝陈时臬事，罚蔽殷彝，用其义刑义杀，勿庸以次汝封。乃汝尽逊，曰时叙，惟曰未有逊事。已！汝惟小子，未其有若汝封之心。朕心朕德，惟乃知。凡民自得罪，寇攘奸宄，杀越人于货，不畏死，罔弗憝。”

王曰：“封！元恶大憝，矧惟不孝不友。子弗祗服厥父事，大伤厥考心；于父不能字厥子，乃疾厥子。于弟弗念天显，乃弗克恭厥兄；兄亦不念鞠子哀，大不友于弟。惟吊兹不于我政人得罪，天惟与我民彝大泯乱。曰：乃其速由文王作罚，刑兹无赦。”

“不率大戛，矧惟外庶子、训人惟厥正人越小臣诸节[②]，乃别播敷，造民大誉，弗念弗庸，瘝厥君，时乃引恶。惟朕憝。已！汝乃其速由兹义率杀。亦惟君惟长不能厥家人越厥小臣外正，惟威惟虐，大放王命，乃非德用乂，汝亦罔不克敬典乃由。裕民惟文王之敬忌，乃裕民曰‘我惟有及’，则予一人以怿。”

王曰：“封！爽惟民迪吉康，我时其惟殷先哲王德用康乂民作求；矧今民罔迪，不适不迪，则罔政在厥邦。”

王曰：“封！予惟不可不监，告汝德之说于罚之行。今惟民不静，未戾厥心，迪屡未同；爽惟天其罚殛我，我其不怨，惟厥罪无在大，亦无在多，矧曰其尚显闻于天？”

王曰：“呜呼！封，敬哉！无作怨，勿用非谋非彝蔽时忱，丕则敏德。用康乃心，顾乃德，远乃猷，裕乃以民宁。不汝瑕殄。”

王曰：“呜呼！肆汝小子封，惟命不于常，汝念哉！无我殄享。明乃服命，高乃听，用康乂民。”

王若曰：“往哉！封！勿替敬，典听朕诰，汝乃以殷民世享。”

【注释】

①外事：外朝听狱之事。此采用江声《尚书集注音疏》之说。

②外庶子、训人：诸侯国掌管教化的官员。外庶子专门负责贵族子弟的教育。正人：某项官职之长。小臣：官名。甲骨文中常见，主要从事占卜、祭祀、征伐等大事。

三、学习提示

（一）《尚书》的传播

作为儒家的一部重要经书，人们对《尚书》进行整理与研究的历史十分悠久，并在整理与研究的过程中，已形成专门学问——“《尚书》学”。

（1）从先秦古籍来看，墨家、道家等诸子百家都引过《尚书》，证明《尚书》在春秋战国时已流传颇广。除儒家学派之外，《墨子》对《尚书》引用的次数算是最多的。儒墨是当时的“显学”，《尚书》的篇目成了当时许多知识分子所共读的要籍。他们还运用这些篇目来称道古史，宣扬自己的学说。

秦始皇在晚年下了焚书的命令，《尚书》也在焚书范围之内，幸好“伏生藏壁”才得以使《尚书》残缺地保存下来。

（2）两汉时期，立于官学的只有今文经学，《尚书》也不例外。《今文尚书》是将伏生的28篇《尚书》用隶书记录下来，因为是用汉代通行文字书写的，因此叫作《今文尚书》，这是孔子之后第一个有实际篇数和大体内容的《尚书》传本。伏生系的《尚书》经数代传授，形成三个分支，即所谓欧阳（高）、大夏侯（胜）、小夏侯（建）三家，宣帝时并立于官学，各成门户。三家之学一直盛行于两汉。到了西晋永嘉之乱，王室败亡，图书遭到严重亡逸，三家《尚书》全部失传，民间也没有传习。用秦汉以前的古文字书写的即称《古文尚书》，这部《尚书》被孔安国所得。他将古文字改写成汉代通行的隶书，所以被称作“隶古定本”。由于没有立官，《古文尚书》只能习于民间，影响较小。马融、郑玄系的《古文尚书》在东汉和南北朝一直有人传习。

西汉司马迁对《尚书》进行过深入研究，他既把《尚书》看作上古资料，又吸收了《尚书》史学思想的精华，将其融入自己的史著之中。据分析，《史记》中的很多重要篇目，均大量引用了《尚书》中的材料。

（3）在三国时期，盛行的只有《古文尚书》，并且只是《古文尚书》中的郑玄一家。魏国后期出现了王肃的《尚书注》，与郑玄分庭抗礼。在魏末晋初的时候，出现了孔安国的《尚书传》，但历史上并没有记载这部伪造的《尚书传》是怎样出现的。

南朝梁武帝时，《尚书》学界出现了一部标榜为孔安国真本的《古文尚书》，并且很快流行起来。这部伪孔传《尚书》不仅与当时流行的郑玄注本大不相同，而且与魏末晋初出现的前伪孔传《尚书》也不一样。

（4）宋朝学者敢于蔑弃旧解，直接对经文进行探索。而伪《古文尚书》给宋代理学提供了建立其思想体系的宝贵资料，因而被他们尊崇为五经中最尊的一经。他们纷纷对之著书立说，使《尚书》学大大向前发展了。宋代的《尚书》名家者有：苏轼、林之奇、夏僎、蔡沈、陈时、魏了翁等。宋学对《尚书》学的发展基本表现在三个方面：第一，疑古与辨伪；第二，注疏与以前不同，《尚书》著作数目繁多；第三，注重经世致用。

（5）元明两代，是《古文尚书》辨伪工作深入的阶段。元人赵孟頫、吴澄已经明确严格区分今、古文。明朝学者梅鷟所撰《尚书谱》《尚书考异》具有很强的科学性和说服力，为后来清代学者更加细密的辨伪开了风气。

（6）清代的阎若璩在宋学基础上大大前进一步，完成了对所谓孔氏《古文尚书》的科学研究。在其学风影响下，许多学者继续完成了对这一伪古文的彻底疑辨。之后，吴派、皖派等展开了清学对伪孔本中所保存今文28篇的科学研究，形成了卓有成就的清代《尚书》学。近现代新的《尚书》研究就是在它成就的基础上产生的。

（7）到了近代，在清人成就的基础上，加上西方学术影响，又因金文、甲骨文研究的成熟，新材料的增多，出现了新成就。这其中首推王国维的《观堂集林》和《观堂学书记》，其学生杨筠如撰《尚书核诂》一书对《尚书》亦有贡献。著名甲骨学家胡厚宣以甲骨学结合古文献所取得的研究成果，解决了《尚书》中一些未能解决的疑难问题。此外，有些自然科学者如竺可桢、刘朝阳等，用现代科学知识和方法研究《尚书》，把《尚书》研究推到一个新的科学水平上，主要体现在天文历法、自然地理、土壤、农业、历史地理、社会科学等方面。

在《尚书》研究方面特别要提到的是顾颉刚先生，他的《古史辨》就是对儒家用《尚书》建立的“尧、舜、禹、汤、文、武、周公”这一帝统和道统所发出的有力一击。

20世纪50年代对《尚书》综合性研究的著作中，最有成就的应当是陈梦家的《尚书通论》(1957年)，此书全面而详细，见解精到，资料丰富，至今仍有参考价值。

20世纪80年代以来，研究《尚书》的综合性著作逐渐增多，主要是以蒋善国的《〈尚书〉综述》(1988年）和刘起釪的《尚书学史》(1989年）为代表。

——参考资料：慕平，《尚书》，中华书局，2009年。

（二）《尚书》的研究

1. 关于成书年代和作者的争鸣

《尚书》定本何时成书，历来说法不一。如汉人认为孔子编次《尚书》。很多史书的记载，基本大同小异。无论是“编次”，还是“纂”，都是说《尚书》成于孔子之手。不过，我们可以肯定，《尚书》作为一部历史文献汇编，既不写定于一时，也非出于一人之手，而是经过很长时期的汇集和流传，到一定时期才定型成书的。关于《尚书》的成书年代，现在史家多认为是战国时代，也有人据新出土的更早一些的证据说明《尚书》的定本成于孔子。

至于伪孔古文传《尚书》究竟是谁所作？各家说法不一。朱熹还只笼统地提出是晋宋间文章，为魏晋间人所作；梅鷟则认为是皇甫谧所作。

2. 关于《尚书》名称由来的争鸣

先秦时代，《尚书》多被称为《书》。《书》被称作《尚书》，从目前传世文献来看，有以下四种说法：第一，孔子命名；第二，伏生命名；第三，欧阳氏命名；第四，司马迁命名。近年来大量文献的出土，推动了这一问题研究的深入。现在已经有更早一些的证据说明《尚书》的名称可能在汉初以前。

3. 关于两汉今古文的争鸣

汉代经学上的今、古文学之争，是经学史上的大事。“古文”，乃是指秦汉以前的文字，即“古文经”。“今文”是经过经师讲解，使用汉代的通行语言和文字，对古籍中的字词及章句做了重新解读的本子，即“今文经”。两汉古今文的争论主要包括刘歆请立《古文尚书》之争，东汉今古文的三次较量等。

今古文经学虽为两个不同的学派，在文字、经书的解说、治经的方法与学风等方面有分歧，但毕竟它们在经文及“通经致用”等方面是一致的，两者并没有根本的利害冲突，这是汉代的今古文两派虽有斗争却能够长期并存，并走向融合的政治基础。

4. 对《尚书》真伪的争鸣

最先对《尚书》提出怀疑的是南宋初年吴棫，他在《书裨传》中指出《尚书》原有的33篇和后来多出的25篇在文体上有显著的差别：前者文辞古奥，很难读懂，而后者文从字顺，很容易了解。因此，他提出古文25篇不可靠。

年份比吴棫稍晚的著名学者朱熹很赞同吴氏的看法。朱熹除了从文体上提出疑问以外，还根据历史记载，指出东晋以前没有人见过这25篇经文。朱氏在学术界的地位比吴棫高得多，他的揭发比吴氏的影响大。

朱熹的学生蔡沈总结200年来创造性的研讨成绩作《书集传》，注明“今文、古文皆有”的28篇，“今文无，古文有”的25篇，把今古文区别清楚，暗示了真伪观念。

到了元朝，又陆续有人继承吴棫、朱熹的论点，如赵孟頫的《书今古文集注》开始把今古文分开来编。明朝中叶，梅鷟写了两部有关《尚书》的著作，一部叫《尚书谱》，另一部叫《尚书考异》。他在这两部书中搜集了相当多的材料用来证明伪古文和伪孔传是伪品。

四、延伸阅读

[1]《尚书通论》，陈梦家著，中华书局2005年6月。

推荐理由：此书全面而详细，见解精到，资料丰富，至今仍有很高的参考价值。

[2]《〈尚书〉研究论集》，刘德汉等著，上海古籍出版社，1981年。

推荐理由：此书为论文集，收录了刘德汉等学者的17篇论文，所收录的论文多为考证性文章，对于《尚书》研究较有价值。

[3]《尚书》，慕平译注，中华书局，2009年3月。

推荐理由：此书以公认的秦汉经师所传授的《今文尚书》的28篇作为注译的对象，配有详细注释和译文，简洁易读，初学者可视作入门读物。

【思考题】

1. 掌握《尚书》的体例和语言特点。

2. 从近代到现代，《尚书》研究有哪三个有影响的学派？其代表人物和主要著作是什么？

3. 理解《尚书》的历史地位和影响。

周　礼（选）

一、简介

三礼包括《周礼》《仪礼》《礼记》，是我国古代政治制度的三部儒家经典，是中国古代礼仪制度的蓝本和百科全书，是古代华夏礼乐文化的理论形态，其对礼法、礼义做了最权威的记载和解释，对历代礼制的影响最为深远。

《周礼》是西周时期的著名政治家、思想家、文学家、军事家周公旦所著。《周礼》是一部通过官制来表达治国方案的著作，记载先秦时期社会政治、经济、文化、风俗、礼法诸制，多有史料可采，所涉及之内容极为丰富，无所不包，所记载的礼的体系最为系统，堪称中国文化史之宝库。

《仪礼》是中国春秋战国时代的礼制汇编，共十七篇，内容记载了周代的冠、婚、丧、祭、乡、射、朝、聘等各种礼仪，以记载士大夫的礼仪为主。秦之前篇目不详，汉初高堂生传仪礼。

《礼记》又名《小戴礼记》《小戴记》，成书于汉代，为西汉礼学家戴圣所编。《礼记》是中国古代一部重要的典章制度选集，书中内容主要写先秦的礼制，体现了先秦儒家的哲学思想、教育思想、政治思想、美学思想，是研究先秦社会的重要资料，是一部儒家思想的资料汇编。

二、原文（节选）

天官冢宰（节选）

宰夫之职，掌治朝之法。以正王及三公、六卿、大夫、群吏之位，掌其禁令。叙群吏之治，以待宾客之令，诸臣之复，万民之逆。掌百官府之征令，辨其八职：一曰正，掌官法以治要。二曰师，掌官成以治凡。三曰司，掌官法以治目。四曰旅，掌官常以治数。五曰府，掌官契以治藏。六曰史，掌官书以赞治。七曰胥，掌官叙以治叙。八曰徒，掌官令以征令。

【译文】

宰夫的职责，掌管有关治朝的法令，以规正王及三公、六卿、大夫和群吏的朝位，监察他们是否违反禁令。依尊卑安排群吏的职事，以待治理来朝宾客的小事，受理诸臣的奏事，以及民众的上书。掌管王对于官府的征召和命令，分辨官府的八类职责以备征令的下达。一是正一级的职责，掌管官府的法规制度而审核一年的会计总账。二是师一级的职责，掌管官府的成事品式而审核一月的会计总账。三是司一级的职责，掌管官府的法规制度而审核每天的会计账目。四是旅一级的职责，按照官吏的常职对官吏的工作进度进行考核。五是府的职责，掌管书契和负责文书、器物等的收藏。六是史的职责，负责官府文书的起草和协助治理。七是胥的职责，依照官事的轻重缓急而指派徒属。八是徒的职责，是依据官府的命令而供招呼的役使。

大府掌九贡、九赋、九功之贰。以受其货贿之人，颁其货于受藏之府，颁其贿于受用之府。凡官府、都鄙之吏及执事者受财用焉。凡颁财，以式法授之。关市之赋，以待王之膳服；邦中之赋，以待宾客；四郊之赋，以待稍秣；家削之赋，以待匪颁；邦甸之赋，以待工事；邦县之赋，以待币帛；邦都之赋，以待祭祀；山泽之赋，以待丧纪；币馀之赋，以待赐予；凡邦国之贡，以待吊用；凡万民之贡，以充府库；凡式贡之馀财，以共玩好之用。凡邦之赋用取具焉。岁终，则以货贿之入出会之。

【译文】

大府负责协助大宰掌管九贡、九赋、九功，以收取交纳的财物，并把财物分拨给负责收藏以待用的各府。凡王朝各官府和王畿内采邑的官吏以及暂时执行某项任务的官吏，都可按照规定来大府领取所需财物。凡分拨财物，都按照制度授给。关市的赋税，供给王的膳食和衣服所用；王都中的赋税，供给接待宾客所用；距王都百里的四郊的赋税，供给饲养牛马草料所用；距王都二百里至三百里的家削的赋税，供给颁赐群臣所用；距王都百里至二百里的邦甸的赋税，供给工匠制作所用；距王都三百里至四百里的邦县的赋税，供给行聘问礼所用；距王都四百里至五百里的邦都的赋税，供给祭祀所用；山泽赋税，供给死丧或灾荒所用；给公用的剩余财物，供给王闲暇时与诸侯和臣下结恩好而赐予所用；凡诸侯国贡献的财物，供给吊唁诸侯之丧所用；凡向万民征收的赋税，用以充实府库；凡赋税收入开支后的余财，用以供王的玩好所用。凡王国所用财物，都可以从大府领取。夏历年终，就总计一年财物的收支而上报大宰。

内府掌受九贡、九赋、九功之货贿、良兵、良器，以待邦之大用。凡四方之币献之金、玉、齿、革、兵器，凡良货贿，入焉。凡适四方使者，共其所受之物而奉之。凡王及冢宰之好赐予，则共之。

外府掌邦布之入出，以共百物，而待邦之用。凡有法者，共王及后、世子之衣服之用。凡祭祀、宾客、丧纪、会同、军旅，共其财用之币，赐予之财用。凡邦之小用，皆受焉。岁终，则会，唯王及后之服不会。

【译文】

内府负责接受由大府分拨来的九贡、九赋、九功所交纳的财物、优良的兵器和优良的车乘礼乐之器，以供给王国中大事所用。凡四方诸侯朝见王所进献的玉币珍异和金玉、兽齿皮革、兵器和车乘礼乐之器等，以及一切珍贵的物品，都藏入内府。凡出使四方诸侯国的使者，供给他们所当领受的财物而送给他们。凡王和冢宰喜欢某臣而加赏赐，就供给赏赐的财物。

外府掌管王国钱币的收支，以供购取各种物品，并供给王国官府合法的公用开支，供给王和王后、太子穿衣的开支。凡祭祀、招待宾客、丧事、会同、出兵征伐，供给所需赍带的财物费用，以及行赏赐所需的财物费用。凡王国小事的开支，都到外府来领受。夏历年终就做收支总计，只有王和王后的穿衣费用不计算。

地官司徒（节选）

小司徒之职，掌建邦之教法，以稽国中及四郊都鄙之夫家九比之数，以辨其贵贱、老幼、废疾。凡征役之施舍，与其祭祀、饮食、丧纪之禁令，乃颁比法于六乡之大夫，使各登其乡之众寡、比要，乃会万民之卒伍而用之。五人为伍，五伍为两，四两为卒，五卒为旅，五旅为师，五师为军。以起军旅，以作田役，以比追胥，以令贡赋乃均土地，以稽其人民，而周知其数，上地，家七人，可任也者家三人；中地，家六人，可任也者二家五人；下地，家五人，可任也者家二人。

【译文】

小司徒的职责，负责建立王国教官的为官法则，以考察王都中以及四郊和畿内采邑的男女人民的数目，分辨他们当中的贵贱、老幼和残疾者，凡赋税徭役的免除，和有关他们祭祀、饮食、丧事方面的禁令都掌管。向六乡大夫颁布校比法，让他们各自登记本乡人数的多少、六畜和车辇的数目，弄清各家的财物，每年按季呈报数字，以便施行政教，执行征收赋役的法令。到三年就举行大校比。大校比时接受各诸侯国呈报的登记校比结果的簿册。协助大司徒编制万民的军事组织以备用。五人为一伍，五伍为一两，四两为一卒，五卒为一旅，五旅为一师，五师为一军，以起兵征伐，以进行田猎，以相配合追击外寇和伺捕国内盗贼，以施行有关贡赋的政令。协助大司徒合理调配土地，核查人民，而遍知人民的数目。上等土地授给七口以上人家，这样的人家可以胜任兵役和劳役的一家有三人；中等土地授给六口的人家，这样的人家可以胜任兵役和劳役的两家有五人；下等土地授给五口以下的人家，这样的人家可以胜任兵役和劳役的一家有两人。

乡师之职，各掌其所治乡之教，而听其治。以国比之法，以时稽其夫家众寡，辨其老幼、贵贱、废疾、马牛之物，辨其可任者与其施舍者。掌其戒令纠禁，听其狱讼。大役，则帅民徒而至，治其政令。既役，则受州里之役要，以考司空之辟，以逆其役事。

【译文】

乡师的职责是，各自掌管所治理之乡的教育，评断乡中官吏的治理情况。依据国家的校比法，按时清查各家人数的多少，分辨他们当中的老幼、贵贱、残疾者，以及牛马等，分辨他们当中可以充任兵役、劳役的和应当免除兵役、劳役者，掌管有关他们的戒令、纠察和禁令，评断他们的争讼。有大劳役，就率领民夫来到施工地，监督他们执行政令的情况。劳役开始后，接受各基层呈报的民夫名册，按照司空的施工章程，来考查他们服役的情况。

乡大夫之职，各掌其乡之政教禁令。正月之吉，受教法于司徒，退而颁之于其乡吏，使各以教其所治，以考其德行，察其道艺。以岁时登其夫家之众寡，辨其可任者。国中自七尺以及六十，野自六尺以及六十有五，皆征之。其舍者，国中贵者、贤者、能者、服公事者、老者、疾者皆舍，以岁时入其书。三年则大比，考其德行、道艺，而兴贤能者，乡老及乡大夫帅其吏兴其众寡，以礼礼宾之。厥明，乡老及乡大夫、群吏献贤能之书于王，王再拜受之，登于天府，内史贰之。

【译文】

乡大夫的职责是，各自掌管本乡的政教和禁令。周历正月初一，从大司徒那里接受教法，下来颁布给乡吏们，让他们各自用以教育所治理的民众，并据以考查被教民众的德行和道艺。每年按季登记乡中男女的多少，分辨其中可以胜任役事的人。都城中从二十岁到六十岁，郊野从十五岁到六十五岁，都要为公事服役。其中可以免除役事的，是都城中地位尊贵的人、有德行的人、有才能的人、在官府当差的人、年老的人、有残疾的人，都免除服役。每年按季把登记清查结果的簿册上报给大司徒。每三年进行一次大校比，考查乡民的德行和道艺，而荐举有德行、有才能的人。乡老和乡大夫率领属吏以及善良的乡民而不论人数多少，用乡饮酒礼像对待宾客一样礼敬被荐举出来的人。第二天，乡老和乡大夫以及乡吏们，呈献荐举贤能的文书给王，王行再拜礼而后接受文书，再把文书上交到天府收藏，内史收藏文书的副本。

春官宗伯(节选)

小宗伯之职，掌建国之神位，右社稷，左宗庙。兆五帝于四郊，四望、四类，亦如之。兆山川丘陵坟衍，各因其方。掌五礼之禁令，与其用等。辨庙祧之昭穆，掌三吉凶之五服、车旗、宫室之禁。掌三族之别，以辨亲疏。其正室皆谓之门子，掌其政令。毛六牲，辨其名物而颁之于五官，使共奉之；辨六齍之名物与其用，使六宫之人共奉之；辨六彝之名物，以待果将；辨六尊之名物，以待祭祀宾客。

【译文】

小宗伯的职责，掌管建立王国祭祀的神位：右边建社稷坛，左边建宗庙。在四郊确定五帝祭祀坛场的范围。望祀四方名山大川，类祭日、月、星、辰也这样做。为山川丘陵坟衍确定祭祀坛场的范围，各依它们所在的方位。掌管有关五礼的禁令，以及所用牲和礼器的等差。辨别四亲庙和祧庙神位的昭穆次序。辨别王和公、卿、大夫、士五等吉凶服装，掌管有关五等服装和车旗宫室的禁令。掌管区别三族，辨别他们的亲疏，其中嫡子都称门子，掌管有关门子的政令。选择六牲的毛色，辨别牲的名称和种类，而分颁给五官，使供奉于祭祀。辨别六谷的名称种类及其用量，使六宫之人供奉于祭祀。辨别六彝的名称形制，以待行祼礼时用。辨别六尊的名称和形制，以待祭祀和招待宾客用。

乐师掌国学之政，以教国子小舞。凡舞，有帗舞，有羽舞，有皇舞，有旄舞，有干舞，有人舞。教乐仪，行以肆夏，趋以采茅，车亦如之。环拜以钟鼓为节。凡射，王以驺虞为节，诸侯以狸首为节，大夫以采苹为节，士以采蘩为节。凡乐，掌其序事，治其乐政。凡国之小事用乐者，令奏钟鼓。凡乐成，则告备，诏来瞽皋舞。及彻，帅学士而歌彻，令相。飨食诸侯，序其乐事，令奏钟鼓，令相，如祭之仪。燕射，帅射夫以弓矢舞，乐出入，令奏钟鼓。凡军大献，教恺歌，遂倡之。凡丧，陈乐器，则帅乐官。及序哭，亦如之。凡乐官，掌其政令，听其治讼。

【译文】

乐师掌管有关小学的政令，而教国子小舞。凡小舞，有帗舞，有羽舞，有皇舞，有旄舞，有干舞，有人舞。教王依音乐节奏行礼仪：行走的时候依《肆夏》的节奏，小步快走的时候依《采茅》的节奏，乘车的时候也这样。转身行拜礼就依钟鼓的节奏。凡举行射礼，王射箭的时候演奏《驺虞》为节奏，诸侯射箭的时候演奏《狸首》为节奏，大夫射箭的时候演奏《采蘋》为节奏，士射箭的时候演奏《采蘩》为节奏。凡演奏音乐，掌管有关乐器陈列和演奏先后次序的事，治理有关音乐的事务。凡国家举行小祭祀需用乐的，就命令演奏钟鼓。凡音乐演奏终了就向王报告演奏完毕。告诉视瞭扶瞽者进来表演歌唱，告诉当舞的国子表演舞蹈。到祭祀完毕彻祭器的时候，就率领学士而歌唱并彻去祭器，命令视瞭搀扶瞽者离去。用飨礼或食礼招待诸侯的时候，安排有关乐器陈列和演奏先后次序的事，命令演奏钟鼓，命令视瞭搀扶瞽者，都如同祭祀的礼仪。举行燕射时，率领射夫手持弓矢而舞。乐人出入的时候，就命令演奏钟鼓。凡征伐而向祖庙大献战功，事前教瞽者唱凯歌，到时候就担任领唱。凡王家的丧事，陈设随葬的乐器时，就率领乐官前往陈设。到随葬乐器填入墓穴排列哭位而哭的时候，也率领乐官而哭。掌管所有乐官的事务和戒令，听断他们的请求和争讼。

夏官司马（节选）

大司马之职，掌建邦国之九法，以佐王平邦国。制畿封国，以正邦国；设仪辨位，以等邦国；进贤兴功，以作邦国；建牧立监，以维邦国；制军诘禁，以纠邦国；施贡分职，以任邦国；简稽乡民，以用邦国；均守平则，以安邦国；比小事大，以和邦国。以九伐之法正邦国，冯弱犯寡则眚之，贼贤害民则伐之，暴内陵外则坛之。野荒民散则削之，负固不服则侵之，贼杀其亲则正之，放弑其君则残之，犯令陵政则杜之。外内乱，鸟兽行，则灭之。

【译文】

大司马的职责，负责建立有关诸侯国的九项法则，以辅佐王成就诸侯国的政治。制定诸侯国的封域，以正定它们的疆界；为诸侯国设立仪法，辨别君臣的尊卑之位，以明确诸侯国君臣的等级；进用和荐举贤能有功的人，以激发诸侯国臣民的进取心；设立州牧和国君，以维系邦国的臣民；建立军队，惩治和严禁违法者，以纠正邦国的失误；分配诸侯国应缴的贡赋，以确定诸侯国的合理负担；查核诸侯国的乡民数，以便诸侯国任用民力；根据诸侯国爵位的尊卑和拥有土地的大小，建立合理的守卫土地之法，以安定诸侯国。使大国亲小国、小国服事大国，以使各诸侯国和睦相处。用九伐之法规正诸侯国。诸侯有以强凌弱、以大侵小的，就削弱他；有杀害贤良和民众的，就讨伐他；有对内暴虐、对外欺凌邻国的，就幽禁他而更立新君；有土地荒芜、人民离散的，就削减他的封地；有依仗险固地形而不服从的，就派兵进入他的国境以示惩罚；有无辜杀害亲族的，就抓起来治罪；有放逐或弑杀他的国君的，就杀死他；有违犯王的命令、轻视国家政法的，就阻塞他同邻国交通的途径；有外内悖乱人伦，行为如同禽兽的，就诛灭他。

射人掌国之三公、孤、卿、大夫之位，三公北面，孤东面，聊大夫西面。其挚，三公执璧，孤执皮帛，卿执羔，大夫执厄。诸侯在朝，则皆北面，诏相其法。若有国事，则掌其戒令，诏相其事。掌其治达，以射法治射仪。王以六耦射三侯，三获三容，乐以《驺虞》，九节五正。诸侯以四耦射二侯，二获二容，乐以《狸首》，七节三正。孤卿大夫以三耦射一侯，一获一容，乐以《采苹》，五节二正。士以三耦射豻侯，一获一容，乐以《采蘩》，五节二正。

【译文】

射人掌管王国的三公、孤、卿、大夫的朝位：三公面朝北而立，孤面朝东而立，卿、大夫面朝西而立。他们所拿的见面礼：三公拿玉璧，孤拿兽皮裹饰的束帛，卿拿羔羊，大夫拿鹅。诸侯在王朝，都面朝北而立，告教并帮助他们履行有关的仪法。如果王有祭祀的事，就掌管有关诸侯的戒令，告教并帮助他们行助祭的事。掌管转达诸侯们对王的报告或奏书。依据王的射礼，演习射箭的礼仪。王的射礼用六耦为正耦，设三处射侯，设三名唱获者，设三容，用《驺虞》作为伴奏的音乐，音乐演奏九遍，射前先听五遍。诸侯的射礼用四耦为正耦，设两处射侯，设两名唱获者，设两容，用《狸首》作为伴奏的音乐，音乐演奏七遍，射前先听三遍。孤、卿、大夫的射礼用三耦为正耦，设一处射侯，设一名唱获者，设一容，用《采苹》作为伴奏的音乐，音乐演奏五遍，射前先听两遍。士的射礼用三耦为正耦，射豻侯，设一名唱获者，设一容，用《采蘩》作为伴奏的音乐，音乐演奏五遍，射前先听两遍。

秋官司寇（节选）

大司寇之职，掌建邦之三典，以佐王刑邦国，诘四方。一曰，刑新国用轻典；二曰，刑平国用中典；三曰，刑乱国用重典。以五刑纠万民：一曰野刑，上功纠力；二曰军刑，上命纠守；三曰乡刑，上德纠孝；四曰官刑，上能纠职；五曰国刑；上愿纠暴。

【译文】

大司寇的职责，负责建立和颁行治理天下的三法，以辅佐王惩罚违法的诸侯国，禁止四方各国的叛逆：一是惩罚违法的新建立之国用轻法，二是惩罚违法的旧国用中法，三是惩罚乱国用重法。用五种刑法纠察民众：一是针对野地之民的刑法，以鼓励务农而纠察是否勤劳；二是针对军队的刑法，以鼓励服从军令而纠察是否有离队的；三是针对六乡之民的刑法，以鼓励德行而纠察是否有不孝的；四是针对官府的刑法，以鼓励贤能而纠察是否失职；五是针对国都之民的刑法，以鼓励谨慎而纠察是否恭敬。

小司寇之职，掌外朝之政，以致万民而询焉。一曰询国危，二曰询国迁，三曰询立君。其位，王南乡，三公及州长、百姓北面，群臣西面，群吏东面，小司寇摈以叙进而问焉，以众辅声明而弊谋。以五刑听万民之狱讼，附于刑，用情讯之。至于旬，乃弊之，读书，则用法。

【译文】

小司寇的职责，掌管有关外朝的事务，召集民众征询他们的意见：一是当国家有危难的时候征询他们的意见，二是当国家要迁都的时候征询他们的意见，三是当国家需选立嗣君的时候征询他们的意见。外朝的朝位：王面朝南而立，三公和州长、百姓面朝北而立，群臣面朝西而立，群吏面朝东而立。小司寇揖请他们依次进前而接受王的征询，用众人的智慧辅助王的思虑而进行谋断。用五刑审断民众的诉讼，对于那些触犯刑律的案件，又用情理加以审断，到十天后才判决。行刑时宣读罪状之后就施用刑罚。

三、学习提示

（一）《周礼》的传播

（1）西汉景帝时，《周礼》一书由河间献王刘德得于民间，并献于朝廷。此后，该书并未得到朝廷的重视，而是被藏于秘府，束之高阁，当时几乎无人研究和传授该书。至汉成帝时，刘向、刘歆父子受命校理朝廷秘府图书，发现了《周礼》。刘向将其著录于《别录》。刘向卒后，刘歆在《别录》的基础上撰成《七略》，亦著录此书。王莽当政时，《周礼》始得到重视，不仅被改名为《周礼》，钦定为“经”，而且设置博士讲授。

新莽王朝覆灭，东汉建立，王莽所立的包括《周礼》在内的诸古文经博士皆被废弃。刘歆《周礼》学弟子虽甚多，然大都因战乱、疫疾和灾荒而死丧殆尽，只有河南缑氏（今河南偃师）杜子春劫后余生。东汉明帝永平初，年将九十的杜子春传其学于郑众、贾逵，郑、贾二人皆撰有《周礼解诂》。后来通儒马融综合郑众、贾逵之学，撰《周官传》，并传授给郑玄。郑玄据以作《周礼注》。郑玄博通今古文之学，又遍注三礼，且特别重视《周礼》，他第一次把《周礼》排列在三礼之首，大大提高了《周礼》的地位。

（2）汉魏之际，战乱频仍，经学衰微，但郑玄之经学独盛。曹魏后期，博通今古的经学大师王肃亦遍注群经，其所撰《周礼注》，多与郑注立异争胜。

（3）南北朝时，由于南朝特重门阀，故甚重《仪礼》，而不重《周礼》。北朝则重视《周礼》。尤其是西魏宇文泰当政时，按照《周礼》的职官模式进行改制，因而北朝后期盛兴《周礼》。

（4）唐太宗诏国子祭酒孔颖达与诸儒撰定《五经正义》，颁布天下。当时，三礼中列入“五经”的是《礼记》（《小戴礼记》），由此可见当时特重《礼记》，而不很重视《周礼》《仪礼》。唐高宗永徽年间，太学博士贾公彦撰《周礼注疏》50卷。南宋儒者朱熹曾高度评价此书，认为唐人所撰诸经疏，以此书为最好。

（5）北宋时，王安石在宋神宗的支持下，依据《周礼》进行变法，并撰《周官新义》22卷，作为科考取士的标准，故王氏此书在当时影响很大。

（6）清代，“三礼”学呈现出空前繁盛的局面。最为著名的《周礼》学著述是孙诒让（字仲容，今浙江瑞安人）所撰的《周礼正义》。本书被诸多学者誉为《周礼》学的集大成之作。

（7）现代学者对《周礼》多有研究。张亚初、刘雨等依据目前考古发现西周职官文物，与《周礼》记载相互印证，撰成的《西周金文官制研究》，认为《周礼》所载既有与考古文物相符之处，也有歧异之处。杨天宇的《周礼译注》，是一部兼具高学术水准与通俗易懂的研究成果，尤适合初学《周礼》者阅读使用。

——参考资料：梁晓峰，《汉魏〈周礼〉学研究》，山东师范大学硕士论文，2016年7月。

（二）《周礼》的研究

关于《周礼》的作者和成书年代，历来异说纷纭、争讼不决。其中影响较大的主要有如下六种说法。

（1）周公所作说。此说始于汉代古文学派的著名学者刘歆，后来郑玄及许多儒者力主此说。

（2）战国学者所作说。首倡此说的是东汉的今文学派学者林孝存、何休，现代学者钱穆、郭沫若等多持此说。

（3）刘歆伪造说。此说由宋人开其端，宋代胡安国、胡宏、洪迈，清末的廖平，近代的康有为、钱玄同等均主此说。

（4）东周人所作说。现代学者洪诚、金景芳等持此说。

（5）春秋人所作，汉代人有所增损说。刘起釪等持此说。

（6）周秦之际儒者所作说。此说由清初著名学者毛奇龄最先提出，他认为“此书系周末秦初儒者所作”，近人梁启超等赞同其说。

——参考资料：文综，《关于〈周礼〉成书时代的讨论》，《文史杂志》，2020年第6期；

杨朝明、褚燕，《〈周礼〉成书问题再思考》，《燕山大学学报（哲学社会科学版）》，2019年第2期。

四、延伸阅读

[1]《三礼通论》，钱玄著，南京师范大学出版社，1996年10月。

推荐理由：在《三礼通论》这本书里，作者对礼制的解读注重从本身出发，对郑玄的注有反驳之处，而且还兼连讨论黄以周、孙诒让等人的注疏。此书亦有附图解，虽然整体量比较少，但也在一定程度上增添了一些趣味性。

[2]《宋代“三礼”诠释研究》，潘斌著，人民出版社，2018年11月。

推荐理由：本书从文献、学术、思想等多角度、立体地研究宋人的“三礼”诠释，分上下篇，即从个案研究与专题研究来呈现和揭示宋代“三礼”诠释的基本内容、特点、价值取向、现实。该书作者于宋代“三礼”学研究用力之勤、耗费心力之多，令人钦佩。该书是一部“辨章学术、考镜源流”的著作，对于中国礼学史、经学史以及宋代学术史的研究皆具有重要的参考价值。

[3]《三礼辞典》，钱玄、钱兴奇编著，江苏古籍出版社，1998年3月。

推荐理由：该书摘录“三礼”及《大戴礼记》中有关制度、典章、礼仪、名物等专用词语约5000条，加以诠释，摘录原文及有关注释及考证，凡《诗经》《尚书》《左传》等古籍及考古出土文物，有足互证者，亦录而通释，附以插图。此书或有助于研究上古文化史之学者。

【思考题】

1.“三礼”对中国传统礼仪教育有哪些成功借鉴及其对现代教育的启示是什么？

2.“三礼”中乐的政治含义的表现方式有哪些？

3. 从建设社会主义核心价值观的角度出发，谈谈周礼文化的传承发展。

仪　礼(选)

一、简介

《仪礼》简称《礼》，亦名《礼经》或《士礼》，为儒家十三经之一，是中国春秋战国时代的礼制汇编。周代部分礼制的汇编共17篇，旧说系周公所作，经孔子整理，秦之前篇目不详，另有古文仪礼56篇，现已遗失。

今人根据书中的丧葬制度，结合考古出土器物，多认为其成书于战国初期至中叶间，内容记载周人的各种礼节仪式，如冠礼、婚礼、丧礼、祭礼、乡、射、朝、聘等各种礼仪，其中多以记载士大夫的礼仪为主，是研究西周社会情况、登记制度的重要资料。

1959年甘肃武威发现汉简《礼》多篇，可供校订今本《仪礼》之参考。注本有东汉郑玄注、唐贾公彦疏《仪礼注疏》、清胡培翚《仪礼正义》等。

在宗教意识不甚发达的古代中国，中华民族的祭祀等原始宗教仪式并未像其他一些民族那样发展成为正式的宗教，而是很快转化为礼仪、制度的形式来约束世道人心。共有100多卷的《仪礼》便是一部详细的礼仪制度章程，告诉人们在何种场合下应该穿何种衣服，站或坐在哪个方向或位置，每一步该如何如何去做，等等。

现存《仪礼》的篇次，是郑玄采用刘向《别录》所定的次序，即士冠礼第一，士婚礼第二，士相见礼第三，乡饮酒礼第四，乡射礼第五，燕礼第六，大射礼第七，聘礼第八，公食大夫礼第九，觐礼第十，丧服第十一，士丧礼第十二，既夕第十三，士虞礼第十四，特牲馈食礼第十五，少牢馈食礼第十六，有司彻第十七。

按照郑玄注本的篇次，十七篇内容如下。

第一篇士冠礼：古代贵族子弟到了二十岁，可以作为本族一个正式成员，为此而特别举行一种加冠典礼，从而使本人和宗族都明确认定他已成人，人生的一个崭新的重要阶段开始了。这篇礼文记载了这项礼节的详细经过。

第二篇士昏礼：古代贵族把结婚看成为上事宗庙、下继后世的神圣责任，这篇礼文就是记载男女双方在家长主持下，从纳采到婚后庙见的一系列礼仪。

第三篇士相见礼：记载的是贵族与贵族第一次交往，带着礼物登门求见和对方回拜的礼节。

第四篇乡饮酒礼：记载的是古代基层行政组织定期举行的以敬老为中心的酒会仪式。

第五篇乡射礼：记载的是古代基层行政组织定期举行的射箭比赛大会的具体仪节。

第六篇燕礼：记载的是诸侯和他的大臣们举行酒会的详细礼节，酒会上有宫廷艺术家的演奏和歌唱。

第七篇大射礼：记载的是在国君主持下举行的射箭比赛大会的具体仪节，参加比赛大会的人都是各级贵族。

第八篇聘礼：记载的是国君派遣大臣到他国进行礼节性访问的具体细节。

第九篇公食大夫礼：记载的是国君举行宴会招待来访外国大臣的礼节。

第十篇觐礼：记载的是诸侯朝见天子的礼节。

第十一篇丧服：记载的是人们对死去的亲属，根据亲疏远近而在丧服和服期上有种种差别的制度。

第十二篇士丧礼、第十三篇既夕：这两篇记载的是一般贵族从死到埋葬的一系列的详细仪节。

第十四篇士虞礼：记载的是一般贵族埋葬其父母后，回家所举行的安魂礼。

第十五篇特牲馈食礼：记载的是一般贵族定期在家庙中祭祀祖祢的礼节。

第十六篇少牢馈食礼、第十七篇有司彻；这两篇记载的是大夫一级的贵族在家庙中祭祀祖祢的礼节。

二、原文（节选）

士 冠 礼（节选）

士冠礼。筮于庙门。主人玄冠，朝服，缁带，素韠，即位于门东，西面。有司如主人服，即位于西方，东面，北上。筮与席、所卦者，具馔于西塾。布席于门中，闑西阈外，西面。筮人执策，抽上韇，兼执之，进受命于主人。宰自右少退，赞命。筮人许诺，右还，即席坐，西面。卦者在左。卒筮，书卦，执以示主人。主人受视，反之。筮人还，东面，旅占，卒，进，告吉。若不吉，则筮远日，如初仪。彻筮席。宗人告事毕。

【译文】

士加冠的礼仪：在祢庙门前占筮加冠的吉日。主人头戴玄冠，身穿朝服，腰束黑色大带，饰白色蔽膝，在庙门的东边就位，面朝西方；主人的属吏身着与主人相同的礼服，在庙门的西边就位，面朝东方。以北为上首。蓍草、蒲席和记爻、记卦所用的卜具，都陈放在庙门外的西塾中。约在门外的中部，即门槛外，门中所竖短木（闑）偏西的地方布设筮席，筮席面朝西方。筮人手持蓍草，抽开装着蓍草的蓍筒盖，一手持盖，一手持蓍筒下部，进前接受主人的吩咐。宰在主人右方稍靠后的地方佐主人发布占筮之命。筮人应答后右转弯回到筮席，就席坐下，面朝西方。卦者的位置在筮人的左边。占筮完了，筮人将筮得的卦写在板上，拿去给主人看。主人接过去看毕，还给筮人。筮人回至筮席，面向东方，与他的属下共同占筮，占筮完毕，进前报告主人筮得吉卦。如果占筮结果不吉，就占筮以后的日期，其仪式与前相同。占筮结束，撤去筮席，宗人宣布筮日之事结束。

乡 射 礼（节选）

乡射之礼。主人戒宾，宾出迎，再拜。主人答再拜，乃请。宾礼辞，许。

主人再拜，宾答再拜。主人退；宾送，再拜。无介。

乃席宾，南面，东上。众宾之席，继而西。席主人于阼阶上，西面。尊于宾席之东，两壶，斯禁，左玄酒，皆加勺。篚在其南，东肆。设洗于阼阶东南，南北以堂深，东西当东荣。水在洗东，篚在洗西，南肆。县于洗东北，西面。乃张侯，下纲不及地武。不系左下纲，中掩束之。乏参侯道，居侯党之一，西五步。

羹定。主人朝服，乃速宾；宾朝服出迎，再拜；主人答再拜，退；宾送，再拜。宾及众宾遂从之。

及门，主人一相出迎于门外，再拜；宾答再拜。揖众宾。主人以宾揖，先入。宾厌众宾，众宾皆入门左，东面北上。宾少进，主人以宾三揖，皆行。及阶，三让，主人升一等，宾升。主人阼阶上当楣北面再拜，宾西阶上当楣北面答再拜。

【译文】

乡射的礼仪：主人前往告请宾。宾出门迎接，对主人两拜。主人答两拜，随后致辞邀请宾。宾推辞一番，接受邀请。主人对宾两拜，宾答两拜。主人告退，宾两拜送主人。

于是为宾布席，面朝南，以东为上首。众宾之席，在宾席的西边依次相续布设。在阼阶的上方为主人设席，面朝西。在宾席的东边设两只酒壶，壶下以斯禁相承，玄酒在西边。两只壶上各放置一只酒勺。篚在壶的南边，东向陈放。在阼阶的东南方设洗，洗南北的长度与堂深相等，东西与屋的东翼相对。水设在洗的东边，篚在洗的西边，南向陈放。磬悬置于洗的东北边，面朝西。然后设置箭靶，箭靶下边系靶的纲绳不及于地。箭靶左下方的纲绳先不要结上，把它与靶的左下幅一起向东卷束掩盖侯中。乏设在射道总长靠箭靶一旁三分之一、距靶西五步的位置上。

肉已煮熟。主人身穿朝服前往召请宾。宾亦身着朝服出门迎接主人，两拜。主人答两拜，告退。宾两拜送主人。宾和众宾随后而至。

到了州学的大门口，主人与一位相礼者出门外迎接，对宾两拜，宾答两拜。又对众宾揖。主人与宾相揖，主人先进门内。宾长揖请众宾，众宾皆从门西侧入内，面向东，以北为上。宾稍稍向前走一点，主人与宾相对三揖，同时前行。到达堂下阶前，主人与宾相互谦让三番，主人升一级台阶后，宾登阶升堂。主人在阼阶上方对着屋前梁的地方面朝北两拜。宾则在西阶上方对着屋前梁的地方面朝北答两拜。

公食大夫礼（节选）

公食大夫之礼。使大夫戒，各以其爵。上介出请，入告。三辞。宾出，拜辱。大夫不答拜，将命。宾再拜稽首。大夫还，宾不拜送，遂从之。宾朝服即位于大门外，如聘。

即位，具。羹定，甸人陈鼎七，当门，南面西上，设扃鼏，鼏若束若编。设洗如飨。小臣具槃匜，在东堂下。宰夫设筵，加席、几。无尊。饮酒、浆饮，俟于东房。凡宰夫之具，馔于东房。

公如宾服迎宾于大门内。大夫纳宾。宾入门左，公再拜；宾辟，再拜稽首。公揖入，宾从。及庙门，公揖入。宾入，三揖。至于阶，三让。公升二等，宾升。大夫立于东夹南，西面北上。士立于门东，北面西上。小臣，东堂下，南面西上。宰，东夹北，西面南上。内官之士在宰东北，西面南上。介，门西，北面西上。公当楣北乡，至壹拜，宾降也，公再拜。宾，西阶东，北面答拜。摈者辞，拜也；公降一等。辞曰："寡君从子，虽将拜，兴也！"宾粟阶升，不拜，命之成拜，阶上北面再拜稽首。

【译文】

主国国君用食礼招待来聘的大夫的礼仪：国君派大夫到馆舍告诉来聘的大夫（到主国的朝庙接受食礼），各自按相同的爵位去告之。上介出门问来馆舍有何事，进门报告。辞谢三次后答应。主宾出外门，为主国的大夫屈尊来迎接自己行拜礼。大夫不回拜，转达国君的命令。主宾再拜稽首，接受国君的命令。大夫返回复命。主宾送行，不行拜礼，于是跟随大夫前往。主宾穿朝服在大门外就位，如同聘礼。

主人就位。招待主宾的食物陈列在朝庙门外。肉熟了。甸人陈列七个鼎，对着门，面向南，以西为上位，设置鼎杠、鼎盖。鼎盖用茅草，或者捆扎，或者编结。洗的摆放位置与飨礼相同。小臣在东堂下为国君摆放盛水的盘和匜。宰夫在户西摆放蒲筵，在室中摆放萑席，在左边摆放几。没有酒尊。清酒、截浆放在东房。凡是宰夫掌管的饮食器具、饭食都在东房。

主国国君如同主宾一样穿朝服，在大门内迎接主宾。大夫按国君的命令引主宾进入，主宾进门，站在西方。国君两次行拜礼，主宾避开，再拜稽首。国君拱手行礼进入，主宾跟随着。到祢庙的庙门，国君拱手行礼进入，主宾进入，每到转弯处拱手行礼，对着碑拱手行礼，向人偶拱手行礼。到达台阶，三次谦让，国君登上二级台阶后，主宾登阶。主国的大夫站在正堂的东边，面朝西，以北为上位。士站在门的东边，面朝北，以西边为上位。小臣在东堂下，面朝南，以西边为上位。宰在东夹屋北边堂下，面朝西以南边为上位。内宰属下的士在宰的东北方，面朝西以南边为上位。介在门的西边，面朝北以西边为上位。国君与梁齐，面向北，主宾到达堂上，国君行拜礼，主宾下堂，国君再次行拜礼。主宾在西阶的东边，面朝北回拜。摈者辞谢主宾回拜，主宾仍行拜礼，国君走下一级台阶亲自辞谢。摈者辞谢说："敝国国君跟随您下堂，将要行拜礼，您还是起来吧。"主宾连步上台阶登堂，不行拜礼。国君命主宾完成拜礼，主宾在台阶上面朝北再拜稽首。

觐　礼（节选）

觐礼。至于郊，王使人皮弁用璧劳。侯氏亦皮弁迎于帷门之外，再拜。使者不答拜，遂执玉，三揖。至于阶，使者不让，先升。侯氏升听命，降，再拜稽首，遂升受玉。使者左还而立，侯氏还璧，使者受。侯氏降，再拜稽首，使者乃出。侯氏及止使者，使者乃入。侯氏与之让升。侯氏先升，授几。侯氏拜送几；使者设几，答拜。侯氏用束帛、乘马傧使者，使者再拜受。侯氏再拜送币。使者降，以左骖出。侯氏送于门外，再拜。侯氏遂从之。

天子赐舍，曰："伯父，女顺命于王所，赐伯父舍！"侯氏再拜稽首，傧之束帛、乘马。

天子使大夫戒，曰："某日，伯父帅乃初事。"侯氏再拜稽首。

诸侯前朝，皆受舍于朝。同姓西面北上，异姓东面北上。

侯氏裨冕，释币于祢。乘墨车，载龙旂、弧韣乃朝以瑞玉，有缫。

天子设斧依于户牖之间，左右几。天子衮冕，负斧依。啬夫承命，告于天子。天子曰："非他，伯父实来，予一人嘉之。伯父其入，予一人将受之。"侯氏入门右，坐奠圭，再拜稽首。摈者谒。侯氏坐取圭，升致命。王受之玉。侯氏降，阶东北面再拜稽首。摈者延之，曰："升！"升成拜，乃出。

四享皆束帛加璧，庭实唯国所有。奉束帛，匹马卓上，九马随之，中庭西上，奠币，再拜稽首。摈者曰："予一人将受之。"侯氏升，致命。王抚玉。侯氏降自西阶，东面授宰币，西阶前再拜稽首，以马出，授人，九马随之。事毕。

【译文】

朝觐的礼仪：指侯到达王城的近郊，天子派人穿皮弁服，用玉去慰劳。诸侯也穿皮弁服在帷宫门外迎接，两次行拜礼，使者不回拜，拿着璧玉前行，诸侯三次拱手行礼。到台阶前，使者不谦让，先登坛。诸侯登坛听取天子的命令，下坛再拜稽首，然后登坛接受璧玉。使者向左转身站立，诸侯送还璧玉，使者接受。诸侯下坛，再拜稽首，然后使者出。诸侯于是阻止使者离去，使者于是又进入。诸侯和使者相互谦让登坛。

诸侯先登坛，把几交给使者。诸侯为送上几行拜礼。使者放下几，回拜。诸侯用束帛、四匹马做礼物送给使者表示敬意，使者两次行拜礼接受。

诸侯为送上礼物两次行拜礼。使者下坛，牵着左边的马出门。诸侯送到门外，两次行拜礼。诸侯于是随使者到朝。

天子赐给诸侯馆舍。使者说："伯父，您顺命到天子的地方朝觐，天子赐给伯父馆舍。"诸侯再拜稽首，把束帛和四匹马送给使者表示敬意。

天子派大夫通告说："某天，伯父依循朝觐旧典朝拜。"诸侯再拜稽首。

众诸侯在朝觐的前一天，都在文王庙门外接受天子赐予的馆舍。同姓诸侯面朝西以北为上位，异姓诸侯面朝东以北为上位。

诸侯穿裨衣，戴冕冠，到祢庙放下礼物。乘坐墨车，车上载有交龙图饰的旗，张挂龙旗的弓、盛弓的套子，带着有丝垫的圭玉去朝觐天子。天子在室的门、窗中间摆设绣有斧状图案的屏风，屏风左右是玉几。天子穿着衮衣，戴着冕冠，背向屏风站立。啬夫把诸侯的话传给上摈，上摈报告给天子。天子说："不是别人，是伯父为朝觐而来，我嘉奖他。让伯父进来，我接待他。"诸侯从门的右边进入，跪着放置圭玉，再拜稽首。

上摈向天子报告。诸侯跪下拿取圭玉，登堂表述来意。天子接受他的圭玉。诸侯下堂，在西阶东边面朝北再拜稽首。摈者延请他说："请登堂。"诸侯登堂再拜稽首，然后出门。

三次进献都用束帛放上璧玉，庭实只用进献国所出产的物品。诸侯捧着束帛，有甲素的书着国名的一匹马在前，其余九匹马随在后边，陈列在中庭，以西为上位，诸侯放下礼物，再拜稽首。摈者说："天子将接受礼物。"诸侯登堂表述来意。天子抚摸圭玉。诸侯由西阶下堂，面朝东把礼物交给太宰。在西阶前再拜稽首。诸侯牵着一匹马出来，交给天子的人，九匹马跟随着出来。三次进献完毕。

丧　服（节选）

丧服：斩衰裳，苴绖、杖、绞带，冠绳缨，菅屦者。

《传》曰：斩者何？不缉也。苴绖者，麻之有蕡者也。苴绖大搹，左本在下，去五分一以为带。齐衰之绖，斩衰之带也，去五分一以为带。大功之绖，齐衰之带也，去五分一以为带。小功之绖，大功之带也，去五分一以为带。缌麻之绖，小功之带也，去五分一以为带。苴杖，竹也。削杖，桐也。杖各齐其心，皆下本。杖者何？爵也。无爵而杖者何？担主也。非主而杖者何？辅病也。童子何以不杖？不能病也。妇人何以不杖？亦不能病也。绞带者，绳带也。冠绳缨，条属，右缝；冠六升，外毕；锻而勿灰。衰三升。菅屦者，菅菲也，外纳。居倚庐，寝苫枕块，哭昼夜无时。歠粥，朝一溢米，夕一溢米。寝不脱绖带。

既虞，翦屏柱楣，寝有席，食蔬食，水饮，朝一哭、夕一哭而已。既练，舍外寝，始食菜果，饭素食，哭无时。父。

【译文】

丧服：把粗麻布斩裁做成上衰下裳，用粗麻做成麻带，用黑色竹子做成孝杖，用黑麻编成绞带。用六升布做丧冠，用枲麻做冠带，用菅草编成草鞋。

《传》说：斩是什么？是丧服不缝边。苴绖，是用结籽的麻做成的麻带，系在头上的麻带的长短为九寸。麻根放在左耳上边，从额前绕到项后，再回到左耳上边，把麻尾与麻根相接，麻根搭在麻尾上，根朝外。把斩衰的头带裁去五分之一就是斩衰的腰带。齐衰的头带和斩衰的腰带长短相同。把齐衰的头带裁去五分之一就是齐衰的腰带。大功的头带和齐衰的腰带长短相同，把大功的头带裁去五分之一就是大功的腰带。小功的头带与大功的腰带的长短相同。把小功的头带裁去五分之一就是小功的腰带。缌麻的头带和小功的腰带长短相同，把缌麻的头带裁去五分之一就是缌麻的腰带。父亲去世，用竹子做孝杖。母亲去世，用桐木做孝杖。孝杖的高度与孝者胸部平齐，都是根部在下。孝杖是什么？是爵位。没有爵位而拿孝杖的是什么人？是假借孝杖尊其为丧主。不是丧主而拿着孝杖的是什么人？是为扶持病体。孩童为什么不用孝杖？孩童不会因丧事累病。

妇人为什么不用孝杖？也因为妇人不会因丧事累病。绞带就是绳带。丧冠用一条绳子做系冠的带子，从前额绕到项后相交，再到耳旁，最后结在颐下。丧冠的褶皱缝在右边。丧冠用六升布做成，冠的前后两头在冠带下，向外反折缝在冠带上；六升布是把麻用水洗濯没有加灰染制，然后织成的。衰服是三升布制成。菅屦是用菅草编的草鞋，编完后把余头向外结。孝子居住在倚庐，睡草苫，枕土块，昼夜哭泣没有定时。喝粥，早晨一溢米，晚上一溢米。睡觉不脱绖带。

已经举行过虞祭礼，把旧庐改建，向西开窗，剪去户旁两厢屏的余草，前梁用柱子支撑，睡觉可以有席子，吃粗米饭，喝水，早晨哭一次，晚上哭一次，就可以了。十三日举行练祭后，住在垩室，开始吃菜、果，吃素食，哭泣没有定时。为父亲服斩衰。

三、学习提示

（一）《仪礼》的传播

在中国漫长的几千年历史中，《仪礼》蕴含着西周圣贤理想中的思想价值体系，同时又承载着汉代以来民众日常行为处事、伦理教化所需要的社会价值取向。

在汉代以降的我国古代社会中，《仪礼》学历来为学术界所重视，曾长期处于“显学”的地位，历代著述可谓汗牛充栋，其中尤以清代为鼎盛。据统计，单是这一时期，已知的《仪礼》专经类研究专著就有225部，涉及学者多达177人，文献数量占整个古代《仪礼》学研究总数的21.4%。

清代《仪礼》学研究始于张尔岐《仪礼郑注句读》、姚际恒《仪礼通论》，一直到宣统三年前后，经历了一个从萌芽发展期到兴盛期再到总结与衰微期的发展过程，亦即由“博通”转“专精”而至“总结”的变化过程。这是礼经学自身独特学术发展的结果，也是清代不同时期社会政治、经济与文化思潮演进诸多因素交互影响的结果。

具体来说，清初《仪礼》学的复兴，是在顾炎武、黄宗羲等晚明遗老的倡导下，由张尔岐《仪礼郑注句读》、姚际恒《仪礼通论》二者的礼经研究，揭开了该领域研究的帷幕。在这种礼制文化重构的热潮影响下，踵继者纷纷继起，一批明清之交出生而又任职朝廷的学者，如毛奇龄、朱轼、姜兆锡、方苞、任启运、吴廷华、徐乾学等，还有一部分来自民间的学者如姚际恒、万斯大、徐世沐、李光坡、江永等人，纷纷将目光投注于《仪礼》学的研究上。诸学者采用考辨体、考证体、纂集体、通释体、疏注体、章句体和评点体等各类著述体式，或采取纂集重构的诠释策略，或采取以考据为基础的诠释策略，或采取以义理为基础的诠释策略，或推阐发明《仪礼》大旨，或综研《仪礼》17篇文，或质疑辩难前人可疑之说，阐发礼经大义，考订仪制训诂，走上了一条清廷统治者与知识界共倡并励的互动之路。由此，当时学界形成了礼经研究的四大学术流派：创发新说派、淹通汉宋派、张扬朱学派、经俗互贯派。

清后期，大致包括两个较短的礼经学发展阶段：一是道光、咸丰之际的总结式阶段。本期学者们在整理此前各类文献的基础上，对前期学术加以系统总结和梳理，游刃于诸说之间而加以折中，在总结继承之中进一步求得学术发展，进而出现了像胡培翚《仪礼正义》一类集大成之作。二是同治及光绪、宣统三朝。这一时期尽管也出现了曹元弼、吴之英等数名礼经学大家，但较之清代前期、中期，有影响力的礼经学著作并不多见，研究整体上趋于式微。

在清后期成书的《仪礼》文献当中，普及读物比例已经占1/4左右。这是清代前期与中期所难以比拟的，着实彰显出后期《仪礼》文化的普及与传播之盛在民间的影响之深。

传统经学史研究的根本目的，在于实事求是地还原学术史的真实状况，评判学术价值，推出儒家文化之精华。“礼”是我国传统文化的特质与核心内容，《仪礼》学研究既有学术意义，又有治术意义，受到历代统治者和学者的普遍重视，在中国文化中扮演了基础伦理和制度资源的双重角色。从学术研究的角度而言，回溯清代《仪礼》学史的研究状况，有助于凸显礼经学在传播、整理和研究过程中的社会功能，深层次认识和把握礼学在清代政治史、思想史和学术史上的历史地位。从文化传承角度而言，当下开展清代《仪礼》学史的研究，本质上讲就是为了进一步弘扬优秀传统文化，因为只有对传统礼学史进行一番深入的挖掘、整理和总结，才能批判性地继承和发扬传统思想文化，为构建现代伦理规范、社会秩序提供有益的历史借鉴和理论支持。

（二）《仪礼》的研究

国内关于《仪礼》的文献研究资料与其他研究相比较少。在整个中华最重要的古老典籍中，《仪礼》是非常难读的一部。这在很大程度上是因为它的语言深奥晦涩且简略，仪节烦琐且无从贯通。现关于《仪礼》的研究大多都停留在理论上，主要是在语言学、社会学、文献学等领域。

1.《仪礼》的语言学研究

语言学中，郑玄在他的《〈仪礼〉从今文本字不从古文通假字考》一书中指出，在汉代《仪礼》有今、古文两本。郑玄在作注时对两本都做了校勘。郑玄指出，关于《仪礼》的解释跟从本字，不可跟从通假字，因为本字更能确切地阐释经义。这一说法在一书中有90例，都可一一考辨。胡培翚在《仪礼正义》一书中，首先将著述的编撰时间、成书时间、所著篇章等进行梳理，弥补了学术界在《仪礼》研究领域的不足，并对文中字句及相关争论点进行深入辨识和解读。

2.《仪礼》的文献学研究

文献学中，《从〈仪礼〉乐制的变通看周代乐礼的文化属性》的作者漆子扬指出，通过礼乐制度及有关礼仪主题和主体的论述，并对《仪礼》中的礼乐文字进行解读，能够分析出礼乐仪节中所蕴含的人类固有的特性，即疏通君臣情感、维护社会的安定，以此来阐释礼乐文化所承载的一种刚性鲜明的等级秩序，以及在具体使用中能够灵活通变的柔性准则和一种人文情怀的和谐理念。谢乃和在《〈仪礼〉所见周代等级臣僚形态述论》一文中指出，作为“三礼”之一的《仪礼》，其保存了众多关于周代的极珍贵的官职史料，并记载了很多具有明显的等级制特征的贵族臣僚的生活状态，这在其他先秦文献中是少有的。如果拿《仪礼》中所记载的资料与周代官职制度史料进行参照，以此探究其本质，其记载的等级臣僚形态，其实就是封建政治制度在西周时期的多级君权的产物，其编纂具有鲜明的历史凭证性。

3.《仪礼》的社会学研究

社会学中，李安宅在《〈仪礼〉与〈礼记〉之社会学的研究》一文中，提出了用社会学的角度来探索《仪礼》以及《礼记》。这一研究方法相对于吴文藻的社区功能主义研究视角更加具有创新性和理论价值，开创了研究中国式的社会理论的先河。刘海霞在《现代研究〈仪礼〉的意义》一书中指出，"礼"规范着中华民族的思维习惯、行为方式以及心理趋向。作为礼学研究的一部经典著作，《礼仪》的重要意义在于其制定了各种仪节，从而使个体的行为方式和思维模式能够有章可循，使组织关系融洽协调，同时，对《礼仪》的研究对于现代社会的人际交往模式研究也具有非常重要的意义。

可见，国内关于《仪礼》的研究多停留在文学理论的研究，且研究成果并不多，而且尚没有将其进行拓展，渗透到传播学等相关领域。

——参考资料：邓声国，《清代〈仪礼〉学发展的文化价值》，《智慧中国》，2018年第9期；董媛媛，《以〈仪礼〉为借鉴的现代人际传播生态优化策略研究》，硕士学位论文，哈尔滨工业大学，2013年7月。

四、延伸阅读

[1]《仪礼》，彭林译注，中华书局，2012年6月。

推荐理由：本书由当代礼学名家清华大学彭林教授对全文进行现代注解与白话翻译，并在每篇之前加了"题解"介绍该篇主要内容，有助于广大读者读懂和理解这部传统礼学名典，领会其思想与文化内涵。

[2]《仪礼译注》(中国古代名著全本译注丛书)，杨天宇译著，上海古籍出版社，2016年12月。

推荐理由：本书以中华书局影印阮校《十三经注疏》本《仪礼》为底本进行全文译注。精选备受欢迎的国学书目，内容经典；以白话形式解析古文原典，通俗易懂；全书配以精美的古代插图，轻松有趣。

[3]《仪礼礼记：人生的法度》，李学颖著，上海古籍出版社，2008年7月。

推荐理由：本书特选择《仪礼》《礼记》中的重要章节，将其译成现代汉语，并从伦理学、社会学的角度予以分析。为了适合读者的阅读口味，本书更以全新的版式风格，并配以精美的插图呈献给广大读者。

【思考题】

1. 你认为仪礼的内涵中，"礼"的本质是什么？

2. 简述《仪礼》在清朝的传播。

3. 选择有教材引文中任意一篇你感兴趣的内容进行详细的解读，并具体实践。

《春秋》及三传（选）

一、简介

《春秋》是现存最早的编年体史书。它为儒家五经之一，相传是孔子根据鲁国史官编写的《鲁春秋》，并参阅周王室及各诸侯史官所记史书删定而成。它上起鲁隐公元年，下至鲁哀公十四年，历二百四十二年之史。《春秋》是孔子自卫返鲁，据鲁史而修，以授其徒。其书以史明经，用微言大义的褒贬春秋笔法，上遵周公遗制，下明将来法度，以示劝诫后人。《春秋》虽为经，亦为史。它对后世之人及后世史传体的写作产生了很大影响。

《春秋》三传即《春秋左氏传》《春秋公羊传》《春秋谷梁传》三部编年体史书的合称，均为解释孔子的《春秋》而作。相传三部书的作者分别为左丘明、公羊高、谷梁赤。

《春秋左氏传》是研究先秦时期历史的重要文献，它代表了先秦史学的最高成就，对后世的史学产生了很大影响，特别是对确立编年史史书的地位起了很大作用。

《春秋公羊传》释史十分简略，用问答的方式解经，着重阐释《春秋》的“微言大义”。

《春秋谷梁传》以语录体和对话文体为主，是研究儒家思想从战国时期到汉代演变的重要文献。

二、原文（节选）

春秋左传（节选）

初，郑武公娶于申①，曰武姜，生庄公及共叔段。庄公寤生，惊姜氏，故名曰“寤生”，遂恶之。爱共叔段，欲立之。亟请于武公，公弗许。及庄公即位，为之请制②，公曰：“制，岩邑也，虢叔死焉。佗邑唯命。”请京③，使居之，谓之京城大叔。

【注释】

①郑：姬姓国，在今河南新郑市等地。申：姜姓国，在今河南南阳市。

②制：一名虎牢，今河南汜水县，本为东虢国故地。

③京：今河南荥阳市。

祭仲①曰：“都城过百雉②，国之害也。先王之制：大都不过参国之一，中五之一，小九之一。今京不度，非制也，君将不堪。”公曰：“姜氏欲之，焉辟害?”对曰:“姜氏何厌之有!不如早为之所,无使滋蔓,蔓,难图也。蔓草犹不可除,况君之宠弟乎!”公曰:“多行不义必自毙,子姑待之。”

既而大叔命西鄙北鄙贰于己,公子吕[3]曰:“国不堪贰,君将若之何?欲与大叔,臣请事之;若弗与,则请除之,无生民心。”公曰:“无庸,将自及。”大叔又收贰以为己邑,至于廪延。子封曰:“可矣,厚将得众。”公曰:“不义不暱,厚将崩。”

大叔完聚,缮甲兵,具卒乘,将袭郑,夫人[4]将启之。公闻其期,曰:“可矣。”命子封帅车二百乘[5]以伐京,京叛大叔段,段入于鄢,公伐诸鄢。五月辛丑[6],大叔出奔共。

【注释】

①祭仲:郑大夫。

②雉:计量单位,三丈为雉。

③公子吕:即子封,郑大夫。

④人:指武姜。

⑤乘:古时一乘有步卒七十二人,甲士三人。

⑥辛丑:古以甲子、乙丑等纪日,辛丑为五月二十三日。

书曰:“郑伯克段于鄢。”段不弟,故不言弟;如二君,故曰克;称郑伯,讥失教也,谓之郑志;不言出奔,难之也。

遂寘姜氏于城颍[1]而誓之曰:“不及黄泉,无相见也。”既而悔之。颍考叔为颍谷[2]封人,闻之,有献于公。公赐之食,食舍肉。公问之。对曰:“小人有母,皆尝小人之食矣,未尝君之羹,请以遗之。”公曰:“尔有母遗,繄我独无!”颍考叔曰:“敢问何谓也?”公语之故,且告之悔。对曰:“君何患焉!若阙地及泉,隧而相见,其谁曰不然?”公从之。公入而赋:“大隧之中,其乐也融融!”姜出而赋:“大隧之外,其乐也泄泄。”遂为母子如初。君子曰:“颍考叔,纯孝也,爱其母,施及庄公。《诗》曰:‘孝子不匮,永锡尔类。’其是之谓乎!”

【注释】

①城颍:今河南临颍县西北。

②颍谷:今河南登封市。

五月庚申[1],郑伯侵陈[2],大获。往岁,郑伯请成于陈,陈侯[3]不许,五父[4]谏曰:“亲仁善邻,国之宝也,君其许郑!”陈侯曰:“宋、卫实难[5],郑何能为!”遂不许。君子曰:“善不可失,恶不可长,其陈桓公之谓乎!长恶不悛,从自及也。虽欲救之,其将能乎!《商书》曰:‘恶之易也,如火之燎于原,不可乡迩，其犹可扑灭！’周任有言曰：‘为国家者见恶如农夫之务去草焉，芟夷蕴崇之，绝其本根，勿使能殖，则善者信矣。’”

【注释】

①庚申：五月十二日。

②陈：女为姓国，在今河南淮阳县。

③陈侯：陈桓公。

④五父：桓公弟公子佗。

⑤宋：子姓国，在今河南商邱县等地。卫：姬姓国，在今河南淇县滑县等地。

北戎[①]侵郑，郑伯御之，患戎师，曰：”彼徒我车，惧其侵轶我也。”公子突[②]曰：“使勇而无刚者尝寇，而速去之。君为三覆以待之。戎轻而不整，贪而无亲，胜不相让，败不相救。先者见获必务进，进而遇覆必速奔；后者不救，则无继矣，乃可以逞。”从之。戎人之前遇覆者奔，祝聃[③]逐之。衷戎师，前后击之，尽殪。戎师大奔。十一月甲寅[④]，郑人大败戎师。

【注释】

①北戎：即山戎，居今河北。

②公子突：庄公次子。

③祝聃：郑大夫。

④甲寅：十一月二十六日。

郑伯将伐许[①]，五月甲辰，授兵于大宫[②]，公孙阏[③]与颍考叔争车，颍考叔挟辀以走，子都拔棘以逐之。及大逵，弗及，子都怒。秋七月，公会齐侯[④]、郑伯伐许。庚辰[⑤]，傅于许。颍考叔取郑伯之旗蝥弧以先登。子都自下射之，颠。瑕叔盈[⑥]又以蝥弧登，周麾而呼曰：“君登矣。”郑师毕登。壬午[⑦]，遂入许，许庄公奔卫。齐侯以许让公，公曰：“君谓许不共，故从君讨之。许既伏其罪矣，虽君有命，寡人弗敢与闻。”乃与郑人。

【注释】

①许：姜姓国，在今河南许昌市。

②甲辰：五月二十四日。大宫：郑之祖庙，读“太宫”。

③公孙阏：即子都，郑大夫。

④公：鲁隐公。鲁，姬姓国，都曲阜，今山东曲阜县。齐侯：齐僖公。齐，姜姓国，都营丘，今山东临淄县。

⑤庚辰：八月一日。

⑥瑕叔盈：郑大夫。

⑦壬午：八月三日。

郑伯使许大夫百里奉许叔[①]以居许东偏，曰："天祸许国，鬼神实不逞于许君，而假手于我寡人。寡人唯是一二父兄不能共亿，其敢以许自为功乎？寡人有弟，不能和协，而使糊其口于四方，其况能久有许乎？吾子其奉许叔以抚柔此民也，吾将使获[②]也佐吾子。若寡人得没于地，天其以礼悔祸于许，无宁兹许公复奉其社稷，唯我郑国之有请谒焉，如旧昏媾，其能降以相从也。无滋他族实逼处此，以与我郑国争此土也。吾子孙其覆亡之不暇，而况能禋祀许乎？寡人之使吾子处此，不唯许国之为，亦聊以固吾圉也。"乃使公孙获处许西偏，曰："凡而器用财贿，无寘于许。我死，乃亟去之。吾先君新邑于此，王室而既卑矣，周之子孙日失其序。夫许，大岳[③]之胤也。天而既厌周德矣，吾其能与许争乎？"君子谓郑庄公："于是乎有礼。礼，经国家，定社稷，序民人，利后嗣者也。许，无刑而伐之，服而舍之，度德而处之，量力而行之，相时而动，无累后人，可谓知礼矣。"

【注释】

①叔：许君之弟。

②获：即公孙获，郑大夫。

③大岳：都泰岳，神农之后。

郑伯使卒出豭，行出犬、鸡，以诅射颍考叔者。君子谓郑庄公失政刑矣。政以治民，刑以正邪，既无德政，又无威刑，是以及邪。邪而诅之，将何益矣！

王夺郑伯[①]政，郑伯不朝。秋，王以诸侯伐郑，郑伯御之。王为中军，虢公林父[②]将右军，蔡[③]人、卫人属焉；周公黑肩将左军，陈人属焉。郑子元[④]请为左拒，以当蔡人、卫人；为右拒，以当陈人，曰："陈乱，民莫有斗心，若先犯之，必奔；王卒顾之，必乱。蔡、卫不枝，固将先奔。既而萃于王卒，可以集事。"从之。曼伯[⑤]为右拒，祭仲足为左拒，原繁、高渠弥[⑥]以中军奉公，为鱼丽之陈。先偏后伍[⑦]，伍承弥缝。战于繻葛，命二拒曰："旝动而鼓。"蔡、卫、陈皆奔，王卒乱，郑师合以攻之，王卒大败。祝聃射王中肩，王亦能军。祝聃请从之，公曰："君子不欲多上人，况敢陵天子乎，苟自救也。社稷无陨，多矣。"夜，郑伯使祭足劳王，且问左右。

【注释】

①郑伯：周桓王。郑庄公旧为周卿士，桓王不用他继续管理王政。

②虢公林父：周卿士。

③蔡：姬姓国，今河南汝南、上蔡、新蔡等县。

④子元：即公子突。

⑤曼伯：郑大夫。

⑥原繁、高渠弥：都是郑大夫。

⑦先偏后伍：车战，二十五乘为偏，五人为伍。兵车居前，以伍次之。

蔡侯、郑伯会于邓①，始惧楚②也。

【注释】

①邓：曼姓国，在今河南邓县。

②楚：芈姓国，始封丹阳，今湖北。

楚武王侵随①，使薳章求成焉。军于瑕以待之。随人使少师董成。斗伯比言于楚子曰："吾不得志于汉东也，我则使然。我张吾三军，而被吾甲兵，以武临之，彼则惧而协以谋我，故难间也。汉东之国随为大。随张，必弃小国，小国离，楚之利也。少师侈，请羸师以张之。"熊率且比曰："季梁在，何益？"斗伯比曰："以为后图，少师得其君。"王毁军而纳少师。

【注释】

①随：姬姓国，在今湖北随县。

少师归，请追楚师，随侯将许之。季梁止之曰："天方授楚，楚之羸，其诱我也，君何急焉？臣闻小之能敌大也①，小道大淫。所谓道，忠于民而信于神也。上思利民，忠也；祝史正辞②，信也。今民馁而君逞欲，祝史矫举以祭，臣不知其可也。"公曰："吾牲牷肥腯，粢盛丰备，何则不信？"对曰："夫民，神之主也。是以圣王先成民而后致力于神。故奉牲以告曰'博硕肥腯'，谓民力之普存也，谓其畜之硕大蕃滋也，谓其不疾瘯蠡也，谓其备腯咸有也。奉盛以告曰'絜粢丰盛'，谓其三时不害而民和年丰也。奉酒醴以告曰'嘉栗旨酒'，谓其上下皆有嘉德而无违心也。所谓馨香，无谗慝也。故务其三时，修其五教③，亲其九族④，以致其禋祀。于是乎民和而神降之福，故动则有成。今民各有心，而鬼神乏主，君虽独丰，其何福之有？君姑修政而亲兄弟之国，庶免于难。"随侯惧而修政，楚不敢伐。

【注释】

①小：指小国。大：指大国。

②祝史：祝官史官，皆事神之官。正辞：言辞正实不欺诳。

③五教：父义、母慈、兄友、弟恭、子孝。

④九族：上有高祖、曾祖、祖、父，下有子、孙、曾孙、玄孙，连本身一共是九族。

随少师有宠。楚斗伯比曰："可矣。仇有衅，不可失也。"夏，楚子合诸侯于沈鹿。黄[①]、随不会，使薳章让黄。楚子伐随，军于汉、淮之间。季梁请下之："弗许而后战，所以怒我而怠寇也。"少师谓随侯曰："必速战。不然，将失楚师。"随侯御之，望楚师。季梁曰："楚人上左，君必左，无与王遇。且攻其右，右无良焉，必败。偏败，众乃携矣。"少师曰："不当王，非敌也。"弗从。战于速杞，随师败绩。随侯逸，斗丹获其戎车，与其戎右少师。秋，随及楚平。楚子将不许，斗伯比曰："天去其疾矣，随未可克也。"乃盟而还。

【注释】

①黄：嬴姓国，在今河南潢川县。

巴子使韩服[①]告于楚，请与邓为好。楚子使道朔将巴客以聘于邓[②]。邓南鄙鄾人攻而夺之币[③]，杀道朔及巴行人。楚子使薳章让于邓，邓人弗受。夏，楚使斗廉帅师及巴师围鄾。邓养甥、聃甥帅师救鄾。三逐巴师，不克。斗廉衡陈其师于巴师之中以战，而北。邓人逐之。背巴师而夹攻之[④]。邓师大败，鄾人宵溃。

【注释】

①巴：姬姓国，在今重庆巴南区。韩服：巴使者。

②道朔：楚大夫。巴客：韩服。

③鄾：在今河南邓县南，属邓，因此叫作邓南鄙。

④背巴师：指邓人追楚师，出于巴师之外。而夹攻之：指楚师、巴师夹攻邓人。

楚屈瑕[①]将盟贰、轸，郧人军于蒲骚[②]，将与随、绞、州、蓼[③]伐楚师。莫敖[④]患之。斗廉曰："郧人军其郊，必不诫，且日虞四邑[⑤]之至也。君次于郊郢，以御四邑。我以锐师宵加于郧，郧有虞心而恃其城，莫有斗志。若败郧师，四邑必离。"莫敖曰："盍请济师于王？"对曰："师克在和，不在众。商、周之不敌，君之所闻也。成军以出，又何济焉？"莫敖曰："卜之？"对曰："卜以决疑，不疑何卜？"遂败郧师于蒲骚，卒盟而还。

【注释】

①屈瑕：楚大夫。

②轸：二国名，在今湖北应山县境。郧：国名，在今湖北安陆市。蒲骚：今湖北应城市西北，属郧。

③随、绞、州、蓼：四国名。绞在今湖北十堰市郧阳区西北，或曰在今湖北德安县境。州在今湖北监利县东。蓼在今河南。

④莫敖：官名。

⑤四邑：指随、绞、州、蓼四国。

楚伐绞，军其南门。莫敖屈瑕曰："绞小而轻，轻则寡谋，请无扞采樵者以诱之。"从之。绞人获三十人。明日，绞人争出，驱楚役徒于山中。楚人坐其北门，而覆诸山下，大败之，为城下之盟而还。伐绞之役，楚师分涉于彭，罗①人欲伐之，使伯嘉谍之，三巡数之。

【注释】

①罗：熊姓国，在今湖北宜城市西。

十三年春，楚屈瑕伐罗，斗伯比送之。还，谓其御曰："莫敖必败。举趾高，心不固矣。"遂见楚子曰："必济师。"楚子辞焉。入告夫人邓曼①。邓曼曰："大夫其非众之谓。其谓君抚小民以信，训诸司以德，而威莫敖以刑也。莫敖狃于蒲骚之役，将自用也，必小罗。君若不镇抚，其不设备乎？夫固谓君训众而好镇抚之，召诸司而劝之以令德，见莫敖而告诸天之不假易也。不然，夫岂不知楚师之尽行也？"楚子使赖人追之，不及。莫敖使徇于师曰："谏者有刑。"及鄢②，乱次以济，遂无次，且不设备。及罗，罗与卢戎两军之。大败之。莫敖缢于荒谷，群帅囚于冶父以听刑。楚子曰："孤之罪也。"皆免之。

【注释】

①邓曼：邓君之女曰邓曼。邓，曼姓国。

②鄢：水名，经湖北宜城市入汉水。

四年春，王三月，楚武王荆尸，授师孑焉，以伐随。将齐①，入告夫人邓曼曰："余心荡。"邓曼叹曰："王禄尽矣。盈而荡，天之道也。先君其知之矣，故临武事，将发大命而荡王心焉。若师徒无亏，王薨于行，国之福也。"王遂行，卒于樠木之下。令尹斗祁、莫敖屈重除道梁溠②，营军临随。随人惧，行成。莫敖以王命入盟随侯，且请为会于汉汭③而还。济汉而后发丧。

【注释】

①齐：同"斋"，出兵之前必祭祖，将祭必先斋。

②令尹：楚官名。溠：水名，今名扶恭河，源出湖北随县西北鸡鸣山。

③汉汭：汉水之内。楚国在汉西，以汉水之西为内。

初，楚武王克权①，使斗缗尹之②。以叛，围而杀之。迁权于那处，使阎敖尹之。及文王即位，与巴人伐申而惊其师。巴人叛楚而伐那处③，取之，遂门于楚。阎敖游涌而逸。楚子杀之，其族为乱。冬，巴人因之以伐楚。

【注释】

①权：国名，在今湖北当阳市东南。

②缗：楚大夫。楚官多以尹为名，楚灭权为邑。
③那处：楚地，今湖北荆门市附近。

十九年春，楚子御之，大败于津[①]。还，鬻拳弗纳[②]。送伐黄，败黄师于碏陵[③]。还，及湫[④]，有疾。夏六月庚申[⑤]卒。鬻拳葬诸夕室，亦自杀也，而葬于经皇。初，鬻拳强谏楚子，楚子弗从，临之以兵，惧而从之。鬻拳曰："吾惧君以兵，罪莫大焉。"遂自刖也，楚人以为大阍，谓之大伯，使其后掌之。君子曰："鬻拳可谓爱君矣，谏以自纳于刑，刑犹不忘纳君于善。"

【注释】
①津：今湖北枝江市西。
②鬻拳：楚大夫。弗纳：拒绝不允许入内。
③碏陵：今河南潼川县西南。
④湫：在今湖北钟祥市北。
⑤庚申：六月十五日。

春秋公羊传（节选）

公何以不言即位？继弑君不言即位。孰继？继子般也。孰弑子般？庆父也。杀公子牙，今将尔，季子不免。庆父弑君，何以不诛？将而不免遏恶也，既而不可及，因狱有所归，不探其情而诛焉，亲亲之道也。恶乎归狱？归狱仆人邓扈乐。曷为归狱仆人邓扈乐？庄公存之时，乐曾淫于宫中，子般执而鞭之。庄公死，庆父谓乐曰："般之辱尔，国人莫不知，盍弑之矣？"使弑子般，然后诛邓扈乐而归狱焉，季子至而不变也。

齐人救邢。

夏六月辛酉，葬我君庄公。秋八月，公及齐侯盟于洛姑[①]。季子来归[②]。其称季子何？贤也。其言来归何？喜之也。冬，齐仲孙[③]来。齐仲孙者何？公子庆父[④]也。公子庆父则曷为谓之齐仲孙？系之齐也[⑤]。曷为系之齐？外之也。曷为外之？《春秋》为尊者讳，为亲者讳，为贤者讳，子女子[⑥]曰："以《春秋》为《春秋》，齐无仲孙，其诸吾仲孙与？"

【注释】
①侯：齐桓公。齐桓公是闵公的外祖父。洛姑：齐国地名。
②季子来归：在洛姑之盟后，显然召季友而复之是得到齐桓公认可的。
③仲孙：对《春秋》此文，《左传》和《公羊传》做了完全不同的解释。《左传》把仲孙说成是齐大夫仲孙秋。
④庆父：庆父的后代以仲孙为氏，所以《公羊传》认为这里《春秋》所写的仲孙就是指庆父。

⑤系之齐也：把他看作是齐国的人。庆父是齐桓公的外甥，又在齐国住了一年多。他是杀子般的首恶，照理鲁国不应让他回国，所以《春秋》为尊者、亲者、贤者讳而变文书“齐仲孙来”。

⑥子女子：公羊高以后治《公羊传》的经师之一。

二年春王正月，齐人迁阳[①]。夏五月乙酉，吉禘[②]于庄公。其言吉何？言吉者，未可以吉也。曷为未可以吉？未三年也。三年矣[③]，曷为谓之未三年？三年之丧，实以二十五月。其言于庄公何？未可以称宫庙也。曷为未可以称宫庙？在三年之中矣。吉禘于庄公何以书？讥。何讥尔？讥始不三年也。

【注释】

①阳：姬姓小国。

②吉禘：指终丧之后的禘祭。禘祭是古代天子诸侯对宗庙的浓重祭礼。

③三年矣：指庄公三十二年、闵公元年、闵公二年，前后粗略计算两头相加有三年了。

秋八月辛丑，公薨。公薨何以不地？隐之也。何隐尔？弑也。孰弑之？庆父也。[①]弑公子牙，今将尔，季子不免。庆父弑二君何以不诛？将而不免遏恶也。既而不可及，缓追逸贼，亲亲之道也。九月，夫人姜氏孙于邾娄。公子庆父出奔莒。

【注释】

①庆父与哀姜私通，哀姜想立庆父为君，闵公被杀，哀姜是知情人，所以逃逸到他国。

冬，齐高子[①]来盟。高子者何？齐大夫也。何以不称使？我无君也。然则何以不名？喜之也。何喜尔？正我也。其正我奈何？庄公死，子般弑，闵公弑，比三君死，旷年无君，设以齐取鲁，曾不兴师，徒以言而已矣。桓公使高子将南阳之甲，立僖公而城鲁，或曰自鹿门[②]至于争门者是也，或曰自争门至于吏门者是也，鲁人至今以为美谈。曰：“犹望高子也。”

【注释】

①高子：即高傒，齐国大夫。

②鹿门：鲁国城东门。

十有二月，狄入卫。

郑弃其师，郑弃其师者何？恶其将也，郑伯恶高克[①]，使之将逐而不纳，弃师之道也。

【注释】

①郑伯：郑文公。高克：郑国将领。

宣公元年春王正月，公即位。继弑君不言即位，此其言即位何？如其[①]意也。公子遂如齐逆女。三月，遂以夫人妇姜[②]至自齐。遂何以不称公子？一事而再见者，卒名也。夫人何以不称姜氏？贬。曷为贬？讥丧娶也。丧娶者公也，则曷为贬夫人？内无贬于公之道也。内无贬于公之道，则曷为贬夫人？夫人与公一体也。其称妇何？有姑之辞也。夏，季孙行父如齐。[③]晋放其大夫胥甲父[④]于卫。

放之者何？犹曰无去是云尔。然则何言尔？近正也。此其为近正奈何？古者大夫已去，三年待放[⑤]。君放之非也，大夫待放正也。古者臣有大丧，则君三年不呼其门。已练可以弁冕[⑥]，服金革之事。君使之非也，臣行之礼也。闵子要绖而服事[⑦]。既而曰："若此乎古之道，不即人心。"退而致仕。孔子盖善之也。

公会齐侯于平州[⑧]。公子遂如齐。

【注释】

①其：指宣公。

②遂：即公子遂。夫人妇姜：即缪姜。

③要求齐惠公与新即位的宣公举行会见仪式，以取得承认。

④胥甲父：名甲，字甲父，胥臣之子，晋国下军的佐（副帅）。放逐他的罪名是"不用命"（不服从命令）。

⑤三年待放：被放逐的大夫在放逐的地方等待三年，听候最后处理，叫作待放。

⑥弁冕：古代贵族男子冠名，一般礼服用弁，吉礼之服用冕。这里做动词。

⑦闵子：闵子骞，孔子的学生，以孝闻。要绖：古代居丧期间束于腰间的麻带。

⑧齐侯：齐惠公。平州：齐国地名，在今山东莱芜西。

六月，齐人取济西田。外取邑不书，此何以书？所以赂齐也。曷为赂齐？为弑子赤之赂也。秋，邾娄子[①]来朝。楚子[②]、郑人侵陈，遂侵宋。

晋赵盾帅师救陈。宋公[③]、陈侯、卫侯、曹伯会晋师于斐林，伐郑。此晋赵盾之师也。曷为不言赵盾之师？君不会大夫之辞也。

冬，晋赵穿[④]帅师侵柳。柳者何？天子之邑也。曷为不系乎周？不与伐天子也。晋人、宋人伐郑。

【注释】

①娄子：邾娄定公。

②楚子：楚庄王。

③宋公：宋文公。
④赵穿：晋国大夫。

二年春王二月壬子，宋华元帅师及郑公子归生帅师战于大棘[①]，宋师败绩，获宋华元。秦师伐晋。夏，晋人、宋人、卫人、陈人侵郑。秋九月乙丑，晋赵盾弑其君夷獆。冬十月乙亥，天王[②]崩。

【注释】
①华元：华督之曾孙，华孙之子，宋国的卿，任右师之职。大棘：宋国地名。
②天王：周匡王，名班，公元前612至公元前607年在位。

三年春王正月，郊[①]牛之口伤，改卜牛，牛死，乃不郊，犹三望。其言之何？缓也。曷为不复卜？养牲养二卜。帝牲[②]不吉，则扳稷牲而卜之。帝牲在于涤三月，于稷者唯具是视。郊曷为必祭稷？王者必以其祖配。王者则曷为必以其祖配？自内出者无匹不行，自外至者无主不止。葬匡王。楚子伐贲浑戎。夏，楚人侵郑。秋，赤狄[③]侵齐。宋师围曹。冬十月丙戌，郑伯兰[④]卒。葬郑缪公。

【注释】
①郊：周代于冬至日祭天于南郊，称为“郊”。
②帝牲：用以祭天帝的牲口。
③赤狄：古狄人的一支，据说因喜穿赤色衣服而得名。
④郑伯兰：即郑穆公。

四年春王正月，公及齐侯平莒及郯[①]。莒人不肯，公伐莒，取向。此平莒也，其言不肯何？辞取向也。秦伯稻卒。夏天六月乙酉，郑公子归生弑其君夷[②]。赤狄侵齐。秋，公如齐。公至自齐。冬，楚子伐郑。

【注释】
①郯：嬴姓小国。
②夷：郑灵公，名夷，公元前605年在位。

五年春，公如齐。夏，公至自齐。秋九月，齐高固[①]来逆子叔姬。叔孙得臣卒。冬，齐高固及子叔姬来[②]。何言乎高固之来？言叔姬之来而不言高固之来则不可。子公羊子曰：“其诸为其双双而俱至者与。”楚人伐郑。

【注释】
①高固：又称高宣子，高傒的曾孙，齐国的卿。
②齐高固及子叔姬来：据《左传》记载，他们是来“反马”。反即“返”，返马是当

时的一种婚俗。大夫亲迎，新娘乘母家车马与丈夫一起到夫家，婚后三月，夫家留其车而返其马。

七年春，卫侯使孙良夫①来盟。夏，公会齐侯伐莱。秋，公至自伐莱。大旱。冬，公会晋侯、宋公、卫侯、郑伯、曹伯于黑壤。②

【注释】

①良夫：卫国的上卿。

②晋侯：晋成公。郑伯：郑襄公。黑壤：晋国地名，在今山西沁水西北。

八年春，公至自会。夏六月，公子遂如齐，至黄①乃复。其言至黄乃复何？有疾也。何言乎有疾乃复？讥。何讥尔？大夫以君命出，闻丧徐行而不反。辛巳，有事于大庙。仲遂卒于垂②。仲遂者何？公子遂也。何以不称公子？贬。曷为贬？为弑子赤贬。然则曷为不于其弑焉贬？于文则无罪。于子则无年。壬午，犹绎。《万》入去籥。绎者何？祭之明日也。《万》者何？干舞也。籥者何？籥舞也。其言《万》入去籥何？去其有声者，废其无声者，存其心焉尔。存其心焉尔者何？知其不可而为之也。犹者何？通可以已也。戊子，夫人熊氏薨。晋师、白狄③伐秦。楚人灭舒、蓼。

秋七月甲子，日有食之，既。冬十月己丑，葬我小君顷熊，雨不克葬；庚寅，日中而克葬。顷熊者何？宣公之母也。而者何？难也。乃者何？难也。曷为或言而，或言乃？乃难乎而也。城平阳。楚国伐陈。

【注释】

①黄：齐国地名。

②垂：齐国地名。

③白狄：狄的一支，据说因喜穿白色衣服而得名。

九年春王正月，公如齐。公至自齐。夏，仲孙蔑①如京师。齐侯伐莱。秋，取根牟。根牟②者何？邾娄之邑也。曷为不系乎邾娄？讳亟也。八月，滕子卒。九月，晋侯、宋公、卫侯、郑伯、曹伯会于扈。晋荀林父③帅师伐陈。辛酉，晋侯黑臀④卒于扈。扈者何？晋之邑也。诸侯卒其封内不地，此何以地？卒于会，故地也。未出其地，故不言会也。冬十月癸酉，卫侯郑⑤卒。宋人围滕。楚子伐郑。晋郤缺帅师救郑。陈杀其大夫泄冶。

【注释】

①孙蔑：公孙敖之孙，鲁国之卿。

②根牟：地名。

③荀林父：晋国的卿。

④晋侯黑臀：即晋成公。
⑤卫侯郑：即卫成公。

十年春，公如齐。公至自齐。齐人归我济西田[①]。齐已取之矣，其言我何？言我者，未绝于我也。曷为未绝于我？齐已言取之矣，其实未之齐也。夏四月丙辰，日有食之[②]。己巳，齐侯元[③]卒。齐崔氏出奔卫。崔氏[④]者何？齐大夫也。其称崔氏何？贬。曷为贬？讥世卿，世卿非礼也。公如齐。五月，公至自齐。癸巳，陈夏征舒弑其君平国[⑤]。六月，宋师伐滕。公孙归父如齐[⑥]，葬齐惠公。晋人、宋人、卫人、曹人伐郑。秋，天王[⑦]使王季子来聘。王季子者何？天子之大夫也。其称王季子何？贵也。其贵奈何？母弟也。公孙归父帅师伐邾娄，取蘱。大水。季孙行父如齐。冬，公孙归父如齐。齐侯使国佐来聘[⑧]。饥。何以书？以重书也。楚子伐郑。

【注释】

①济西田：宣公初立，赂齐以济西田以求承认，此时齐以济西田还鲁。
②夏四月丙辰，日有食之：此年四月丙辰正好是朔日，史官漏书一“朔”字。
③齐侯元：即齐惠公。
④崔氏：姜姓的一个分支，是齐侯的宗亲，齐国的世卿。
⑤夏征舒：陈国大夫。其父夏御叔娶郑缪公女夏姬为妻。御叔早死，陈灵公遂与孔宁、仪行父二卿私通于夏姬，且当着夏征叔之面说了亵侮之言。夏征舒忿而杀灵公，篡位自立。平国：即陈灵公。
⑥公孙归父：鲁国的卿。此次“如齐”，是参加对齐惠公的会葬。
⑦天王：周定王。
⑧齐侯：齐顷公。国佐：史又称“国武子”，齐国的卿。

春秋谷梁传（节选）

元年[①]春，王正月，公[②]即位。楚子、陈侯、随侯、许男围蔡[③]。鼷鼠食郊牛角，改卜牛。夏，四月辛巳郊。此该郊之变而道之也。于变之中又有言焉：鼷鼠食郊牛角，改卜牛，志不敬也。郊牛日展觓角而知伤，展道尽矣。郊自正月至于三月，郊之时也。夏四月郊，不时也。五月郊，不时也。夏之始，可以承春；以秋之末承春之始，盖不可矣。九月用郊，用者，不宜用者也。郊三卜，礼也；四卜，非礼也；五卜，强也。卜免牲者，吉则免之，不吉则否。牛伤，不言伤之者，伤自牛作也，故其辞缓。全曰牲，伤曰牛，未牲曰牛，其牛一也，其所以为牛者异。有变而不郊，故卜免牛也。已牛矣，其尚卜免之何也？礼，与其亡也，宁有。尝置之上帝矣，故卜而后免之，不敢专也。卜之不吉则如之何？不免。安置之？系而待六月上甲始庀牲，然后左右之。子之所言者，牲之变也，而曰我一该郊之变而道之何也？我以六月上甲始庀牲，十月上甲始系牲。十一月，十二月牲虽有变，不道也，待正月然后言牲之变，此乃所以该郊。郊，享道也，贵其时，大其礼，其养牲虽小不备可也。子不志三月卜郊何也？郊自正月至于三月，郊之时也。我以十二月下辛卜正月上辛[④]；如不从，则以正月下辛卜二月上辛；如不从，则以二月下辛卜三月上辛，如不从，则不郊矣。

秋，齐侯、卫侯伐晋[⑤]。冬，仲孙何忌帅师伐邾。

【注释】

①元年：为周敬王二十六年，公元前494年。

②公：即鲁哀公，名将，定公之子。

③围蔡：此举是为了报复定公四年那次战役。定公四年，蔡国趁楚国被吴国打败之机，攻打楚国。

④下辛卜正月上辛：下辛，下旬的辛日；上辛，上旬的辛日。

⑤伐晋：据《左传》记载，此次伐晋，还有鲁国及鲜虞人的军队，并攻取了晋国的棘蒲。

二年春，王二月，季孙斯、叔孙州仇、仲孙何忌帅师伐邾，取漷[①]东田。“漷东”，未尽也。及沂[②]西田。“沂西”，未尽也。癸巳，叔孙州仇、仲孙何忌及邾子盟于句绎[③]。三人伐而二人盟何也？各盟其得也。夏，四月丙子，卫侯元[④]卒。滕子来朝。晋赵鞅帅师纳卫世子蒯聩于戚。纳者，内弗受也。帅师而后纳者，有伐也。何用弗受也？以辄不受也，以辄不受父之命，受之王父也。信父而辞王父，则是不尊王父也。其弗受，以尊王父也。秋，八月甲戌，晋赵鞅帅师及郑罕达帅师战于铁[⑤]。郑师败绩。冬，十月，葬卫灵公。十有一月，蔡迁于州来[⑥]。蔡杀其大夫公子驷[⑦]。

【注释】

①漷：古河流名，发源于今山东平邑西南。

②沂：指西沂水，发源于山东邹县东北。

③句绎：邾国地名。

④卫侯元：即卫灵公。

⑤铁：卫国山丘名。

⑥蔡迁于州来：春秋时蔡国经常受到楚国的威胁，故多次迁移。蔡平公时迁到新蔡，蔡昭公又迁至州来。

⑦蔡杀其大夫公子驷：公子驷反对蔡国迁至州来。吴国军队已入新蔡，蔡国就杀了公子驷，以取悦于吴人。

三年春，齐国夏、卫石曼姑帅师围戚[①]。此卫事也，其先国夏何也？子不围父也。不系戚于卫者，子不有父也。夏，四月甲午，地震。五月辛卯，桓宫、僖宫灾[2]。言及，则祖有尊卑。由我言之，则一也。季孙斯、叔孙州仇帅师城启阳[3]。宋乐髡帅师伐曹。秋，七月丙子，季孙斯卒。蔡人放其大夫公孙猎于吴。冬，十月癸卯，秦伯[4]卒。叔孙州仇、仲孙何忌帅师围邾。

【注释】

①石曼姑：卫国大夫。围戚：卫国不同意蒯聩入境，遂派兵驱逐之。齐国因与卫国友好，也发兵支援。

②桓宫、僖宫灾：据《左传》记载，此次火灾，先由司铎宫引起，然后烧到哀公德寝宫，再殃及桓宫、僖宫。孔子当时正在陈国，听到此事后说："其桓、僖乎！"意思是桓公、僖公离哀公的年代已经很久远了，按照祭礼，早已超过了毁庙的世限，所以这是天意要毁庙。

③启阳：鲁国地名。

④秦伯：即秦惠公。

四年春，王二月庚戌，盗弑蔡侯申。称盗以弑君，不以上下道道也。内其君而外弑者，不以弑道道也。《春秋》有三盗：微杀大夫谓之盗，非所取而取之谓之盗，辟中国之正道以袭利谓之盗。蔡公孙辰出奔吴。葬秦惠公。宋人执小邾子。夏，蔡杀其大夫公孙姓、公孙霍。晋人执戎蛮子赤归于楚[1]。城西郛。六月辛丑，亳社[2]灾。亳社者，亳之社也。亳，亡国也。亡国之社以为庙屏，戒也。其屋，亡国之社不得上达也。秋，八月甲寅，滕子结[3]卒。冬，十有二月，葬蔡昭公。葬滕顷公。

【注释】

①晋人执戎蛮子赤归于楚：楚国图谋进攻北方中原，围攻蛮氏，蛮氏败，其国君逃到晋国。楚国司马发兵要挟晋国。晋国因内乱尚未平息，不敢与楚国交战，遂让大夫士蔑扣押了赤，将他送到楚国军中。

②亳社：亳，殷商时的国都；社，祭祀土地之神的庙。

③滕子结：即滕顷公。

五年春，城毗[1]。夏，齐侯伐宋。晋赵鞅帅师伐卫[2]。秋，九月癸酉，齐侯杵臼[3]卒。冬，叔还如齐。闰月[4]，葬齐景公。不正其闰也。

【注释】

①毗：鲁国地名。

②伐卫：此举是因为卫国曾经救助过范氏的缘故。

③齐侯杵臼：即齐景公。

④闰月：据齐景公卒于九月，诸侯五月而葬的礼制来推算，此闰月为闰十二月。

六年春，城邾瑕[①]。晋赵鞅帅师伐鲜虞[②]。吴伐陈[③]。夏，齐国夏及高张来奔。叔还会吴于柤。秋，七月庚寅，楚子轸[④]卒。齐阳生[⑤]入于齐，齐陈乞弑其君荼。阳生入而弑其君，以陈乞主之何也？不以阳生君荼也，其不以阳生君荼何也？阳生正，荼不正。不正则其曰君何也？荼虽不正，已受命矣。入者，内弗受也。荼不正，何用弗受？以其受命，可以言弗受也。阳生其以国氏何也？取国于荼也。冬，仲孙何忌帅师伐邾。宋向巢帅师伐曹。

【注释】

①邾瑕：瑕，邾国地名。

②伐鲜虞：由于鲜虞人曾与齐、卫一起救助晋国的范氏，因此赵鞅伐之以复仇。

③伐陈：哀公元年楚国伐蔡时，陈国也参与了，故吴国此次来为蔡国报仇。

④楚子轸：即楚昭王。

⑤阳生：齐景公之子，曾出奔鲁国，后由大夫陈乞迎回齐国，即位为国君，为悼公。

七年春，宋皇瑗[①]帅师侵郑。晋魏曼多[②]帅师侵卫。夏，公会吴于缯[③]。秋，公伐邾。八月己酉，入邾，以邾子益来。以者，不以者也。益之名，恶也。《春秋》有临天下之言焉，有临一国之言焉，有临一家之言焉。其言来者，有外鲁之辞焉。宋人围曹。冬，郑驷弘[④]帅师救曹。

【注释】

①皇瑗：宋国皇父充石的八世孙，时为宋国的卿。

②魏曼多：也称魏国襄子，魏舒之孙。

③会吴于缯：此次会见由吴国提出，哀公亲自与会。吴国又提出要鲁国以百年之礼招待吴王，鲁国君臣均极为反感。

④驷弘：也称“郑桓子”。他认为曹国是郑国的屏障，如果宋国占据了曹国，将会对郑国形成威胁，于是出兵救曹。

八年春，王正月，宋公入曹，以曹伯阳[①]归。吴伐我。夏，齐人取讙及阐[②]。恶内也。归邾子益于邾。益之名，失国也。秋，七月。冬，十有二月癸亥，杞伯过卒。齐人归讙及阐[③]。

九年春，王二月，葬杞僖公。宋皇瑗帅师取郑师于雍丘。取，易辞也。以师而易取，郑病矣。夏，楚人伐陈[④]。秋，宋公伐郑[⑤]。冬，十月。

【注释】

①曹伯阳：即曹国国君。

②阐：鲁国地名，今山东宁阳东北。

③归讙及阐：这是对鲁国将季姬送至齐国做出的反应。

④楚人伐陈：陈国本来是追随楚国的，但又背楚从吴，于是楚讨伐它。

⑤宋公伐郑：报郑师围雍丘之仇。

十年春，王二月，邾子益来奔[①]。公会吴伐齐[②]。三月戊戌，齐侯阳生[③]卒。夏，宋人伐郑。晋赵鞅帅师侵齐[④]。五月，公至自伐齐。葬齐悼公。卫公孟彄自齐归于卫。薛伯夷[⑤]卒。秋，葬薛惠公。冬，楚公子结[⑥]帅师伐陈，吴救陈。

【注释】

①邾子益来奔：邾隐公是齐国的外甥，先投奔鲁国，然后投奔齐国。

②伐齐：鲁国将季姬送到齐国后，齐国派使者到吴国，请求不要出兵攻鲁。吴国怒其出尔反尔，反召鲁国一同伐齐。

③阳生：齐悼公。

④侵齐：赵鞅趁齐国操办悼公的丧礼之机，攻打齐国。

⑤薛伯夷：即薛惠公。

⑥公子结：也称“子期”。

十有一年春，齐国书帅师伐我。夏，陈辕颇[①]出奔郑。五月，公会吴伐齐。甲戌，齐国书帅师及吴战于艾陵。齐师败绩。获齐国书。秋，七月辛酉，滕子虞母卒。冬，十有一月，葬滕隐公。卫世叔齐出奔宋。

【注释】

①辕颇：陈国大夫，曾任司徒。

十有二年春，用田赋[①]。古者公田什一[②]，用田赋非正也。夏，五月甲辰，孟子[③]卒。孟子者何也？昭公夫人也。其不言夫人何也？讳取同姓也。公会吴于橐[④]皋。秋，公会卫侯[⑤]、宋皇瑗于郧。宋向巢帅师伐郑[⑥]。冬，十有二月，螽。

【注释】

①用田赋：根据每家每户所拥有的土地数量来分摊缴纳军用物资，如马匹、牛车之类。

②公田什一：即指十一而税。西周时田用助法，一般五口之家，一夫受田百亩，官府取其收成的十分之一作为赋税。宣公十五年秋，鲁国因赋税收入难以维持正常开支，遂实行“初税亩”，改为什二而税，加税一倍。成公元年，又“作兵甲”，赋税增加至四倍。孔子以为公室不断以增加赋税来维持国家，实为“贪冒无厌”之举。

③孟子：鲁昭公的夫人，吴国之女。一般认为，这段经文是经过孔子修改过的。

④公会吴于橐皋：此为吴王召请哀公前往会见吴国的太宰语，与之重申旧盟，哀公子使子贡辞盟。

⑤会卫侯：吴国召集卫国结盟，但卫国厌恶吴国的无道，遂与鲁、宋背吴而结盟。

⑥伐郑：郑国与宋国之间有好几处空旷地带。子产为郑国执政时，曾与宋国有约，两国均不得随意占据这些土地。后来宋元公的族人出奔郑国，郑国就在这些土地上修筑了三个城邑让其居住。宋国以郑国违约，故讨伐之。

十有三年春，郑罕达帅师取宋师于嵒。取，易辞也。以师而易取，宋病矣。夏，许男成[①]卒。公会晋侯及吴子于黄池[②]。黄池之会，吴子进乎哉！遂子矣。吴，夷狄之国也，祝发文身，欲因鲁之礼，因晋之权，而请冠、端而袭其藉于成周，以尊天王。吴进矣！吴，东方之大国也，累累致小国以会诸侯，以合乎中国。吴能为之，则不臣乎？吴进矣！王，尊称也。子，卑称也。辞尊称而居卑称，以会乎诸侯，以尊天王。吴王夫差曰："好冠来！"孔子曰："大矣哉！夫差未能言冠而欲冠也。"楚公子申帅师伐陈。于越入[③]吴。秋，公至自会。晋魏曼多[④]帅师侵卫。葬许元公。九月，螽。冬，十有一月，有星孛于东方。[⑤]盗杀陈夏区夫[⑥]。十有二月，螽。

【注释】

①许男成：即许元公，公元前504年即位，在位22年。

②公会晋侯及吴子于黄池：黄池，地名，在今河南封丘西南。

③于越入吴：魏国趁吴王与中原诸侯在黄池会见之机，攻打吴国。吴王夫差及时赶回，两国议和。

④魏曼多：《公羊传》经文作"魏多"。

⑤《春秋传》中关于彗星的记载共有三次，前两次均写明所处的位置，此次未写明。据《公羊传》的解说，这次彗星是在早晨出现的，由于天色已亮，群星均已隐没，所以无法记载彗星的确切位置，只能写出大致的方位。

⑥夏区夫：陈国大夫。

十有四年春，西狩[①]获麟。引取之也。狩地不地，不狩也。非狩而曰狩，大获麟，故大其适也。其不言来，不外麟于中国也。其不言有，不使麟不恒于中国也。

【注释】

①狩：狩猎。古时又作为检阅军队的一种方式。

三、学习提示

(一)《春秋》三传的传播

《公羊传》写定于汉初，系用汉代通行的隶字书写，它是今文经学中富有理论色彩的代表性典籍。公羊学者认为，《春秋经》是孔子借春秋242年史事以表示自己的政治观点，处处包含“微言大义”。《公羊传》由战国初至汉初的传承系统是：子夏→公羊高→公羊平→公羊地→公羊敢→公羊寿→胡毋生。公羊学派对《春秋》的研究开始仅口头流传，至汉景帝时，胡毋生和他的老师公羊寿用汉代的隶书著于“竹帛”，才使《公羊传》成书。

汉初传《公羊传》有三家，司马迁在《儒林列传》中说：“言《春秋》于齐、鲁自胡毋生，于赵自董仲舒……公孙弘治《春秋》不如董仲舒……故汉兴至于五世之间，唯董仲舒名为明于《春秋》，其传《公羊氏》也。胡毋生，齐人也，孝景时为博士，以老归教授，齐之言《春秋》者，多受胡毋生，公孙弘亦颇受焉。”在这三家中，尽管董仲舒是佼佼者，即他对《公羊传》的阐发比胡毋生与公孙弘深刻，但始终只是公羊学中的一派，并非是公羊学的唯一宗师。特别是东汉公羊学的最大代表何休，他在著作《公羊解诂》中，明确胡毋生是公羊学宗师，而一个字都未提及董仲舒。

西汉初期，时代需要封建大一统的政治思想。汉景帝时，胡毋生和董仲舒被招为博士。正是董仲舒、胡毋生为代表的齐学学者将儒学理论改造成了符合大一统需要的新儒学，才获得汉武帝欣赏，确立了“罢黜百家，独尊儒术”的学术统治地位。《公羊传》在中国传统文化中占有重要地位，东汉的何休，唐代的徐彦，清代中后期常州学派的庄存与、孔广森、刘逢禄、龚自珍、魏源，直到近代维新派的康有为、梁启超等，都是公羊学派中有影响的人物。1995年，蒋庆出版《公羊学引论》一书，为当代公羊学之重兴。

《谷梁传》与《左传》《公羊传》一样，都是为解释《春秋》而作的。而《公羊传》与《谷梁传》则用汉时流行的隶书记录成书，称为今文，立于学官，专门备有博士加以传授。《谷梁传》在战国时一直是口耳相传的。据唐朝人的说法，最初传授《谷梁传》的，是一个名叫谷梁赤的人，曾受经于孔子的弟子子夏。但据后人考证，《谷梁传》中曾引“谷梁子曰”，竟然自己称引自己，可见唐人说法不一定可靠。书中还有引用公羊子的话并加以辩驳的情况，因此有人认为它成书要较《公羊传》晚。

《谷梁传》与《左传》《公羊传》一样，最初与《春秋》也是“别本单行”的。到晋朝范宁作集解，就把经传合为一书。后来唐朝杨士勋又进一步为之作疏，称《春秋谷梁传注疏》，共20卷。清代也有好几家为《春秋谷梁传》作注。较通行的本子是清代中期阮元的《十三经注疏》。

（二）《春秋》三传的研究

1.《春秋》三传的作者与成书过程的争鸣

关于《左传》的作者与成书过程，司马迁和班固都认为，孔子作《春秋》后，对《春秋》经文的深广含义虽曾向弟子们口授，但由于未形成统一的书面解释文字，因此弟子们便各安其意，理解不同，而有些理解其实并不符合孔子的本意。在此情况下，

“鲁君子左丘明惧弟子人人异端，各安其意，失其真，故因孔子史记具论其语，成《左氏春秋》”(《史记·十二诸侯年表》，班固在《汉书·艺文志》中著录《左氏传》时亦明确指出作者是“左丘明，鲁太史”。这个说法在中唐以前一直没有异议，但自中唐开始却引起争论。中唐赵匡对孔子话语中隐含的左丘明的时代问题存有疑问，由此引起关于《左氏传》作者问题的长期争论，千余年来，异说纷呈，迄无定论。

到了近代，今文经学家康有为甚至认为《左氏传》是西汉末年古文经学家刘歆分《国语》而伪造。更有甚者，康有为认为汉代本无古文经和古文经学：所谓古文经，全是刘歆为佐王莽篡汉而伪造；所谓古文经学，实际就是为王莽服务的“新学”(即“新莽之学”，王莽篡汉，国号为“新”)，“新学”之经，全是伪经。康有为之说，虽然惊世骇俗，但却证据不足。赵匡的观点，也只是一家之言。而司马迁和班固认为左丘明与孔子同时并作《左氏传》的说法，则不能轻易否定，左丘明仍应是《左氏传》的奠基者。但《左氏传》的最后成书，当另有他人。

近代学者多认为《左氏传》最后由魏国的孔门后学在战国初期或中期定稿成书，这种观点大体是可以接受的。

关于《公羊传》和《谷梁传》的作者与成书过程，问题则比《左氏传》单纯一些。班固在《汉书·艺文志》中著录《谷梁传》时曾指出作者是“谷梁子，鲁人”。但“谷梁子”何名，则说法各异。

2.《左传》的性质及书名的争鸣

《左传》是《左氏传》或《春秋左氏传》的简称。汉哀帝时，刘歆提出《左传》的全名应是《春秋左氏传》，是对《春秋》的解释，和《春秋公羊传》《春秋谷梁传》是同一性质的作品。但就在刘歆的同时，一般学者坚决地不承认这是一部鲁《春秋》的解释。

公元1世纪初期，《左氏传》立博士，获得政治力量的支持，那时已经肯定这是一部解经的著作了，但当时还曾引起范升、陈元间的争执，直待贾逵的肯定，再经过东汉章定的裁定，《左传》的地位才得以确定。

——参考资料：寇养厚，《关于“〈春秋〉三传”的两个问题》，《殷都学刊》，1999年；朱东润，《左传选》，上海古籍出版社，2007年5月。

四、延伸阅读

[1]《左传选》，朱东润选注，上海古籍出版社，2007年5月。

推荐理由：《左传选》将原著、注释、讲评有机结合，并冠以阐发《左传》多重意蕴的长篇导言，不愧是文约义丰的大家手笔。该书对原文进行了白话语译，使其更适合现代读者的阅读习惯。

[2]《春秋公羊传译注》，王维堤、唐书文译注，上海古籍出版社2004年7月。

推荐理由：本书经传以《十三经注疏》为底本，注释采用何林、孔广森二家之说较多。每章冠以题解，介绍历史背景、文义中心和人物关系，注释精当，间加考辨，颇见功力。译文通顺易懂。

[3]《春秋谷梁传译注》，承载译注，上海古籍出版社2004年1月。

推荐理由：本书针对《春秋谷梁传》的不足，在注释中以《左传》的史实解经，并据以评议传文中某些臆断之说。译文通顺易懂，为今人阅读提供了方便。

【思考题】

1. 如何理解“春秋笔法”?

2. 试述《左传》的基本内容与思想倾向。

3. 结合具体实例，理解《谷梁传》的解经特点。

4. 选择一段你感兴趣的内容进行三传的对比阅读。

道德经（选）

一、简介

《道德经》，又名《老子》，共81章，5000余言，分上、下篇。

《道德经》是解释道教哲学的主要经文，道教中还有《五千文》《老子五千文》等称呼。《老子》之称较早的见于西汉刘向，但刘向称之为《道德经》。《道德经》之称可能始自魏晋时楼观道的梁谌。

《道德经》版本众多，现在的通行本多数学者认为在孔子、墨翟之后，可能成书于战国中前期。1973年长沙马王堆汉墓出土的帛书《老子》甲、乙本，上篇为“德篇”，下篇为“道篇”。在上、下篇中分章次第，以及《道德经》的题名都是后人所加。

《道德经》历来被学人们称为“哲理诗”，其从深层次对社会、人生等问题深入思考。无论古代还是当代，不论中国还是国外，《道德经》都是有着巨大影响的哲学著作。《道德经》中提倡的“无为”“不争”的思想，对于遏制时下的某些社会现象是颇有意义的。《道德经》中的“三宝：慈、俭、不敢为天下先”对提高个人素质修养有着不可替代的作用。

《道德经》这部被誉为“万经之王”的神奇宝典，对中国古老的哲学、科学、政治、宗教等都具有深刻影响，无论对中华民族的性格铸成还是对于政治的统一与稳定等，都起着不可估量的作用。其世界意义也日渐显著，越来越多的西方学者不遗余力地探求其中的哲学奥秘，寻求人类文明的源头，深究古代智慧的底蕴。

二、原文（节选）

上篇　道经

第　一　章

道可道，非常道①；名可名，非常名②。

无，名天地之始；有，名万物之母。③

故常无，欲以观其妙；常有，欲以观其徼。④

此两者，同出而异名，同谓之玄⑤。

玄之又玄，众妙之门。⑥

【注释】

①道：原指道路，引申为规律、法则，是老子哲学中最重要的范畴，也是《道德经》论述的中心。可道：可以说出的。非常道：不是永恒的道。第一和第三个“道”是专有术语，第二个“道”是言说之意。

②名：名字、名称。可名：可以叫出的名字。非常名：不是永恒的名字。第一和第三个“名”是专有术语，是称呼“道”的名；第二个“名”是称谓之意，做动词用。

③无：指无形、虚无等。名天地之始：命名天地之始。“名”做动词用。有：指有形、有实等。母：根本。

④故：所以。常无：永恒的无。欲：将。妙：微妙、奥妙。常有：永恒的有。观：观察。徼：边、边界，事物之间的界限。

⑤玄：微妙、奥妙，幽深难测。

⑥玄之又玄：从奥妙向更奥妙探索。众妙之门：万物奥妙的大门。

第 二 章

天下皆知美之为美，斯恶已；皆知善之为善，斯不善已。①

有无相生，难易相成，长短相形②，高下相倾③，音声相和④，前后相随，恒也。

是以圣人处无为之事，行不言之教⑤；万物作而弗始，生而弗有，为而弗恃，功成而弗居。⑥夫唯弗居，是以不去⑦。

【注释】

①斯：就。恶：丑，不美。善：善良，好的。

②相形：相互比较。

③相倾：相互依附。倾，依靠、依附。

④相和：相互应和。

⑤处：处置、安排。无为：顺势而为，顺应自然而不妄为。不言：不空谈。教：教化、施教。

⑥作：兴起。弗始：不创始、不开始。弗有：不据为己有。弗恃：不自恃有恩。弗居：不自居有功。

⑦是以不去：因此不会失去。

第 三 章

不尚贤①，使民不争；不贵难得之货，使民不为盗②；不见可欲③，使民心不乱。

是以圣人之治，虚其心，实其腹，弱其志，强其骨④。常使民无知无欲，使夫智者不敢为也。⑤为无为，则无不治。

【注释】

①尚贤：崇尚贤明的人。

②为盗：做盗贼。

③不见可欲：不显露可以引起欲望的东西。

④虚其心：使百姓思想简单，无知无欲。虚，空虚、简单。弱其志：削弱他们的意志。弱，削弱、薄弱；志，意志、志向。

⑤常：永久。无知：没有知识。无欲：没有欲望。智者：聪明人。

第 四 章

道冲，而用之或不盈。[①]渊兮，似万物之宗。[②]挫其锐，解其纷，和其光，同其尘。[③]湛[④]兮，似或存。

吾不知其谁之子，象帝之先[⑤]。

【注释】

①冲：同“盅”，引申为空虚。而：如果。用：使用。或：又。盈：满、尽。

②渊：深。宗：祖宗。

③挫其锐：挫去锋芒。挫，折损、压制。解：化解。和其光：含蓄光辉。和，和谐、统一。同其尘：混同于尘世。同，共同、一起；尘，尘埃，引申为尘世。

④湛：无影无形，不可见。

⑤象：相似、好像。帝：天帝。

第 五 章

天地不仁，以万物为刍狗；圣人不仁，以百姓为刍狗。[①]

天地之间，其犹橐籥[②]乎？虚而不屈，动而愈出。[③]

多言数穷，不如守中。[④]

【注释】

①仁：仁爱，这里有偏爱之意。刍狗：古代祭祀时用草扎成的狗，祭祀完毕就扔掉或者烧掉，无所谓珍爱或憎恶，文中比喻天地任万物自然。

②橐籥（tuó yuè）：古代冶炼时为炉火鼓风用的助燃器具，是古代的风箱。

③虚而不屈：空虚而没有穷尽。屈，尽。动而愈出：愈运动愈有东西出来。

④多言数穷：越多说话越容易出错。多言，多说话，比喻政令繁多；数，屡次、多次；穷，困厄、行不通。守中：保持虚静。中，同“冲”，空虚。

第 六 章

谷神[①]不死，是谓“玄牝”[②]。玄牝之门[③]，是谓天地根。绵绵若存，用之不勤[④]。

【注释】

①谷神：空虚，即“道”，是神秘莫测的。谷，山谷，引申为空虚，是“道”的另一种说法。

②玄牝：万物玄妙的母性，是“道”的又一种说法。“牝”，雌性的鸟兽，这里泛指母性。

③门：泛指母性的生殖器官。

④勤：辛劳，倦怠。

第 七 章

天长地久。天地所以能长且久者，以其不自生[①]，故能长生。

是以圣人后其身而身先，外其身而身存。[②]以其无私，故能成其私。

【注释】

①不自生：不为自己而生。

②后其身而身先：处处把自己放在后面，反而受到众人的拥护，占了先。外其身：把自己置之度外。

第八章

上善若水[①]。水善利万物而不争，处众人之所恶，故几于道。[②]

居善地[③]，心善渊[④]，与善仁[⑤]，言善信[⑥]，政善治[⑦]，事善能[⑧]，动善时[⑨]。

夫唯不争，故无尤[⑩]。

【注释】

①上善：最完美的德行。上，最。若水：像水一样。

②所恶：所厌恶的，指低洼之处。几于道：差不多接近于道。几，接近。

③居善地：居住在低洼之地。

④心善渊：善于保持平静。渊，深沉、沉静。

⑤与：交往。仁：当为“人”。

⑥信：诚实。

⑦治：治理。

⑧能：才能、才干。

⑨时：时机。

⑩尤：过失、过错。

第九章

持而盈之，不如其已；[①]揣而锐之[②]，不可长保。金玉满堂，莫之能守；富贵而骄，自遗其咎[③]。功遂[④]身退，天之道也。

【注释】

①持而盈之：把握得太满。持，握持；盈，满。不如其已：不如停止。已，停止。

②揣：捶击、锻击。锐：尖锐、锋利。

③咎：过失、灾难。

④遂：成功。

第十章

载营魄抱一[①]，能无离乎？专气致柔[②]，能如婴儿乎？涤除玄鉴[③]，能无疵乎？爱民治国，能无为乎？天门开阖[④]，能为雌乎？明白四达，能无知乎？生之畜之。生而不有，为而不恃，长而不宰，是谓“玄德”[⑤]。

【注释】

①载：加，持。营魄：灵魂与身体。营，魂，指精神；魄，体魄，指身体。抱一：合一，结合为一体。

②专气致柔：运转气血，筋骨柔和。专，集中、结聚、专一。

③涤除玄鉴：洗去内心的黑诟。涤，洗；玄鉴，人的内心；鉴，镜子。

④天门开阖：耳、目、口、鼻的一开一合。天门，指天赋人体的耳、目、口、鼻等感官。一说天门即“众妙之门”。

⑤玄德：最深邃玄妙的德。

第十一章

三十辐共一毂，当其无，有车之用。①

埏埴以为器，当其无，有器之用。②

凿户牖以为室，当其无，有室之用。③

故有之以为利，无之以为用。④

【注释】

①三十辐共一毂：三十根辐条集在一个车毂上。辐，车轮中连接轴心和轮圈的若干直木条；毂，车轮中心有圆孔的圆木，内贯车轴，外承车辐；共，集。当：正、在。无：空间，指车毂中间空的地方。

②埏埴以为器：把陶土灌入模型后制成陶器。埏埴，制陶；埏，以水和土；埴，陶土、黏土。无：陶器中空的地方。

③户牖：门窗。无：房中间空的地方。

④有之以为利：“有”给人以便利、实用。无之以为用：“无”发挥了它的作用。

第十二章

五色令人目盲①，五音②令人耳聋，五味令人口爽③，驰骋畋猎令人心发狂④，难得之货令人行妨⑤。

是以圣人为腹不为目⑥。故去彼取此⑦。

【注释】

①五色：青、黄、赤、白、黑。目盲：眼花缭乱。

②五音：宫、商、角、徵、羽。

③五味：酸、甜、苦、辣、咸。口爽：口伤。

④畋猎：打猎。狂：失去常态。

⑤行妨：干坏事。妨，妨碍、妨害，这里指掠夺、盗窃等行为。

⑥为腹不为目：一说只求温饱，不求声色；另一说“腹”指内在自我，“目”指外在形象。

⑦去彼取此：去掉追逐物欲的生活，取安定宁静。

第十三章

宠辱若惊，贵大患若身[1]。

何谓宠辱若惊？宠为上，辱为下；[2]得之若惊，失之若惊，是谓宠辱若惊。

何谓贵大患若身？吾所以有大患者，为吾有身；及吾无身，吾有何患？[3]

故贵以身为天下，则可寄天下；爱以身为天下，若可[4]托天下。

【注释】

①宠辱若惊：受宠和受辱就像受到惊恐一样。贵：看重。身：身体。

②宠为上，辱为下：受宠就会感觉高人一等，受辱就会自觉低人一等。

③及吾无身，吾有何患：如果我没有自身利益的念头，我还有什么灾祸呢？及，如果，患，灾祸。

④若可：才可。若，乃、才。

第十四章

视之不见，名曰“夷”[1]；听之不闻，名曰“希”[2]；搏之不得，名曰“微”。[3]此三者不可致诘，故混而为一。[4]其上不皦，其下不昧[5]，绳绳兮不可名，复归于无物。[6]是谓无状之状，无物之象，是谓“惚恍”。[7]迎之不见其首，随之，不见其后。

执古之道，以御今之有。[8]能知古始，是谓道纪。[9]

【注释】

①夷：无形之名。

②希：无声之名。

③搏：搁拍。微：无质之名。

④致诘：查究、推问。混而为一：合而为一。言此三者本是合而为一的，即“道”。

⑤其上不皦：它的上面不显得明亮。皦，明亮。其下不昧：它的下面不显得昏暗。昧，昏暗。

⑥绳绳：无边无际。复归：回归、归属。

⑦象：形象。惚恍：没有固定的形状，似有非有，不可捉摸。

⑧执：掌握。御：驾驭、支配。

⑨古始：古来的开始、太初的本原。道纪：道的纲纪。

第十五章

古之善为道者，微妙玄通，深不可识。[1]夫唯不可识，故强为之容[2]：

豫兮，若冬涉川[3]；犹[4]兮，若畏四邻；俨[5]兮，其若客；涣[6]兮，其若凌释；敦兮，其若朴[7]；旷[8]兮，其若谷；混兮，其若浊[9]。

孰能浊以静之徐清？[10]孰能安以动之徐生[11]？

保此道者，不欲盈。夫唯不盈，故能蔽而新成。[12]

【注释】

①玄通：深邃而通达。识：理解。

②夫：发语词。唯：正因为。强：勉强。容：形容、描述。

③豫：犹豫。涉川：步行渡水。

④犹：疑虑、踌躇，引申为反复考虑。

⑤俨：严肃、庄严。

⑥涣：柔和流动。

⑦敦：敦厚。朴：未加工的木材。

⑧旷：空阔。

⑨混：混同，这里指包容。浊：混浊，这里指混浊的大水。

⑩孰能浊以：谁能将混浊的大水。孰，谁。静之：使水安静下来。之，代浊水。

⑪动之徐生：动起来会慢慢打破平静。

⑫盈：满。能蔽而新成：能去故而更新。蔽，同“敝”。

第十六章

致虚极，守静笃。[①]

万物并作，吾以观复[②]。

夫物芸芸，各归其根。[③]归根曰“静”，静曰“复命”[④]，复命曰“常”，知常曰“明”[⑤]。不知“常”，妄作[⑥]凶。

知“常”容[⑦]，容乃公，公乃王[⑧]，王乃天[⑨]，天乃道，道乃久，没身不殆[⑩]。

【注释】

①致虚极：做到心灵虚寂寡欲。虚极，最大限度地排除外界的诱惑；虚，心中空虚无物；极，极限、彻底。守静：高度保持清静。笃：深、专心。

②吾以观复：我借以观察万物的循环往复。以，凭借。

③芸芸：复杂众多。根：根本，指事物的本来性质。

④复命：复归生命之本。

⑤常：永久、永恒。明：明智。

⑥妄作：轻举妄动。

⑦容：包容。

⑧公：公平、公允。王：做动词用，意为统治。

⑨天：自然规律。

⑩没身不殆：终生不会遇到危险。没，死；殆，危险。

第十七章

太上，不知有之；[①]其次，亲之誉之；[②]其次，畏[③]之；其次，侮[④]之。信不足焉，有不信焉。[⑤]

悠兮其贵言[⑥]。功成事遂，百姓皆谓："我自然。"[⑦]

【注释】

①太上：最高明的君主。太，最。不知有之：人民不知有统治者的存在。

②其次，亲之誉之：比这差一些的，百姓亲近他并且称赞他。亲，亲近；誉，赞誉。

③畏：畏惧、害怕。

④侮：轻视、蔑视。

⑤信不足焉，有不信焉：统治者诚信不足，百姓自然不信任他。信，信任。

⑥悠：悠闲的样子。贵言：以言为贵，不轻易发号施令。

⑦功成事遂：事情成功。成、遂，均为成功。自：自身。然：成。

第十八章

大道废，有仁义；智慧出，有大伪；六亲不和，有孝慈；[①]国家昏乱，有忠臣。

【注释】

①六亲：父、子、兄、弟、夫、妇。孝慈：子女爱父母称"孝"，父母爱子女谓"慈"。

第十九章

绝圣弃智[①]，民利百倍；绝仁弃义，民复孝慈；绝巧弃利[②]，盗贼无有。此三者，以为文[③]，不足。故令有所属：见素抱朴，少私寡欲，绝学无忧。[④]

【注释】

①绝：弃绝、抛弃。圣：高度的智慧。智：智慧。

②巧：奇妙精良的器物。利：财货。

③以：用。为文：用做条文、法度、原则。

④所属：有所依从、有所归属、有所落实。见素抱朴：行为单纯，内心淳朴。见，同"现"，表现、行为；抱，保存在内心；"素"与"朴"同义，"素"是没有染色的丝，"朴"是没有雕琢的木。绝学：抛弃虚饰的学问。绝，抛弃。

下篇　德经

第三十八章

上德不德，是以有德；下德不失德，是以无德。[①]上德无为而无以为，下德无为而有以为。[②]上仁为之而无以为，上义为之而有以为。[③]上礼为之而莫之应，则攘臂[④]而扔之。故失道而后德，失德而后仁，失仁而后义，失义而后礼。夫礼者，忠信之薄，而乱之首[⑤]。前识者，道之华，而愚之始。[⑥]是以大丈夫处其厚，不居其薄；[⑦]处其实[⑧]，不居其华。故去彼取此。

【注释】

①上德不德，是以有德：最有德的人并不表现为有德，因为顺应自然，所以不在形式上表现出来。下德不失德，是以无德：最少德的人死守着形式上的“德”，所以没有得到德。

“德”也是《道德经》中的一个基本概念，一般认为是“道”在具体事物上的表现，是具体事物之所以成为这样的内在特性。

②无以为：无所为，没有企图。有以为：有所为，有所企图。

③上仁：最仁的人。上义：最有义的人。

④攘臂：伸臂。

⑤乱之首：祸乱的开端。

⑥前识：先见之明。华：虚华，道之散状。

⑦厚：敦厚。薄：指礼。

⑧实：笃实。

第三十九章

昔之得一者[①]：天得一以清，地得一以宁，神得一以灵，谷得一以盈，万物得一以生，侯王得一以为天下正。[②]

其致之也[③]，天无以清，将恐裂；地无以宁，将恐发[④]；神无以灵，将恐歇[⑤]；谷无以盈，将恐竭；万物无以生，将恐灭；侯王无以正，将恐蹶[⑥]。

故贵以贱为本，高以下为基。是以侯王自谓孤、寡、不穀[⑦]，此非以贱为本耶？非乎？故至誉无誉[⑧]。是故不欲琭琭如玉，珞珞如石。[⑨]

【注释】

①得一：得道。“一”有两种含义：一种指道，另一种指道的展开，如“道生一，一生……”（见四十二章）

②谷：山谷。盈：充满。正：安定。

③其致之也：如果推而言之。

④发：当为“废”，有本子作“废”。

⑤歇：消失、终止。

⑥蹶：跌倒、失败，即亡国。

⑦孤、寡、不穀：都是古代帝王的谦称。孤，孤德；寡，少德；不穀，不善。

⑧至誉无誉：至高的声誉是没有声誉。

⑨琭琭如玉：形容玉的华美。珞珞如石：形容石块的坚实。这是老子心中君主的理想形象，能“处下”“居后”“谦卑”，如基石般坚忍质朴。

第四十章

反者[①]，道之动；弱者，道之用。[②]

天下万物生于“有”，“有”生于“无”。[③]

【注释】

①反：相反、对立面。一说同“返”，返回、还原。

②弱者，道之用：柔弱，是“道”的作用。

③天下万物生于“有”，“有”生于“无”：“有”指天地，天地由“道”产生，是万物之母；“无”指“道”，是无形的超验存在。

第四十一章

上士[①]闻道，勤而行之；中士闻道，若存若亡[②]；下士闻道，大笑之[③]。——不笑，不足以为道。[④]

故建言[⑤]有之：明道若昧，进道若退，夷道若颣[⑥]。上德若谷[⑦]，广德若不足，建德若偷[⑧]，质真若渝[⑨]。大白若辱[⑩]，大方无隅[⑪]，大器晚成。大音希声，大象无形，道隐无名。[⑫]夫唯道，善贷[⑬]且成。

【注释】

①士：老子认为有学问的人。

②若存若亡：若有若无，将信将疑。一说有时存在心里，有时忘记了。

③大笑之：大肆嘲笑。

④不笑，不足以为道：不被嘲笑，就不足以称为道。

⑤建言：立言。此指古人所立之言，即古代流行的格言。

⑥夷：平、平坦。颣：丝上的疙瘩、不平。

⑦谷：川谷。

⑧建德：刚健之德。建，同“健”。偷：做“惰”“懦”解。

⑨质真若渝：质朴的德好似不坚定。渝，变节。

⑩大白：最白。辱：黑垢。

⑪大方无隅：最方正的没有棱角。

⑫希：稀少、无。大象无形：最大的形象反而看不见行迹。道隐无名：道幽隐而没有名称。

⑬贷：施与、帮助、辅助。

第四十二章

道生一，一生二，二生三，三生万物。[①]万物负阴而抱阳，冲气以为和[②]。

人之所恶，唯孤、寡、不穀，而王公以为称[③]。故物或损之而益，或益之而损[④]。人之所教，我亦教之。强梁者不得其死，吾将以为教父。[⑤]

【注释】

①道生一：道是独一无二的统一体。"一"即"道"。一生二："道"逐渐分化为阴阳二气。"二"乃阴、阳二气，即天、地。二生三：有了阴、阳，很多东西就产生出来了。三：多数。

②冲：激荡、交融。和：万物为阴阳二气激荡而形成的均匀和谐状态。

③以为称：用它来称呼自己。

④损：减少。益：增加。

⑤强梁者：强横逞凶的人。不得其死：不得好死。教父：教人的第一条。

第四十三章

天下之至柔，驰骋[①]天下之至坚。无有入于无间[②]。吾是以知无为之有益。

不言之教，无为之益，天下希及之。

【注释】

①驰骋：使……奔跑，驱使。

②无有：无形。无间：没有空隙。

第四十四章

名与身孰亲[①]？身与货孰多[②]？得与亡孰病[③]？是故甚爱必大费，多藏必厚亡[④]。故知足不辱，知止不殆，可以长久[⑤]。

【注释】

①名：名声、名利。身：身体、生命。亲：亲近，引申为重要。

②货：财产。多：引申为轻重。

③得：指名利。亡：失去，这里指丧失生命。病：有害。

④甚：过分。费：耗费、破费。厚：厚重。

⑤辱：屈辱。知止：知道适可而止。殆：危害。

第四十五章

大成若缺，其用不弊。[①]大盈若冲，其用不穷。[②]大直若屈，大巧若拙，大辩若讷[③]，大赢若绌。

静胜躁，寒胜热。[④]清静，为天下正[⑤]。

【注释】

①大成：最完美的人格。若缺：好像欠缺的样子。缺，不足。不弊：不会衰败、不朽。

②大盈：最充实的人格。若冲：好像空虚的样子。冲，空虚。不穷：不能穷尽。

③讷：说话迟钝。

④静胜躁，寒胜热：沉静战胜浮躁，寒冷战胜炎热。

⑤正：同"政"，首领、君主。

第四十六章

天下有道，却走马以粪[①]；天下无道，戎马生于郊[②]。

罪莫大于可欲，祸莫大于不知足，咎莫大于欲得[③]。故知足之足，常足矣。

【注释】

①却：退回。走马：善跑的马，指战马。粪：做动词，耕田种地。

②戎马生于郊：怀胎的母马都被用来作战，在战场上产下小马驹。郊，野外，此处指战场。

③咎：过失、罪过。欲得：希望得到。

第四十七章

不出户，知天下；不窥牖，见天道[①]。其出弥远，其知弥[②]少。是以圣人不行而知，不见而名，不为而成。[③]

【注释】

①天道：宇宙的根本规律。

②弥：更加。

③名：同“明”。成：成功。

第四十八章

为学日益，为道日损。[①]损之又损，以至于无为，无为而无不为[②]。常取天下常以无事[③]，及其有事[④]，不足以取天下。

【注释】

①为学：对外部知识的探求。益：增加。为道：体验“道”。损：减少。

②无为而无不为：顺应自然就无不为。

③取：治理。常以无事：常用无为之法。无事，无为，无扰攘之事。

④及：等到。有事：政治措施繁多严苛。

第四十九章

圣人常无心[①]，以百姓心为心。善者吾善之，不善者吾亦善之，德善[②]；信者[③]吾信之，不信者吾亦信之，德信[④]。圣人在天下歙歙焉，为天下浑其心。百姓皆注其耳目，圣人皆孩之。[⑤]

【注释】

①常无心：永远没有私心。

②德善：使人人都向善。德，同“得”，得到。

③信者：诚实的人。

④德信：得到诚信。

⑤歙歙：谨慎而为。浑：混沌其心，使其心回到本真状态。孩之：当成无知无欲的婴孩看待。

第五十章

出生入死[①]。生之徒十有三[②]；死之徒十有三；人之生，动之死地，亦十有三[③]。夫何故？以其生生之厚[④]。盖闻善摄生者，陆行不遇兕虎，入军不被甲兵；[⑤]兕无所投其角，虎无所用其爪，兵无所容其刃。[⑥]夫何故？以其无死地[⑦]。

【注释】

①出生：人出世为“生”。入死：人入地为“死”。

②生之徒：正常活着的。徒，属、类。十有三：十分之三。

③死之徒：短命的。动之死地：妄动而死。

④生生之厚：供养生命的物质太过丰厚。前一“生”做动词用。

⑤盖：句首语气词。摄生：养生。摄，养护、调护。陆行：在陆地上行走。兕：古代犀牛一类的独角兽。入军：到军中参战。被：遭到。

⑥投：用。容：用。

⑦无死地：没有致命的地方。

第五十一章

道生之，德畜之，物形之，势成之。[①]是以万物莫不尊道而贵德。道之尊，德之贵，夫莫之命[②]而常自然。

故道生之，德畜之，长之育之，成之孰之[③]，养之覆之[④]。生而不有，为而不恃，长而不宰[⑤]，是谓“玄德”[⑥]。

【注释】

①道生之：道生成万物。之，指万物。德畜之：德养育万物。物形之：万物因依赖“道”“德”形成各种形态。势成之：环境情势不同，会成就万物不同的种类。

②莫之命：没有谁命令它。

③成之孰之：一本作“亭之毒之”。

④覆之：覆盖，引申为保护。

⑤有：占有。恃：倚仗。长：统帅。宰：主宰。

⑥玄德：玄妙的德。

第五十二章

天下有始，以为天下母[①]。既知其母，以知其子[②]；既知其子，复守其母。没身不殆[③]。

塞其兑，闭其门，终身不勤[④]；开其兑，济其事，终身不救[⑤]。

见小曰“明”，守柔曰“强”[6]。用其光，复归其明，无遗身殃。是谓“袭常”[7]。

【注释】

①始：本始、元始，指“道”。母：根源。

②子：指万物。

③不殆：不危险。

④塞：堵塞。兑：口，引申为人全身的孔窍。门：耳目。不勤：不疲劳。

⑤济：增加。不救：不可救药。

⑥见小曰明：见微知著，谓之“明”。守柔曰强：坚守柔弱谓之“强”。

⑦袭常：循自然之道。袭，承袭。

第五十三章

使我介然有知，行于大道。唯施是畏[1]。

大道甚夷，而人好径。朝甚除，田甚芜，仓其虚[2]；服文采，带利剑，厌饮食，财货有余，是谓盗竽[3]。非道也哉！

【注释】

①介：微小。施：斜行。

②夷：平坦。朝：宫殿。除：清洁。

③服：穿。厌：同“餍”，饱足。盗竽：强盗头子。竽，五声之长。

第五十四章

善建者不拔，善抱者不脱，子孙以祭祀不辍[1]。

修之于身，其德乃真[2]；修之于家，其德乃余[3]；修之于乡，其德乃长[4]；修之于邦，其德乃丰[5]；修之于天下，其德乃普[6]。

故以身观身[7]，以家观家，以乡观乡，以邦观邦，以天下观天下。吾何以知天下之然[8]哉？以此。

【注释】

①拔：拔掉。脱：脱落。辍：中断、停止。

②之：指“道”。真：真实、纯真。

③余：丰余。

④长：长久。

⑤丰：丰富。

⑥普：普及。

⑦以身观身：用修身的原则来观察个人。

⑧然：指天下的情况。

第五十五章

含德之厚，比于赤子①。毒虫不螫，猛兽不据，攫鸟不搏②。骨弱筋柔而握固，未知牝牡之合而朘作，精之至也③。终日号而不嗄，和之至也④。知和曰常，知常曰明。益生曰祥，心使气曰强⑤。物壮则老，谓之不道。不道早已⑥。

【注释】

①赤子：无知的婴儿。

②螫：毒虫刺人或牲畜。据：扑、抓。攫鸟：猛鸟。搏：搏击。

③握固：拳头抓得很紧，握东西很牢。牝：雌。牡：雄。朘：男孩生殖器。作：勃起。精：精气。

④号：大声哭。嗄：声音嘶哑。和：阴阳调和。

⑤常：指道。益生：对生命有好处。祥：吉祥。心使气：意志控制精神欲望。

⑥早已：很快灭亡。已，停止、灭亡。

第五十六章

知者不言，言者不知①。

塞其兑，闭其门，挫其锐，解其纷，和其光，同其尘，是谓“玄同”②。

故不可得而亲，不可得而疏；不可得而利，不可得而害③；不可得而贵④，不可得而贱。故为天下贵⑤。

【注释】

①知：智。

②塞其兑，闭其门：见五十二章注。挫其锐，解其纷，和其光，同其尘：见第四章注。玄同：玄妙同一。玄，玄妙。同，同一。

③亲：亲近。疏：疏远。利：利益。害：损害。

④贵：贵重、尊重。

第五十七章

以正治国，以奇用兵，以无事取天下①。吾何以知其然哉？以此②：天下多忌讳，而民弥贫③；人多利器，国家滋昏④；人多伎巧，奇物滋起⑤；法令滋彰⑥，盗贼多有。

故圣人云：“我无为，而民自化⑦；我好静，而民自正；我无事，而民自富；我无欲，而民自朴。”

【注释】

①正：正道，无为清静之道。奇：奇巧、诡秘。取天下：治理天下。

②以此：以下面这段话为依据。

③忌讳：禁忌，法令、风俗所禁止的言行。弥：更加。

④利器：坚利的器械、武器。滋：更加。昏：混乱。

⑤伎巧：技巧。伎，同“技”。奇物：邪物。

⑥彰：同“章”，明白、清楚。

⑦自化：自我化育。

第五十八章

其政闷闷，其民淳淳[①]；其政察察，其民缺缺[②]。祸兮，福之所倚；福兮，祸之所伏[③]。孰知其极？其无正也。正复为奇，善复为妖[④]。人之迷，其日固久。是以圣人方而不割，廉而不刿，直而不肆，光而不耀[⑤]。

【注释】

①闷闷：昏昏昧昧，含有宽厚、宽大、宽容之意。淳淳：忠厚的样子。

②察察：严厉、苛刻。缺缺：狡黠、抱怨、不满意。

③倚：倚仗。伏：潜藏、隐藏。

④孰：谁。极：极限。正：标准、确定。奇：邪恶。妖：灾害。

⑤割：伤害。廉：棱角。刿：划伤。肆：放肆。耀：过分明亮、刺眼。

第五十九章

治人事天，莫若啬[①]。

夫唯啬，是谓早服；早服，谓之重积德[②]；重积德，则无不克；无不克，则莫知其极[③]；莫知其极，可以有国[④]；有国之母[⑤]，可以长久。是谓深根固柢、长生久视之道。

【注释】

①事：侍奉。啬：“穑”之古文，原指收藏谷物，引申为爱惜、吝惜。

②早服：早做准备。服，服从、遵循。重积德：多多积德，不断地积德。重，多、厚，不断增加。

③无不克：无往不胜。克，胜。极：极限。

④有国：保有国家。

⑤有国之母：有了国家的根本。母，根本。

第 六 十 章

治大国，若烹小鲜[①]。

以道莅天下，其鬼不神[②]。非[③]其鬼不神[④]，其神不伤人；非其神不伤人，圣人亦不伤人。夫两不相伤，故德交归焉[⑤]。

【注释】

①小鲜：小鱼。

②莅：临、统治。不神：起不了作用。

③非：不是。

④神：动词，显示神灵。

⑤两不相伤：鬼神和圣人不伤人。德交归焉：让人民享受德的恩泽。交，交归于民。

第六十一章

大邦者下流，天下之牝，天下之交也。[1]牝常以静胜牡，以静为下[2]。

故大邦以下小邦，则取小邦；小邦以下大邦，则取大邦。故或下以取，或下而取[3]。大邦不过欲兼畜人，小邦不过欲入事人[4]，夫两者各得所欲。大者宜为下[5]。

【注释】

①大邦者下流：大国居于下流。下流，水流归依之处。天下之牝，天下之交也：处于雌柔的地位，是天下交汇之处。牝，雌性，含有柔弱之意；交，交会。

②牡：雄性鸟兽。为下：谦下。

③或：不定代词。前一个“或”指大国，后一个“或”指小国。

④兼畜：兼并、畜养。入事：侍奉别人以取得养护、庇护。

⑤宜：应该。

第六十二章

道者，万物之奥。善人之宝，不善人之所保[1]。

美言可以市尊，美行可以加人[2]。人之不善，何弃[3]之有？故立天子，置三公，虽有拱璧以先驷马，不如坐进此道[4]。

古之所以贵此道者何？不曰：以求得，有罪以免耶？故为天下贵。[5]

【注释】

①奥：深奥，不为人见处，或译为“主宰”。保：保护。

②市：取得、交换。加人：被人尊重，被人重视。加，重。

③弃：放弃、抛弃。

④置：设置。三公：周朝时所设置的三个辅弼国君的大官，即太师、太傅、太保。到汉朝后，其有位无权。虽有拱璧以先驷马：拱璧在先，驷马在后。拱璧，古代一种玉。驷马，四匹马驾的车。古代献礼，轻物在先，重物在后。坐进：古时三公坐而论道，故曰“坐进”。

⑤不曰：不是说。以求得：求就可以得。有罪以免：有罪可以免。贵：尊重、重视。

第六十三章

为无为，事无事，味无味。[①]大小多少，报怨以德[②]。图难[③]于其易，为大于其细。天下难事，必作于易；天下大事，必作于细。是以圣人终不为大，故能成[④]其大。夫轻诺必寡信[⑤]，多易必多难。是以圣人犹[⑥]难之，故终无难矣。

【注释】

①为无为：以“无为”的态度去作为。事无事：以“无事”的态度去做事。味无味：把无味当作有味。

②大小多少：以小为大，以少为多，一说不论人家对我怨仇有多大。

③图难：解决难事。图，计划、解决。

④成：完成、实现。

⑤轻诺：轻易许诺。诺，应允、同意。寡信：很少守信用。

⑥犹：仍然。

第六十四章

其安易持，其未兆易谋；其脆易泮，其微易散[①]。为之于未有，治之于未乱[②]。

合抱之木，生于毫末[③]；九层之台，起于累土[④]；千里之行，始于足下。为[⑤]者败之，执者失之。是以圣人无为，故无败；无执，故无失。

民之从事，常于几成而败之[⑥]。慎终如始，则无败事。是以圣人欲不欲[⑦]，不贵难得之货；学不学，复众人之所过[⑧]，以辅万物之自然，而不敢为。

【注释】

①安：安定。持：保持、维持。未兆：没有先兆。谋：谋划。破：消解。

②未有：没有发生。

③毫末：细小的萌芽。

④累土：一筐筐的土。

⑤为：勉强地人为。

⑥几：接近完成。

⑦圣人欲不欲：圣人想得到的是一般人不想得到的，这就是“道”。第一个“欲”，动词，向往、欲求。不欲，别人所不向往的。

⑧学不学：圣人学习的“道”，是一般人不学习的。复：反、扭转，引申为纠正。过：过失。

三、学习提示

（一）《道德经》的传播

（1）对《道德经》及老子的研究，首先是从战国时期兴起的。在诸子百家齐争鸣的时代背景下，老子及其学说自成一派，是道家的鼻祖。《道德经》及老学的传播，与老子的弟子是分不开的。虽然老子并没有开门授徒，也没有形成诸子百家时期发展蓬勃的墨家学说，但是根据《庚桑楚》等史料记载，老子有诸多向其求学的学者和与其思想一脉相承的弟子，如关尹、列御寇、杨朱等。这些弟子对求学的记载和对老子思想、言论的记录与整理，都极大地传播了老子的思想。

而“黄老”一词在汉初的流行，代表着老学的发展和研究由萌芽逐步迈向成形。战国盛行养士之风，到了汉朝这一传统得以传承。根据《史记》的记载，在这些不任职而论国事的专职学士中，有一批人“皆学黄老道德之术，因发明序其指意”，而学习的主体就是老子学说的集大成作品《道德经》。《汉书·艺文志》和《隋书·经籍志》记载了在老学传播中非常重要的一本著作——《文子》。历史上通常认为文子是老子的弟子，其文虽不是《道德经》原文，却是对其思想的解说和发挥，对后世的影响很大。

（2）到了秦汉时期，特别是两汉时期，对《道德经》的重新学习和研究，是老学发展的一个重要阶段。《道德经》的流传，一靠原本的传抄。如长沙马王堆汉墓出土的《道德经》就有甲、乙两种版本，有名的传世古本还有《老子河上公章句》等。二靠传本传述。秦汉时期著录的注本有《老子邻氏经传》、《老子傅氏经说》、《老子徐氏经说》、刘向的《说老子》等。尤其到了东汉时期，从不同角度读《道德经》的人很多，老学思想流传很广。而在其中，西汉时期的严遵及其所留下的老学著作《老子注》和《老子指归》是具有典型意义的。这两本著作每一篇都紧扣“道德”二字，在老学的思想史上具有重要地位。

（3）到了魏晋南北朝时期，社会动荡、朝代更迭，但它却是老学发展的一个重要时期。《道德经》作为三玄之一，成为时代的显学。根据《隋书·经籍志》记载，魏晋南北朝时期，围绕《道德经》而著书立说者，多达数十人，其中既有学士大儒，也有九五之尊的皇帝。从著书形式上看，除了普遍采用的“注”之外，还有“解释”“集解”“义疏”“义纲”“音”“论”等。玄学的开创者何晏和理论奠基者王弼，从众多的典籍中挑选了《周易》和《道德经》两本来作注，以此建立玄学的理论体系。随着道教的繁盛发展，《道德经》被列为道教经典，为更多人所熟知。

（4）唐代是我国老学发展史上的又一个繁盛时代。这一时期老学发展的标志是，人们已开始探讨运用《道德经》的理论来指导修身、治心并建立伦理道德权威。唐代注疏笺解《道德经》的著作不仅数量多，而且内容广泛。唐代注释《道德经》的多达30余家：有以佛教理论注者，如成玄英的《老子疏》；有以儒家思想注者，如陆希声的《道德真经传》；有以兵家眼光注者，如王真的《道德经论兵要义述》；而用道教的观点注释

《道德经》的更是大有人在。根据时代需要，唐人在注释《道德经》的时候，自觉地将如何通过伦理道德的力量来约束人的行为问题摆在了首位。在研究老学的著作中，唐人分别提出了“群生”“复性”等观点。

（5）在宋元时期，出现了老学研究前所未有的兴盛局面。宋元时期老学研究的主要特征是：有关的研究者及著作众多，研究者的身份及其观点存在很大分歧，在研究方法和研究思路上也呈现出多样化的倾向。在研究者中，有儒家学者如朱熹、程俱，有佛家学者如赵秉文，也有道家学者如达真子，有普通官吏如刘骥、黄茂材，有著名政治家如王安石，还有当朝皇帝如宋徽宗等。在这一时期，研习《道德经》蔚然成风，老学的传播可谓达到了一个高潮。

（6）明清时期出现了不少有关对《道德经》原书进行校订考证的著作。王夫之对老学的研究在明清时期具有较高的知名度。明代是王阳明的心学大行之世，而清朝是考据学盛行之期，两种学术风气使得人们对老子的学说和著作都不太重视。因此，明清时期的老学研究成果，只能算是个人对老学的探索，没有像之前的朝代那样触发较大的文化和社会影响。

（7）到了近代，老学研究呈现出了与先前各朝代不同的特点。近代的老学研究以救亡图存为学术宗旨，因此以“救世”为目的的义理研究是主流。许多学者都从考证儒家经典转移到考证诸子著作上来，近代老学中的考据成分也因此占有相当大的比重，比如文廷式的《老子枝语》、刘师培的《老子校补》等。这些考证著作以学者搜集到的历史资料为证，其考证的内容丰富、方法科学、态度严谨，是老学考据的一次重大发展。

近代老学从研究方法上来看，各家侧重有所不同，或经世致用，或治身治世，或论儒、释、道三家会通，或训话文句。从总体上看，传统的老学研究方法仍占有重要地位。但必须一提的是，用西方学说来解释《老子》也是一种突出的现象。如严复著《老子道德经评点》，依王弼本，加旁注及眉评，以西学的天演进化论及资产阶级的民主自由学说来注解《老子》，颇多创见；刘师培著《中国民约精义》，以西方的社会契约论来解释《老子》之自由、平等、民主等思想；刘算和著《新解老》，用西方的哲学思想与天演进化思想来诠释《老子》之“无为”思想；江希张著《老子道德经评点》，将老子之道与西方的器相结合，来阐释中、西文化的关系；等等。

（8）当代研究老学的学者注重用比较的历史研究方法来考察老子哲学的思想内容。如陈鼓应先生将老子与孔子进行了比较，钱耕森、李仁群先生对老、孔、庄的人生哲学进行了比较。

到了20世纪末，关于《道德经》版本、章句的研究再次成为焦点，而且学者们也不再把老子思想作为一种孤立的哲学思想体系来进行研究，而是把它作为一个在中国历史上的文学艺术、宗教和科学的发育生长中发挥了巨大作用的理论源泉加以考察。

——*参考资料：熊铁基、马良怀、刘韶军，《中国老学史》，福建人民出版社，1997年。*

（二）《道德经》的研究

关于老子其人和《道德经》，历来存在诸多争论。比较有代表性的是以下三方面。

1. 关于《道德经》作者的争鸣

有关老子的文献资料中，最早最完整的是司马迁的《史记·老子韩非列传》。这篇传记记载了三位与《道德经》有关的人物，即老聃（李耳）、老莱子、太史儋。在司马迁生活的时代，《道德经》的作者已经存在疑问，书中用"或曰"这样的词语来使诸说并存。

后代学者则有诸多不同看法。北魏崔浩曾经怀疑"五千言非老子所作"。到了宋代，在怀疑辨伪的风潮下，有人开始怀疑老子其人。陈师道怀疑老子时代在"关、杨之后，墨、荀之间乎"。叶适认为："孔子赞其为龙，则是为黄老学者，借孔子以重其师之辞也。"黄震则认为："《老子》（《道德经》）之书，必隐士嫉乱世而思无事者为之。异端之士私相推尊，过为诬诞。"清代毕沅《老子道德经考异序》和汪中《述学·补遗·老子考异》主张太史儋就是老子。

五四运动前后，随着疑古思潮的兴起，《道德经》的作者问题又为学术界所关注。1919年胡适在《中国哲学史大纲》中肯定传统的说法：老子早于孔子，《道德经》即为老子所作。1922年梁启超在《评胡适之中国哲学史大纲》中认为老子晚于孔子，断定《道德经》的著作时代在战国之末。但这一说法立即引起了学术界更大的争论。

《道德经》的作者究竟是不是老子，老子究竟生活在哪个年代，至今仍无定论。但在传统文化传承中，我们通常认为老子就是这部经典哲学巨著的作者，尽管这一观点仍需更多文献佐证。

2. 关于《道德经》成书时代的争鸣

《道德经》的成书年代与其作者的争论是相伴相生的。梁启超在提出"老子晚于孔子，《老子》的著作时代在战国之末"的论断后，学术界立即展开老子其人其书大论战。论战基本分为两个阵营，对《道德经》的成书年代持两种不同的说法。

（1）战国说

梁启超、张寿林、钱穆、冯友兰、张季同、罗根泽、顾颉刚、谭戒甫、张西堂等人认为《老子》晚出，即老子晚于孔子。

关于老子及其著作《道德经》，司马迁在《史记》中已有详细记载，说老子姓李，名耳，字聃，曾长期充任周王室管理图书的小官。他谙熟历史，深明天道，学识渊博，孔子还向他学过礼。后来他"见周之衰，乃遂去。至关，关尹喜曰：'子将隐矣，强为我著书。'于是老子乃著上下篇，言道德之意五千余言而去。"（《史记·老庄申韩列传》）

（2）春秋说

胡适、张煦、唐兰、黄方刚、高亨、马叙伦、叶青、郭沫若、刘汝霖等人坚持《老子》早出，即老子早于孔子。

这些学者认为，当时已处我国历史转折之际，学术思想活跃。尤其是末期，"天子失官，学在四夷”，王官散在民间，私学兴起，私人著书也就开始了。同时，在前人编纂史书政典的基础上，即事言理，拾事言理，进行理论上的总结概括，也是合乎人类认识发展规律的。而且，最直接的理由是，如果战国早期的人或著作有直接引用《道德经》原文的现象，那么从文献流传角度讲，《道德经》成书在引用者讲话或其著作之前应当是无疑义的。

3. 关于《道德经》版本的争鸣

《道德经》在经过长久的传抄、解说、注解之后，流传至今的版本已有许多。不同版本的权威性和准确性都引起了老学研究者的考证和争论。

唐宋以来，流传较广的是王弼注本和河上公注本。河上公注本在唐宋时期流传更广一些。宋朝以后，王弼本因被认为“还古者也”而广为流传。这一版本及其注被认为是较好的本子。

1974年长沙马王汉墓出土的一批帛书中，有甲、乙两种《道德经》版本，这是至今能看到的真正的最古的《道德经》本子，这为老学的研究提供了一些新的角度，具有很高的价值。

《道德经》的版本问题，是研究《道德经》和老学的基础，具有相当重大的研究意义。

——参考资料：伏俊琏、王晓鹃，《〈老子〉的作者及其成书时代》，《求是学刊》，2008年第2期。

四、延伸阅读

[1]《中国老学史》，熊铁基、马良怀、刘韶军著，福建人民出版社，2005年2月。

推荐理由：对中国的老学研究按照朝代进行了系统梳理，讲解清晰，重点突出。

[2]《老子的智慧》，林语堂编译，外语教学与研究出版社，2009年3月。

推荐理由：《老子的智慧》是林语堂向西方介绍道家乃至整个中国古代哲学思想的一部重要著作。全书阐释了老子思想的独特性、道家哲学与儒家哲学的不同，并强调要结合庄子研究老子。本书特色在于从英文写作的角度出发，为老学研究提供了新的视野，具有研读价值。

[3]《道德经全集》，陈才俊主编，海峡出版社，2006年12月。

推荐理由：讲解详细清晰，并且引用古例对《道德经》文本进行分析，值得仔细品读。

【思考题】

1. 理解《道德经》一书的思想体系及主要内容。

2. 思考《道德经》的传世价值和我们学习《道德经》的意义。

3. 理解道家思想的传承和当代价值。

4. 简述《道德经》在欧洲的传播。

列　子（选）

一、简介

《列子》又名《冲虚真经》，是中国古代先秦思想文化史上著名的典籍，属于诸子学派著作，是一部智慧之书，它能开启人们心智，给人以启示，给人以智慧。《汉书·艺文志》道家类录《列子》八篇，班固自注曰："名圄寇，先庄子，庄子称之。"该书按章节分为《天瑞》《黄帝》《周穆王》《仲尼》《汤问》《力命》《杨朱》《说符》等八篇，每一篇均由多个寓言故事组成，寓道于事。其书默察造化消息之运，发扬黄老之幽隐，简劲宠妙，辞旨纵横，是道家义理不可或缺的部分。

《列子》是战国早期列子、列子弟子以及其后学所著哲学著作，汉代尊之为《冲虚真经》，且封列子为冲虚真人，其学说被古人誉为常胜之道。它属于早期黄老道家的一部经典著作。其思想主旨本于黄老、近于老庄，追求了一种冲虚自然的境界。在《冲虚真经》的种种名言及寓言故事里，都体现了道家对精神自由的心驰神往，而它宏阔的视野、精当的议论和优美的文笔又使人领略到子学著述隽秀、凝练而警拔的散文之美。

唐天宝元年，唐玄宗下旨设"玄学博士"，诏告《列子》为《冲虚真经》；北宋加封为"至德"，号曰《冲虚至德真经》，被列为道教的重要经典之一。

二、原文（节选）

天　瑞[①]（节选）

子列子居郑圃[②]，四十年人无识者。国君卿大夫视之，犹众庶也。

国不足，将嫁于卫。弟子曰："先生往无反期，弟子敢有所谒，先生将何以教？先生不闻壶丘子林之言乎？"子列子笑曰："壶子何言哉？虽然，夫子尝语伯昏瞀人，吾侧闻之，试以告女。其言曰：有生不生，有化不化。不生者能生生，不化者能化化。生者不能不生，化者不能不化，故常生常化。常生常化者，无时不生，无时不化，阴阳尔，四时尔。不生者疑独，不化者往复[③]。往复，其际[④]不可终；疑独，其道不可穷。《黄帝书》曰：'谷神不死，是谓玄牝[⑤]。玄牝之门，是谓天地之根。绵绵若存，用之不勤。'故生物者不生，化物者不化。自生自化，自形自色，自智自力，自消自息。谓之生化、形色、智力、消息者，非也。"

【注释】

①天瑞：瑞，吉祥，这里指吉祥的征兆。天人感应论认为，帝王修德，世道清平，会出现祥瑞感应。本篇认为所谓祥符瑞以至天地万物都是由一个不生不化的本体所产生

的，并不是天的意志。

②子列子：列子，名列御寇、亦作列圄寇、列圉寇，郑国人。《庄于》中多载其传说，后被道教神化为神仙，唐玄宗封他为“冲虚真人”，宋徽宗封他为“致虚观妙真君”。子列子，后一个“子”表示有德之人，前一个“子”表示是作者或说话人的老师。《陔余丛考·夫子》：“有以子为师之专称者，《公羊传序》有子公羊子、子司马子。何休释曰：加子于姓上，名其为师也。若非师而但有德者，不以子冠氏也。《梁溪漫志》云：《列子》书，亦其门人所集，故曰子列子，冠氏上，明其为师也。不但言子者，所以避孔子也。”郑圃：郑国的圃田。杨伯峻：“郑之圃田，一作甫田，见《经》《左传》《尔雅》诸书，今河南中牟县西南之丈八沟及附近诸陂湖，皆其遗迹。”

③往复：循环。明世德堂本、《道藏》本、北宋本此处只出现一次“往复”，按王重民说，应据吉府本增补“往复”二字。

④际：交界之处。

⑤玄牝：象征着深远的、看不见的生产万物的生殖器官。玄，幽远，微妙；牝，是一切动物的母性生殖器官。

子列子曰：“昔者，圣人因阴阳以统天地。夫有形者生于无形，则天地安从生？故曰：有太易，有太初，有太始，有太素。太易者，未见气也；太初者，气之始也；太始者，形之始也；太素者，质之始也。气形质具而未相离，故曰浑沦。浑沦者，言万物相浑沦而未相离也。视之不见，听之不闻，循之不得，故日易也。易无形埒①，易变而为一，一变而为七，七变而为九。九变者，究②也，乃复变而为一。一者，形变之始也。清轻者上为天，浊重者下为地，冲和③气者为人；故天地含精，万物化生。”

【注释】

①形埒（liè）：形状。《淮南子·本经训》：“合气化物，以成埒类。”高诱注：“埒，形也。”

②究：穷尽，终极。

③冲和：中和。陶鸿庆《读列子札记》云：“冲读为中。《文子·九守篇》：‘故三皇、五帝有戒之器，命曰侑卮，其冲即正，其盈即覆。’冲即中也。又《精诚篇》‘执冲含和’，《淮南子·泰族训》‘冲作中’，皆冲、中通用之证。”

子列子曰：“天地无全功，圣人无全能，万物无全用。故天职生覆，地职形载，圣职教化，物职所宜。然则天有所短，地有所长，圣有所否①，物有所通。何则？生覆者不能形载，形载者不能教化，教化者不能违所宜，宜定者不出所位。故天地之道，非阴则阳；圣人之教，非仁则义；万物之宜，非柔则刚：此皆随所宜而不能出所位者也。故有生者，有生生者②；有形者，有形形者；有声者，有声声者；有色者，有色色者；有味者，有味味者。生之所生者死矣，而生生者未尝终；形之所形者实矣，而形形者未尝有；声之所声者闻矣，而声声者未尝发；色之所色者彰矣，而色色者未尝显；味之所味者尝矣，而味味者未尝呈：皆无为之职也。能阴能阳，能柔能刚，能短能长，能员能方，能生能死，能暑能凉，能浮能沈，能宫能商，能出能没，能玄能黄，能甘能苦，能膻能香。无知也，无能也；而无不知也，而无不能也。”

【注释】

①否：堵塞，不通达。

②生生者：第二个“生”字，指有生死的事物。第一个“生”字是动词，指产生。此下“形形者”“声声音”“色色者”“味味者”是同样的文言文句式。

子列子适卫，食于道，从者见百岁髑髅，攓蓬而指，顾谓弟子百丰曰：“唯予与彼知而未尝生未尝死也。此过养乎？此过欢乎？种有几[①]：若蛙为鹑，得水为㡭，得水土之际，则为蛙蠙之衣。生于陵屯，则为陵舄。陵舄得郁栖，则为乌足。乌足之根为蛴螬，其叶为蝴蝶。蝴蝶胥也，化而为虫，生灶下，其状若脱，其名曰鸲掇，掇千日，化而为鸟，其名日乾馀骨。乾馀骨之沫为斯弥。斯弥为食醯颐辂[②]。食醯颐辂生乎食醯黄軦，食醯黄軦生乎九猷。九猷生乎瞀芮，瞀芮生乎首腐蠸，羊肝化为地皋，马血之为转邻也，人血之为野火也。鹞之为鹯，鹯之为布谷，布谷久复为鹞也。燕之为蛤也，田鼠之为鹑也，朽瓜之为鱼也，老韭之为苋也，老羭[③]之为猿也，鱼卵之为虫。亶爰之兽自孕而生曰类。河泽之鸟视而生曰鶂。纯雌其名大䙆，纯雄其名稚蜂。思士不妻而感，思女不夫而孕。后稷生乎巨迹，伊尹生乎空桑。厥昭生乎湿，醯鸡[④]生乎酒。羊奚比乎不笋，久竹生青宁，青宁生程，程生马，马生人。人久入于机。万物皆出于机，皆入于机。

【注释】

①种有几：种，物种，指万事万物。几，当读为“机”，即下文结语“万物皆出于机，皆入于机”之“机”。机，机关，指万物出生与复归的机关。

②食醯（xī）颐辂：醯，醋；颐辂，虫名，古人以为它是由酒醋上的白霉所变。

③羭（yú）：母羊。《说文》：“夏羊牝曰羭。”

④醯（xī）鸡：小虫名，即蠛蠓。古人误以为它是由酒醋上的白霉所变。张湛注：“此因酸气而生。”

人自生至终，大化有四：婴孩也，少壮也，老耄[①]也，死亡也。其在婴孩，气专志一，和之至也，物不伤焉，德莫加焉。其在少壮，则血气飘溢，欲虑充起，物所攻焉，德故衰焉。其在老耄，则欲虑柔焉，体将休焉，物莫先焉；虽未及婴孩之全，方[②]于少壮，间矣。其在死亡也，则之于息焉，反其极[③]矣。

孔子游于太山，见荣启期行乎郕之野，鹿裘带索[4]，鼓琴而歌。孔子问曰：“先生所以乐，何也？”对曰：“吾乐甚多。天生万物，唯人为贵。而吾得为人，是一乐也。男女之别，男尊女卑，故以男为贵，吾既得为男矣，是二乐也。人生有不见日月、不免襁褓者，吾既已行年九十矣，是三乐也。贫者士之常也，死者人之终也，处常得终，当何忧哉？”孔子曰：“善乎！能自宽者也。”

【注释】

①耄（mào）：老。《礼记·曲礼上》：“八十、九十曰耄。”《盐铁论·孝养》：“七十曰老耄。”

②方：比。

③极：本文指死与生的交会点。

④鹿裘带索：裘，皮衣。鹿裘，沈涛：“鹿裘乃裘之粗者，非以鹿为裘也。鹿车乃车之粗者，非以鹿驾车也。”《吕氏春秋·贵生篇》：“颜阖鹿布之衣，犹言粗布之衣也。”带索，腰间系着绳索。

林类年且百岁，底春被裘，拾遗穗于故畦，并歌并进。孔子适卫，望之于野。顾谓弟子曰：“彼叟可与言者，试往讯之！”子贡请行。逆[1]之垄端，面之而叹曰：“先生曾不悔乎，而行歌拾穗？”林类行不留，歌不辍。子贡叩[2]之不已，乃仰而应曰：“吾何悔邪？”子贡曰：“先生少不勤行，长不竞时，老无妻子，死期将至，亦有何乐而拾穗行歌乎？”林类笑曰：“吾之所以为乐，人皆有之，而反以为忧。少不勤行，长不竞时，故能寿若此。老无妻子，死期将至，故能乐若此。”子贡曰：“寿者人之情，死者人之恶。子以死为乐，何也？”林类曰：“死之与生，一往一反。故死于是者，安知不生于彼？故吾知其不相若矣？吾又安知营营而求生非惑乎？亦又安知吾今之死不愈昔之生乎？”子贡闻之，不喻其意，还以告夫子。夫子曰：“吾知其可与言，果然；然彼得之而不尽者也。”

【注释】

①逆：迎。垄：田埂。

②叩：询问。

子贡倦于学，告仲尼曰：“愿有所息。”仲尼曰：“生无所息。”子贡曰：“然则赐息无所乎？”仲尼曰：“有焉耳，望其圹[1]，睾如也，宰如也，坟如也，鬲如也，则知所息矣。”子贡曰：“大哉死乎！君子息焉，小人伏[2]焉。”仲尼曰：“赐！汝知之矣。人胥[3]知生之乐，未知生之苦；知老之惫，未知老之佚；知死之恶，未知死之息也。晏子曰：‘善哉，古之有死也！仁者息焉，不仁者伏焉。’死也者，德之徼也。古者谓死人为归人。夫言死人为归人，则生人为行人矣。行而不知归，失家者也。一人失家，一世非之；天下失家，莫知非焉。有人去乡土、离六亲、废家业、游于四方而不归者，何人哉？世必谓之为狂荡之人矣。又有人钟贤世[4]，矜巧能，修名誉，夸张于世而不知已者，亦何人哉？世必以为智谋之士。此二者，胥失者也。而世与一不与[5]一，唯圣人知所与，知所去。"

或谓子列子曰："子奚贵虚？"[6]列子曰："虚者无贵也。"子列子曰："非其名也[7]，莫如静，莫如虚。静也虚也，得其居矣；取也与也，失其所矣。事之破㱙而后有舞仁义者，弗能复也。"

【注释】

①圹（kuàng）：墓穴；原野。本文指空旷的墓地。

②伏：随便地躺下。和上文的君子"息"相对，含有轻蔑的意思。

③胥：皆，都。《方言》第七："胥，皆也。东齐曰胥。"

④钟贤世：钟，专注；贤世，善世，治理、安定之世。

⑤与：赞许。

⑥奚：何，为什么。贵虚：以虚无为贵。《吕氏春秋·不二篇》："子列子贵虚。"

⑦非其名也：不在于事情的名称。张湛注："事有实者，非假名而后得也。"

杞国[1]有人忧天地崩坠，身亡所寄，废寝食者；又有忧彼之所忧者，因往晓之，曰："天，积气耳，亡处亡气。若屈伸呼吸，终日在天中行止，奈何忧崩坠乎？"其人曰："天果积气，日月星宿，不当坠耶？"晓之者曰："日月星宿，亦积气中之有光耀者；只使坠，亦不能有所中伤。"其人曰："奈地坏何？"晓者曰："地积块耳，充塞四虚，亡处亡块。若躇步跐蹈，终日在地上行止，奈何忧其坏？"其人舍然[2]大喜，晓之者亦舍然大喜。

长庐子闻而笑之曰："虹霓也，云雾也，风雨也，四时也，此积气之成乎天者也。山岳也，河海也，金石也，火木也，此积形之成乎地者也。知积气也，知积块也，奚谓不坏？夫天地，空[3]中之一细物，有[4]中之最巨者。难终难穷，此固然矣；难测难识，此固然矣。忧其坏者，诚为大远；言其不坏者，亦为未是。天地不得不坏，则会归于坏。遇其坏时，奚为不忧哉？"

子列子闻而笑曰："言天地坏者亦谬，言天地不坏者亦谬。坏与不坏，吾所不能知也。虽然，彼一也，此一也。故生不知死，死不知生；来不知去，去不知来。坏与不坏，吾何容心哉？"

舜问乎丞曰："道可得而有乎？"曰："汝身非汝有也，汝何得有夫道？"舜曰："吾身非吾有，孰有之哉？"曰："是天地之委[5]形也。生非汝有，是天地之委和也。性命非汝有，是天地之委顺也。孙子非汝有，是天地之委蜕也。故行不知所往，处不知所持，食不知所以。天地强阳，气也；又胡可得而有邪？"

【注释】

①杞（qǐ）国：周初分封的诸侯国，姒姓，初在雍丘（今河南杞县），杞成公迁缘陵（今山东昌乐东南），杞文公迁淳于（今山东安丘东北）。公元前445年被楚国所灭。

②舍然："舍，宜作释，此书释字作舍。"（张湛注）《释文》："舍音释，下同。"释然，疑虑消除貌。

③空：与"有"相对，指整个宇宙空间。

④有：与"空"相对，指我们见到的万物。

⑤委：委托，托付。

齐之国氏大富，宋之向氏大贫；自宋之齐，请其术。国氏告之曰："吾善为盗。始吾为盗也，一年而给，二年而足，三年大穰。自此以往，施及州闾[①]。"向氏大喜，喻其为盗之言，而不喻其为盗之道，遂逾垣凿室，手目所及，亡不探也。未及时，以赃获罪，没其先居[②]之财。向氏以国氏之谬己也，往而怨之。国氏曰："若为盗若何？"向氏言其状。国氏曰："嘻！若失为盗之道至此乎？今将告若矣。吾闻天有时，地有利。吾盗天地之时利，云雨之滂润，山泽之产育，以生吾禾，殖吾稼，筑吾垣，建吾舍，陆盗禽兽，水盗鱼鳖，亡非盗也。夫禾稼、土木、禽兽、鱼鳖，皆天之所生，岂吾之所有？然吾盗天而亡殃。夫金玉珍宝，谷帛财货，人之所聚，岂天之所与？若盗之而获罪，孰怨哉？"向氏大惑，以为国氏之重罔[③]己也，过东郭先生问焉。东郭先生曰："若一身庸[④]非盗乎？盗阴阳之和以成若生，载若形；况外物而非盗哉？诚然，天地万物不相离也，仞而有之，皆惑也。国氏之盗，公道也，故亡殃；若之盗，私心也，故得罪。有公私者，亦盗也；亡公私者，亦盗也。公公私私，天地之德。知天地之德者，孰为盗邪？孰为不盗邪？"

【注释】

①闾：里巷。《周礼·地官·闾胥》："闾胥各掌其闾之征令。"郑玄注引郑司农："二十五家为闾。"

②居：积蓄。俞樾："居犹畜也，谓其先所蓄之财也。《论语·公冶长篇》：'臧文仲居蔡。'皇侃《义疏》曰："居犹蓄也。'是其义。"

③罔：欺骗。《汉书·王嘉传》："臣骄侵罔。"师古："罔，谓诬蔽也。"

④庸：岂，难道。

周 穆 王（节选）

周穆王时，西极之国有化人来。入水火，贯金石；反山川，移城邑；乘虚不坠，触实不硋。千变万化，不可穷极。既已变物之形，又且易人之虑。穆王敬之若神，事之若君。推路寝[①]以居之，引三牲以进之，选女乐以娱之。化人以为王之宫室卑陋而不可处，王之厨馔腥蝼[②]而不可飨，王之嫔御膻恶而不可亲。穆王乃为之改筑。土木之功，赭垩之色，无遗巧焉。五府[3]为虚，而台始成。其高千仞，临终南之上，号曰中天之台。简郑、卫之处子娥媌靡曼者，施芳泽，正娥眉[4]，设笄珥，衣阿锡，曳齐纨[5]。粉白黛黑，佩玉环。杂芷若以满之，奏《承云》《六莹》《九韶》《晨露》以乐之。月月献玉衣，旦旦荐玉食。化人犹不舍然[6]，不得已而临之。

居亡几何，谒王同游。王执化人之祛，腾而上者，中天乃止，暨及化人之宫。化人之宫构以金银，络以珠玉；出云雨之上，而不知下之据，望之若屯云焉。耳目所观听，鼻口所纳尝，皆非人间之有。王实以为清都、紫微[7]、钧天、广乐，帝之所居。王俯而视之，其宫榭若累块积苏[8]焉。王自以居数十年不思其国也。化人复谒王同游，所及之处，仰不见日月，俯不见河海。光影所照，王目眩不能得视；音响所来，王耳乱不能得听。百骸六藏，悸而不凝。意迷精丧，请化人求还。化人移之，王若殒虚焉。

既寤，所坐犹向者之处，侍御犹向者之人。视其前，则酒未清，肴未昲。王问所从来。左右曰："王默存耳。"由此穆王自失者三月而复。

更问化人。化人曰："吾与王神游也，形奚动哉？且曩之所居，奚异王之宫？曩之所游，奚异王之圃？王闲恒有，疑暂亡。变化之极，徐疾之间，可尽模哉？"王大悦。不恤国事，不乐臣妾，肆意远游。命驾八骏之乘，右服骅骝而左绿耳，右骖[9]赤骥而左白𣚘，主车则造父为御，𫛞𫛮为右；次车之乘，右服渠黄而左逾轮，左骖盗骊而右山子，柏夭主车，参百为御，奔戎为右。驰驱千里，至于巨蒐氏之国[10]。巨蒐氏乃献白鹄之血以饮王，具牛马之湩[11]以洗王之足，及二乘之人。已饮而行，遂宿于昆之阿[12]，赤水之阳。别日升于昆之丘，以观黄帝之宫，而封[13]之以诒后世。遂宾于西王母，觞于瑶池之上。西王母为王谣，王和之，其辞哀焉。西观日之所入。一日行万里。王乃叹曰："於乎！予一人不盈于德而谐于乐，后世其追数吾过乎！"

穆王几神人哉！能穷当身之乐，犹百年乃徂，世以为登假[5]焉。

【注释】

①路寝：古代君主处理政事的宫室。

②厨馔（zhuàn）腥蝼：馔，食物；蝼，指像蝼蛄一样的臭味。

③五府：指太府、玉府、内府、外府、膳府。《释文》引《周礼》："太府掌九贡九职之货贿，玉府掌金玉玩好，内府主良货贿，外府主泉藏，膳府主四时食物者也。"

④娥眉：娥，吉府本作"娥"，它本作"蛾"。王重民："娥，正字。蛾，俗字也。《方言》：'娥，好也。秦晋之间好而轻者谓之娥。'此蛾眉本字。形若蚕蛾之说始于颜师古《汉书注》，盖以《卫风硕人》'螓首蛾眉'螓蛾相对，既误以螓为蜻蜻，因以蛾为蚕蛾；而不知螓当为，蛾当为娥也。"娥眉，指长而好的眉毛。

⑤曳齐纨：曳，拖；齐，指齐国；纨，细绢。张湛注："齐，名纨所出也。"

⑥舍然：即释然，怡悦貌。舍，同"释"。

⑦清都、紫微：中国古代神话中天帝所居住的地方。

⑧宫榭若累块积苏：宫榭，宫殿；累块，累积起来的土块；积苏，堆积起来的茅草。

⑨骖（cān）：一车四马中两旁的两匹马叫骖。

⑩巨蒐氏之国：《释文》中说“巨蒐，音渠搜，西戎国名”。汪中：“巨蒐即《禹贡》之渠搜也。”

⑪湩（dàng）：乳汁。

⑫阿：曲隅。

⑬封：堆土。

⑭登假（xiá）：登，上；假，当作“遐”，远去。《礼记·曲礼下》：“告丧，曰天子登假。”孔颖达疏：“登，上也；假，已也。言天子上升已矣，若仙去然也。”登假，犹言升天，后来成为帝王去世的讳称。

老成子学幻于尹文先生，三年不告。老成子请其过而求退。

尹文先生揖而进之于室，屏左右而与之言曰：“昔老聃之徂[①]西也，顾而告予曰：有生之气，有形之状，尽幻也。造化之所始，阴阳之所变者，谓之生，谓之死。穷数达变，因形移易者，谓之化，谓之幻。造物者其巧妙，其功深，固难穷难终。因形者其巧显，其功浅，故随起随灭。知幻化之不异生死也，始可与学幻矣。吾与汝亦幻也，奚须学哉？”

老成子归，用尹文先生之言深思三月，遂能存亡自在，憣校[②]四时；冬起雷，夏造冰。飞者走，走者飞。终身不箸其术，故世莫传焉。

子列子曰：“善为化者，其道密庸[③]，其功同人[④]。五帝之德，三王之功，未必尽智勇之力，或由化而成。孰测之哉？”

【注释】

①徂（cú）：往，到。

②憣校（fān jiào）：憣，变乱；校，同“交”。《释文》：“顾野王读作翻交四时。”

③密庸：隐秘而平常。

④同人：与一般人相同。张湛注：“取济世安物而已，故其功潜著而人莫知。”

觉有八征，梦有六候[①]。奚谓八征？一曰故，二曰为，三曰得，四曰丧，五曰哀，六曰乐，七曰生，八曰死。此者八征，形所接也。[②]奚谓六候？一曰正梦，二曰蘁梦，三曰思梦，四曰寤梦，五曰喜梦，六曰惧梦。此六者，神所交也。不识感变之所起者，事至则惑其所由然；识感变之所起者，事至则知其所由然。知其所由然，则无所怛[③]。

一体之盈虚消息，皆通于天地，应于物类。故阴气壮，则梦涉大水而恐惧；阳气壮，则梦涉大火而燔焫[④]；阴阳俱壮，则梦生杀。甚饱则梦与，甚饥则梦取。是以以浮虚为疾者，则梦扬；以沉实为疾者，则梦溺。藉[5]带而寝则梦蛇，飞鸟衔发则梦飞。将阴梦火，将疾梦食。饮酒者忧，歌舞者哭。

子列子曰："神遇为梦，形接为事。故昼想夜梦，神形所遇。故神凝者想梦自消。信觉不语，信梦不达，物化之往来者也。古之真人，其觉自忘，其寝不梦，几虚语哉?"

【注释】

①候：占验，依据某种迹象预测其原因与未来。

②此者八征，形所接也："当作'此八者，形所接也'，与下文'此六者，神所交也'相对。"(俞樾注)"疑本作'此八征者，形所接也'，与下文'此六候者，神所交也'相对。今本下文'六'下既挩'候'字，此文亦错乱不可读矣。"(王叔岷注)

③怛(dá)：畏惧。

④燔焫(ruò)：燔，焚烧；焫，烧。

⑤藉：以物衬垫。

西极之南隅有国焉，不知境界之所接，名古莽之国。阴阳之气所不交，故寒暑亡辨；日月之光所不照，故昼夜亡辨。其民不食不衣而多眠。五旬一觉，以梦中所为者实，觉之所见者妄。

四海之齐谓中央之国，跨河南北，越岱东西，万有余里。其阴阳之审度[1]，故一寒一暑；昏明之分察[2]，故一昼一夜。其民有智有愚。万物滋殖，才艺多方。有君臣相临，礼法相持。其所云为不可称计。一觉一寐，以为觉之所为者实，梦之所见者妄。

东极之北隅有国曰阜落之国。其土气常燠[3]，日月余光之照。其土不生嘉苗。其民食草根木实，不知火食，性刚悍，强弱相藉[4]，贵胜而不尚义；多驰步，少休息，常觉而不眠。

【注释】

①审度："'审度'二字传写误倒，本作'阴阳之度审'。下句云'其昏明之分察，故一昼一夜'，度与分对，审与察对，以是明之。"(俞樾注)审，明悉；度，程度，本文指阴阳二气的比例。

②分(fèn)察：分，职分；察，明显。

③燠(yù)：暖。观下文"日月余光之照"，当指太阳光线很弱的寒冷地区，故"燠"字恐有误，当为"寒"字之误。

④藉：践踏，欺凌。

郑人有薪[1]于野者，遇骇鹿，御而击之，毙之。恐人见之也，遽[2]而藏诸隍中，覆之以蕉[3]，不胜其喜。俄而遗其所藏之处，遂以为梦焉，顺涂而咏其事。傍人有闻者，用其言而取之。既归，告其室人曰："向薪者梦得鹿而不知其处；吾今得之，彼直真梦者矣。”室人曰：“若将是梦见薪者之得鹿邪？讵[④]有薪者邪？今真得鹿，是若之梦真邪？”夫曰：“吾据得鹿，何用知彼梦我梦邪？”薪者之归，不厌失鹿。其夜真梦藏之之处，又梦得之之主。爽旦[⑤]，案所梦而寻得之。遂讼而争之，归之士师。

士师曰：“若初真得鹿，妄谓之梦；真梦得鹿，妄谓之实。彼真取若鹿，而与若争鹿。室人又谓梦仞人鹿，无人得鹿。今据有此鹿，请二分之。”以闻郑君。郑君曰：“嘻！士师将复梦分人鹿乎？”访之国相。国相曰：“梦与不梦，臣所不能辨也。欲辨觉梦，唯黄帝、孔丘。[⑥]今亡黄帝、孔丘，孰辨之哉？且恂[⑦]士师之言可也。”

【注释】

①薪：砍柴。

②遽：急促。隍：《释文》中有“隍音黄，无水池也”。

③蕉：“蕉、樵，古字通用。取薪曰樵，谓覆之以薪也。《庄子·人世间》中‘死者以国量乎泽若蕉’，字与此同，谓死人骨如积薪也。”（黄生注）

④讵（jù）：岂，难道。

⑤爽旦：天亮。爽，明。

⑥欲辨觉梦，唯黄帝、孔丘：“《史记正义》引《帝王世纪》云：‘黄帝梦大风吹天下尘垢皆去，又梦人执千钧之弩驱羊万群。帝寤而叹曰：风为号令，执政者也；垢去土，后在也。天下岂有姓风名者后哉？夫千钧之弩，异力者也；驱羊万群，能牧民为善者也。天下岂有姓力名牧者哉？于是依二占而求之，得风后于海隅，登以为相；得力牧于大泽，进以为将。黄帝因著《占梦经》十一卷。’其圜梦之法径情直遂而竟得之，可谓象罔得珠矣。《灵枢》有《淫邪发梦篇》。《占梦经》《艺文志》有之，曰：《黄帝长柳占梦》。孔子两楹之梦见《檀弓》。辨梦言黄帝、孔丘，此其义也。”（俞正燮注）

⑦恂：相信。

秦人逢氏有子，少而惠，及壮而有迷罔之疾。闻歌以为哭，视白以为黑，飨香以为朽[①]，尝甘以为苦，行非以为是：意之所之，天地、四方，水火、寒暑，无不倒错者焉。杨氏告其父曰：“鲁之君子多术艺，将能已乎？汝奚不访焉？”

其父之鲁，过陈，遇老聃，因告其子之证。老聃曰：“汝庸知汝子之迷乎？今天下之人皆惑于是非，昏于利害。同疾者多，固莫有觉者。且一身之迷不足倾一家，一家之迷不足倾一乡，一乡之迷不足倾一国，一国之迷不足倾天下。天下尽迷，孰倾[②]之哉？向使天下之人其心尽如汝子，汝则反迷矣。哀乐、声色、臭味、是非，孰能正之？且吾之此言未必非迷，而况鲁之君子迷之邮者，焉能解人之迷哉？荣汝之粮，不若遄[③]归也。”

【注释】

①飧：食用。杇：腐臭气味。

②倾："'倾'字与上文不相应，盖'正'字之误。此老聃与逢氏之言，谓汝子迷罔之病非病也，今天下之人皆惑于是非，昏于利害，乃真病耳。特以同病者多，反觉不病。若天下尽如汝子之迷，尚孰求而正之哉？""《御览》四百九十引正作'正'，可证。"（王重民注）

③遄（chuán）：迅速。

燕人生于燕，长于楚，及老而还本国。过晋国，同行者诳之，指城曰："此燕国之城。"其人愀然[①]变容。指社曰："此若里之杜[②]。"乃喟然而叹。指舍曰："此若先人之庐。"乃涓[③]然而泣。指垅[④]曰："此若先人之冢。"其人哭不良禁。同行者哑然大笑，曰："予昔绐[⑤]若，此晋国耳。"其人大惭。及至燕，真见燕国之城社，真见先人之庐冢，悲心更微。

【注释】

①愀然：凄惨悲伤的样子。

②社：土地庙。

③涓：细水慢流貌。

④垅：同"垄"，坟墓。

⑤绐（dài）：欺骗。

仲　尼（节选）

仲尼闲居，子贡入侍，而有忧色。子贡不敢问，出告颜回。颜回援琴而歌。孔子闻之，果召回入，问曰："若奚独乐？"回曰："夫子奚独忧？"孔子曰："先言尔志。"曰："吾昔闻之夫子曰：'乐天知命故不忧。'回所以乐也。"孔子愀然有间曰："有是言哉？汝之意失矣。此吾昔日之言尔，请以今言为正也。汝徒知乐天知命之无忧，未知乐天知命有忧之大也。今告若其实：修一身，任穷达，知去来之非我，亡[①]变乱于心虑，尔之所谓乐天知命之无忧也。曩吾修《诗》《书》，正《礼》《乐》，将以治天下，遗来世；非但修一身，治鲁国而已。而鲁之君臣日失其序，仁义益衰，情性益薄。此道不行一国与当年，其如天下与来世矣？吾始知《诗》《书》《礼》《乐》无救于治乱，而未知所以革之之方。此乐天知命者之所忧。虽然，吾得之矣。夫乐而知者，非古人之所谓乐知也。无乐无知，是真乐真知；故无所不乐，无所不知，无所不忧，无所不为。《诗》《书》《礼》《乐》，何弃之有？革之何为？"颜回北面拜手曰："回亦得之矣。"出告子贡。子贡茫然自失，归家淫[②]思七日，不寝不食，以至骨立[③]。颜回重往喻之，乃反丘门，弦歌诵书，终身不辍。

【注释】

①亡："亡"本作"止"，今从《藏》本、世德堂本、秦本正。

②淫：深。
③骨立：形容人消瘦到了极点。

陈大夫聘鲁[1]，私见叔孙氏[2]。叔孙氏曰："吾国有圣人。"曰："非孔丘邪？"曰："是也。""何以知其圣乎？"叔孙氏曰："吾常闻之颜回曰：'孔丘能废心而用形。'"陈大夫曰："吾国亦有圣人，子弗知乎？"曰："圣人孰谓？"曰："老聃之弟子有亢仓子[3]者，得聃之道，能以耳视而目听。"鲁侯闻之大惊，使上卿厚礼而致之。亢仓子应聘而至。鲁侯卑辞请问之。亢仓子曰："传之者妄。我能视听不用耳目，不能易耳目之用。"鲁侯曰："此增异矣。其道奈何？寡人终愿闻之。"亢仓子曰："我体合于心，心合于气，气合于神，神合于无。其有介然之有，唯然之音，虽远在八荒之外，近在眉睫之内，来干我者，我必知之。乃不知是我七孔四支之所觉，心腹六藏之所知，其自知而已矣。"鲁侯大悦。他日以告仲尼，仲尼笑而不答。

【注释】

①大夫：周代的等级，国君以下有卿、大夫、士三级，大夫食一县的贡赋，在设置县令之前，也为一县的行政长官。聘：古代国与国之间派使者访问，称为聘。

②叔孙氏：当时掌握鲁国政权的三家贵族之一。另两家是孟孙氏、季孙氏。他们都是鲁桓公之子仲庆父的后代，故称"三桓"。

③亢仓子："亢仓音庚桑，名楚，《史记》作亢仓子。"（《释文》）"吴郡有庚桑姓，称为士族。"（贾逵《姓氏英览》）

商太宰[1]见孔子曰："丘圣者欤？"孔子曰："圣则丘何敢，然则丘博学多识者也。"商太宰曰："三王圣者欤？"孔子曰："三王善任智勇者，圣则丘弗知。"曰："五帝圣者欤？"孔子曰："五帝善任仁义者，圣则丘弗知。"曰："三皇圣者欤？"孔子曰："三皇善任因时者，圣则丘弗知。"商太宰大骇，曰："然则孰者为圣？"孔子动容有间，曰："西方之人，有圣者焉，不治而不乱，不言而自信，不化而自行，荡荡乎民无能名[2]焉。丘疑其为圣。弗知真为圣欤？真不圣欤？"商太宰嘿[3]然心计曰："孔丘欺我哉！"

子夏问孔子曰："颜回之为人奚若？"子曰："回之仁贤于丘也。"曰："子贡之为人奚若？"子曰："赐之辩贤于丘也。"曰："子路之为人奚若？"子曰："由之勇贤于丘也。"曰："子张之为人奚若？"子曰："师之庄贤于丘也。"子夏避席而问曰："然则四子者何为事夫子？"曰："居！吾语汝。夫回能仁而不能反[4]，赐能辩而不能讷[5]，由能勇而不能怯，师能庄而不能同。兼四子之有以易吾，吾弗许也。此其所以事吾而不贰也。"

【注释】

①商太宰：商，即周代的宋国，周公平定武庚叛乱后，把商的旧都周围地区分封给

微子，建都商丘，是为宋国。因是商后，故又称商。公元前286年为齐所灭。太宰，官名，掌天子或诸侯内外事务，或在君主左右赞画君命者。

②名：此处用作动词，称誉的意思。

③嘿（mò）：同“默”。

④反：“反，变也。夫守一而不变，无权智以应物，则所适必阂矣。”（张湛注）“‘反’字无义，疑‘刃’字之误。”“刃与忍通。”（俞樾注）忍，忍心，《新书·道术》：“恻隐怜人谓之慈，反慈为忍。”

⑤讷：说话迟钝。

子列子既师壶丘子林，友伯昏瞀人，乃居南郭。从之处者，日[①]数而不及。虽然，子列子亦微[②]焉，朝朝相与辩，无不闻。而与南郭子连墙二十年，不相谒请，相遇于道，目若不相见者。门之徒役以为子列子与南郭子有敌不疑。有自楚来者，问子列子曰：“先生与南郭子奚敌？”子列子曰：“南郭子貌充心虚，耳无闻，目无见，口无言，心无知，形无惕。往将奚为？虽然，试与汝偕往。”阅[③]弟子四十人同行。见南郭子，果若欺魄焉，而不可与接。顾视子列子，形神不相偶，而不可与群。南郭子俄而指子列子之弟子末行者与言，衎衎然若专直而在雄者。子列子之徒骇之。反舍，咸有疑色。子列子曰：“得意者无言，进知者亦无言。用无言为言亦言，无知为知亦知。无言与不言，无知与不知，亦言亦知。亦无所不言，亦无所不知；亦无所言，亦无所知。如斯而已，汝奚妄骇哉？”

【注释】

①日：“‘日’为‘百’字之误。”（胡怀琛注）“《初学记》十八引‘处’作‘游’，‘日’作‘百’，《御览》四百四引‘日’亦作‘百’，疑作‘百’者是也。”（王叔岷注）

②微：精微。

③阅：检查挑选。

无所由而常生者，道也。由生而生，故虽终而不亡，常也。由生而亡，不幸也。有所由而常死者，亦道也。由死而死，故虽未终而自亡者，亦常也。由死而生，幸也。

故无用而生谓之道，用道得终谓之常；有所用而死者亦谓之道，用道而得死者亦谓之常。季梁之死，杨朱望其门而歌；随梧之死，杨朱抚其尸而哭。隶人之生，隶人[①]之死，众人且歌，众人且哭。

目将眇[②]者，先睹秋毫；耳将聋者，先闻蚋飞；口将爽者，先辨淄渑；鼻将窒者，先觉焦朽；体将僵者，先亟犇佚；心将迷者，先识是非：故物不至者则不反。

【注释】

①隶人：古代称触犯法律而被没入官家为奴隶、从事劳役的人为隶人，也用来称职位低微的吏役。按照庄子的看法，一般人整天辛辛苦苦忙个不停，都是“役人之役”。故此“隶人”当指不懂得自然之道的一般人。

②眇：眼瞎。

公仪伯以力闻诸侯，堂溪公言之于周宣王，王备礼以聘之。公仪伯至。观形，懦夫也。宣王心惑而疑曰：“女之力何如？”公仪伯曰：“臣之力能折春螽[①]之股，堪秋蝉之翼。”王作色曰：“吾之力能裂犀兕之革，曳[②]九牛之尾，犹憾其弱。女折春螽之股，堪秋蝉之翼，而力闻天下，何也？”公仪伯长息退席，曰：“善哉王之问也！臣敢以实对。臣之师有商丘子者，力无敌于天下，而六亲不知，以未尝用其力故也。臣以死事之，乃告臣曰：‘人欲见其所不见，视人所不窥，欲得其所不得，修人所不为。故学视者先见舆薪[③]，学听者先闻撞钟。夫有易于内者无难于外。于外无难，故名不出其一家。’今臣之名闻于诸侯，是臣违师之教，显臣之能者也。然则臣之名不以负其力者也，以能用其力者也，不犹愈于负其力者乎？”

【注释】

①螽（zhōng）：蝗虫。

②曳：拖。

③舆薪：指一车柴火。舆，本谓车厢，这里指车子；薪，柴火。

中山公子牟者，魏国之贤公子也。好与贤人游，不恤国事，而悦赵人公孙龙。乐正子舆之徒笑之。公子牟曰：“子何笑牟之悦公孙龙也？”子舆曰：“公孙龙之为人也，行无师，学无友，佞给[①]而不中，漫衍而无家[②]，好怪而妄言。欲惑人之心，屈人之口，与韩檀等肄[③]之。”公子牟变容曰：“何子状公孙龙之过欤？请闻其实。”子舆曰：“吾笑龙之绐[④]孔穿，言‘善射者，能今后镞中前括，发发相及，矢矢相属[⑤]；前矢造准而无绝落，后矢之括犹衔弦，视之若一焉’。孔穿骇之。龙曰：‘此未其妙者。逢蒙之弟子曰鸿超，怒其妻而怖之。引乌号之弓，綦卫之箭，射其目。矢来注眸子而眶不睫，矢隧地而尘不扬。’是岂智者之言与？”公子牟曰：“智者之言固非愚者之所晓。后镞中前括，钧[⑥]后于前。矢注眸子而眶不睫，尽矢之势也。子何疑焉？”乐正子舆曰：“子，龙之徒，焉得不饰其阙？吾又言其尤者。龙诳魏王曰：‘有意不心。有指不至。有物不尽。有影不移。发引千钧。白马非马。孤犊未尝有母。’其负类反伦，不可胜言也。”公子牟曰：“子不谕至言而以为尤[⑦]也，尤其在子矣。夫无意则心同。无指则皆至。尽物者常有。影不移者，说在改也。发引千钧，势至等也。

白马非马，形名离也。孤犊未尝有母，非孤犊也。[8]”乐正子舆曰：“子以公孙龙之鸣皆条也。设令发于余窍，子亦将承之。”公子牟默然良久，告退，曰：“请待余日，更谒子论。”

【注释】

①佞给：佞，巧言谄媚；给，口齿伶俐。

②漫衍而无家：漫衍，散漫，不受拘束；无家，“儒墨刑名乱行而无定家。”（张湛注）

③肄：研习。

④绐（dài）：欺骗。

⑤属：连接。

⑥钧：同“均”。钧后于前，指后箭与前箭的用力、方向等完全相同。

⑦尤：过失，错误。

⑧孤犊未尝有母，非孤犊也：“‘有母’下当更迭‘有母’二字。本云：‘孤犊未尝有母。有母，非孤犊也。’《庄子·天下篇》释文引李云：‘驹生有母，言孤则无母。孤称立，则母名去也。’此可证‘有母非孤犊’之义。”（俞樾注）本句意为：既称“孤犊”，便不能有母；当它有母之时，尚未成为“孤犊”。

关尹喜曰：“在己无居[1]，形物其箸，其动若水，其静若镜，其应若响。故其道若物者也。物自违道，道不违物。善若道者，亦不用耳，亦不用目，亦不用力，亦不用心。欲若道而用视听形智以求之，弗当矣。瞻之在前，忽焉在后；用之弥满六虚，废之莫知其所。亦非有心者所能得远，亦非无心者所能得近。唯默而得之而性成之[2]者得之。知而忘情，能而不为，真知真能也。发无知，何能情？发不能，何能为？聚块也，积尘也。虽无为而非理也。”

【注释】

①居：固执，执着。“汎然无系，岂有执守之所？”（张湛注）

②而性成之：“‘而性成之’当作‘性而成之’。《汤问篇》‘默而得之，性而成之’是其证。”（俞樾注）性，本性，自然之性，此处指顺应事物的本性。

汤　问（节选）

夸父不量力，欲追日影，逐之于隅谷[1]之际。渴欲得饮，赴饮河、渭。河、渭不足，将走北饮大泽。未至，道渴而死。弃其杖，尸膏肉[2]所浸，生邓林[3]。邓林弥广数千里焉。

【注释】

①隅谷：也作“虞渊”，古代传说中的日落的地方。

②膏肉：脂膏和筋肉。

③邓林：即桃林。古代神话传说中的树林。

大禹曰："六合之间，四海之内，照之以日月，经[1]之以星辰，纪[2]之以四时，要之以太岁[3]。神灵所生，其物异形，或夭或寿，唯圣人能通其道。"夏革曰："然则亦有不待神灵而生，不待阴阳而形，不待日月而明，不待杀戮而夭，不待将迎[4]而寿，不待五谷而食，不待缯纩[5]而衣，不待舟车而行。其道自然，非圣人之所通也。"

【注释】

①经：测量，计度。

②纪：原指整理。这里引申为安排秩序。

③要（yāo）：约定；太岁：也称"岁星"，即木星。

④将迎：犹言将养、保养。

⑤缯（zēng）：丝织品的总称。纩（kuàng）：丝绵。

禹之治水土也，迷而失涂，谬之一国。滨北海之北，不知距齐州几千万里，其国名曰终北，不知际畔之所齐限[1]。无风雨霜露，不生鸟兽、虫鱼、草木之类。四方悉平，周以乔陟[2]。当国之中有山，山名壶领，状若甔甀[3]。顶有口，状若员环，名曰滋穴。有水涌出，名曰神瀵，臭[4]过兰椒，味过醪醴[5]。一源分为四埒，注于山下。经营一国，亡不悉遍。

土气和，亡札厉。人性婉而从物，不竞不争；柔心而弱骨，不骄不忌；长幼侪居[6]，不君不臣；男女杂游，不媒不聘；缘水而居，不耕不稼；土气温适，不织不衣；百年而死，不夭不病。其民孳阜亡数，有喜乐，亡衰老哀苦。其俗好声，相携而迭谣[7]，终日不辍音。饥惓则饮神瀵，力志和平。过则醉，经旬乃醒。沐浴神瀵，肤色脂泽，香气经旬乃歇。

周穆王北游过其国，三年忘归。既反周室，慕其国，惝然自失。不进酒肉，不召嫔御者，数月乃复。

管仲勉齐桓公因游辽口，俱之其国。几克举，隰朋谏曰："君舍齐国之广，人民之众，山川之观，殖物之阜，礼义之盛，章服之美，妖靡盈庭，忠良满朝。肆咤则徒卒百万，视扮则诸侯从命，亦奚羡于彼而弃齐国之社稷，从戎夷之国乎？此仲父之耄，奈何从之？"桓公乃止，以隰朋之言告管仲。仲曰："此固非朋之所及也。臣恐彼国之不可知之也。齐国之富奚恋？隰朋之言奚顾？"

【注释】

①齐限：极限。

②周：环绕。乔：高大。陟（zhì）：层叠的山。

③甔甀（dān zhuì）：小口的水瓮。

④臭（xiù）：气味。
⑤醪醴（láo lǐ）：香甜的美酒。
⑥侪（chái）居：同辈共居。
⑦迭谣：轮流唱歌。

南国之人祝发[1]而裸，北国之人鞨巾[2]而裘，中国之人冠冕而裳。九土所资，或农或商，或田或渔；如冬裘夏葛，水舟陆车，默而得之，性而成之。

越之东有辄沐之国，其长子生，则鲜而食之，谓之宜弟[3]。其大父死，负其大母而弃之，曰："鬼妻不可以同居处。"

楚之南有炎人之国，其亲戚死，丹[4]其肉而弃之，然后埋其骨，乃成为孝子。

秦之西有仪渠之国者，其亲戚死，聚柴积而焚之。熏则烟上，谓之登遐，然后成为孝子。

此上以为政，下以为俗，而未足为异也。

【注释】
①祝发：剃去头发。
②鞨（mò）巾：古代男子束发的头巾。此处"鞨"做动词用，犹"裹"。
③宜弟：多生儿子。
④丹（guǎ）：割肉离骨。

孔子东游，见两小儿辩斗。问其故，一儿曰："我以日始出时去人近，而日中时远也。"一儿以日初出远，而日中时近也。

一儿曰："日初出大如车盖[1]，及日中，则如盘盂[2]，此不为远者小而近者大乎？"

一儿曰："日初出沧沧凉凉，及其日中如探汤，此不为近者热而远者凉乎？"

孔子不能决也。两小儿笑曰："孰为汝多知乎？"

【注释】
①车盖：古代车子上的圆形伞盖。
②盘盂：盛物的器皿。圆者为盘，方者为盂。

均，天下之至理也，连于[1]形物亦然。均发均县，轻重而发绝，发不均也。均也，其绝也，莫绝。人以为不然，自有知其然者也。

詹何以独茧丝为纶，芒针为钩，荆筱[2]为竿，剖粒为饵，引盈车之鱼于百仞之渊、汩流[3]之中，纶不绝，钩不伸，竿不挠。楚王闻而异之，召问其故。

詹何曰："臣闻先大夫之言，蒲且子之弋也，弱弓纤缴[④]，乘风振之，连双鸧[⑤]于青云之际。用心专，动手均也。臣因其事，放而学钓，五年始尽其道。当臣之临河持竿，心无杂虑，唯鱼之念；投纶沉钩，手无轻重，物莫能乱。鱼见臣之钩饵，犹沉埃聚沫，吞之不疑。所以能以弱制强，以轻致重也。大王治国诚能若此，则天下可运于一握，将亦奚事哉？"楚王曰："善。"

【注释】

①连于：属于。

②荆筱（xiǎo）：细荆条。筱，小竹。

③汩（gǔ）流：激流。

④缴（zhuó）：系在箭上的生丝绳，射鸟用。

⑤鸧（cāng）：即鸧鹒，亦称"黄鹂"。

鲁公扈、赵齐婴二人有疾，同请扁鹊求治。扁鹊治之。既同愈。谓公扈、齐婴曰："汝曩之所疾，自外而干府藏者，固药石之所已。今有偕生之疾，与体偕长，今为汝攻之，何如？"二人曰："愿先闻其验[①]。"扁鹊谓公扈曰："汝志强而气弱，故足于谋而寡于断。齐婴志弱而气强，故少于虑而伤于专。若换汝之心，则均于善矣。"扁鹊遂饮二人毒酒[②]，迷死三日，剖胸探心，易而置之；投以神药，既悟如初。

二人辞归。于是公扈反齐婴之室，而有其妻子，妻子弗识。齐婴亦反公扈之室，有其妻子，妻子亦弗识。二室因相与讼，求辨于扁鹊。扁鹊辨其所由，讼乃已。

【注释】

①验：症状，征兆。

②毒酒：指用作麻醉剂的药酒。

薛谭学讴于秦青，未穷青之技，自谓尽之，遂辞归。秦青弗止。饯于郊衢，抚节[①]悲歌，声振林木，响遏行云[②]。薛谭乃谢求反，终身不敢言归。

秦青顾谓其友曰："昔韩娥东之齐，匮粮，过雍门，鬻歌假食[③]。既去而余音绕梁欐，三日不绝，左右以其人弗去。"

"过逆旅，逆旅人辱之。韩娥因曼声哀哭，一里老幼悲愁，垂泪相对，三日不食。遽而追之。娥还，复为曼声长歌，一里老幼善跃抃舞[④]，弗能自禁，忘向之悲也。乃厚赂发之。故雍门之人至今善歌哭，放娥之遗声。"

【注释】

①抚：拍打。节：一种古代乐器，用竹编成，上合下开，形状像箕，可以拍打成声，用作歌唱的伴奏。

②响遏行云：形容歌声嘹亮，高入云霄，把流动着的云朵也阻住了。遏，阻止。

③鬻（yù）：卖。假：借。
④抃（biàn）舞：因欢欣而鼓掌舞蹈。抃，两手拍击。

伯牙善鼓琴，钟子期善听。伯牙鼓琴，志在登高山。钟子期曰："善哉！峨峨兮若泰山！"志在流水，钟子期曰："善哉！洋洋[①]兮若江河！"伯牙所念，钟子期必得之。

伯牙游于泰山之阴，卒[②]逢暴雨，止于岩下；心悲，乃援琴而鼓之。初为霖雨之操[③]，更造崩山之音。曲每奏，钟子期辄穷其趣。伯牙乃舍琴而叹曰："善哉！善哉！子之听夫！志想像犹吾心也。吾于何逃声哉？"

【注释】
①洋洋：形容浩大的样子。
②卒：同"猝"，突然。
③霖雨：连绵大雨。操：琴曲的一种，曲调凄婉，一般为表达内心忧虑、处世困穷而作。

甘蝇，古之善射者，彀弓[①]而兽伏鸟下。弟子名飞卫，学射于甘蝇，而巧过其师。

纪昌者，又学射于飞卫。飞卫曰："尔先学不瞬，而后可言射矣。"纪昌归，偃卧其妻之机[②]下，以目承牵挺。二年之后，虽锥末倒眦[③]，而不瞬也。以告飞卫。飞卫曰："未也，必学视而后可。视小如大，视微如著，而后告我。"昌以氂[④]悬虱于牖，南面而望之。旬日之间，浸大也；三年之后，如车轮焉。以睹余物，皆丘山也。乃以燕角之弧、朔蓬之簳射[⑤]之，贯虱之心，而悬不绝。以告飞卫。飞卫高蹈拊膺[⑥]曰："汝得之矣！"

纪昌既尽卫之术，计天下之敌己者，一人而已，乃谋杀飞卫。相遇于野，二人交射，中路矢锋相触，坠于地，而尘不扬。飞卫之矢先穷，纪昌遗一矢。既发，飞卫以棘刺之端扞之，而无差焉。

于是二子泣而投弓，相拜于涂，请为父子。克臂以誓，不得告术于人。

【注释】
①彀（gòu）弓：拉满弓弦。
②偃卧：仰卧。机：这里专指织布机。
③锥末：锥尖。眦（zì）：眼角，靠近鼻子的为内眦，两翼的为外眦。
④氂（máo）：牛尾毛。
⑤燕角之弧：用燕国出产的牛角做成的弓。朔蓬之簳（gǎn）：用楚国蓬梗做成的箭。朔，当为"荆"字之误。荆，楚国，出产良竹。蓬，蓬草，杆可做箭。簳，箭杆。
⑥膺（yīng）：胸膛。

说　符（节选）

子列子学于壶丘子林。壶丘子林曰："子知持后[①]，则可言持身矣。"列子曰："愿闻持后。"曰："顾若影，则知之。"列子顾而观影：形枉[②]则影曲，形直则影正。然则枉直随形而不在影，屈申任物而不在我，此之谓持后而处先。

关尹谓子列子曰："言美则响美，言恶则响恶；身长则影长，身短则影短。名也者，响也；身[③]也者，影也。故曰：慎尔言，将有和之；慎尔行，将有随之。是故圣人见出以知人，观往以知来，此其所以先知之理也。"

"度在身，稽在人。人爱我，我必爱之；人恶我，我必恶之。汤、武爱天下，故王；桀、纣恶天下，故亡，此所稽也。稽度皆明而不道也，譬之出不由门，行不从径也。以是求利，不亦难乎？尝观之神农、有炎之德，稽之虞、夏、商、周之书，度诸法士贤人之言，所以存亡废兴而非由此道者，未之有也。"

【注释】

①持后：保持谦退，不与人争先。

②枉：弯曲。

③身：指报应，即行为所造成的与之对应的结果。

严恢曰："所为问道者为富，今得珠亦富矣，安用道？"子列子曰："桀、纣唯重利而轻道，是以亡。幸哉余未汝语也！人而无义，唯食而已，是鸡狗也。强食靡角[①]，胜者为制，是禽兽也。为鸡狗禽兽矣，而欲人之尊己，不可得也。人不尊己，则危辱及之矣。"

列子学射中矣，请[②]于关尹子。尹子曰："子知子之所以中者乎？"对曰："弗知也。"关尹子曰："未可。"退而习之。三年，又以报关尹子。尹子曰："子知子之所以中乎？"列子曰："知之矣。"关尹子曰："可矣；守而勿失也。非独射也，为国与身亦皆如之。"故圣人不察存亡而察其所以然。

宋人有为其君以玉为楮叶[③]者，三年而成。锋杀茎柯[④]，毫芒繁泽，乱之楮叶中而不可别也。此人遂以巧食[⑤]宋国。

子列子闻之，曰："使天地之生物，三年而成一叶，则物之有叶者寡矣。故圣人恃道化而不恃智巧。"

【注释】

①强（qiǎng）食靡角：为争食而相互角斗。强，使用强力。靡，读为摩。这里的"靡角"，当指以角相摩，即角斗。

②请：告诉。

③楮（chǔ）叶：即构树叶，似桑叶，多有涩毛。

④锋杀（shài）茎柯：谓楮叶上茎脉和叶柄的肥瘦得体，十分逼真。锋杀，亦作"丰杀"，意为增减，引申为肥瘦、大小。

⑤食：指俸禄。这里有取得俸禄的意思。

子列子穷，容貌有饥色。客有言之郑子阳者，曰："列御寇盖有道之士也，居君之国而穷。君无乃为不好士乎？"郑子阳即令官遗①之粟。子列子出见使者，再拜而辞。使者去。子列子入，其妻望之而拊心②曰："妾闻为有道者之妻子皆得佚乐。今有饥色，君过③而遗先生食。先生不受，岂不命也哉？"

子列子笑谓之曰："君非自知我也。以人之言而遗我粟，至其罪我也，又且以人之言，此吾所以不受也。"其卒④，民果作难而杀子阳。

【注释】

①遗（wèi）：赠送。

②望：埋怨，责怪。拊心：拍打胸口，表示气恼的样子。

③过：意为探望。

④其卒：后来，终于。

晋文公出会，欲伐卫，公子锄仰天而笑。公问何笑。曰："臣笑邻之人有送其妻适私家①者，道见桑妇，悦而与言。然顾视其妻，亦有招之者矣。臣窃笑此也。"

公寤②其言，乃止。引师而还，未至，而有伐其北鄙者矣。

【注释】

①私家：娘家。也指姊妹夫家。

②寤：醒悟。

昔齐人有欲金者，清旦衣冠①而之市，适鬻金者之所，因攫②其金而去。吏捕得之，问曰："人皆在焉，子攫人之金何？"对曰："取金之时，不见人，徒见金。"

【注释】

①衣冠：古代士以上戴冠，衣冠连称，是士以上的人的服装。这里"衣冠"用作动词，即穿戴齐整的意思。

②攫（jué）：夺取。

三、学习提示

（一）《列子》的传播

纵观《列子》的研究历程，可以大体上将《列子》的研究分为三个阶段。

（1）唐代以前属于第一阶段。唐代以前的《列子》研究并没有真正打开局面，值得一提的是刘向的《例子叙录》和东晋张湛的《列子注》。《列子叙录》是西汉刘向整理定著《列子》时所做的诸书录之一，其对《列子》的主旨、列子其人等做了简要阐述。《列子注》当是这一时期内最重要的著作，它不仅注解了《列子》，阐发了己见（阐发自己的玄学观点），同时对《列子》的保存和流传起了巨大的作用。而先秦时期的点评，对于我们了解《列子》最为基本的状况提供了参考。这一时期的《列子》研究也未显示典型特征。

（2）从唐代到近代（确切地讲应该是到“古史辨”派）属于《列子》研究的第二阶段。这一阶段属于《列子》研究走向繁荣的阶段，其中又可以分为两个时间段。

第一个时间段是唐代。唐代的《列子》研究还没有真正达到繁荣，主要的研究形式为注疏。有卢重玄《列子注》和殷敬顺的《列子释文》等。唐代由于对道家经典特别推崇，通过注疏的形式使得《列子》在唐代得到了广泛的流传。第二个时间段是宋代到近代（确切地讲应该是到“古史辨”派）。从宋代开始，《列子》的研究真正进入了繁荣期。宋代除了注疏外，各种研究形式都有出现。在经历了元代一段相对的沉寂后，明清时期进一步繁荣。

在第二阶段中，除了注疏之外，探讨《列子》的论文（笔记）是最为繁荣的形式之一。这些研究形式涉及的内容涵盖《列子》的校注、《列子》思想的评价、《列子》的真伪、列子其人的时代等。除了对《列子》的校注之外，对《列子》真伪的争辩是《列子》研究的重要内容。

宋代开始，《列子》的研究进入了真正的繁荣期，除了注解外，还出现了各种其他研究形式。注解方面如江适《列子解》、孙鹦《列子注》等。还有对《列子》思想、《列子》真伪等方面的研究，如朱熹《观列子偶书》、黄震《黄氏日钞》、高似孙《子略》等。宋代有对《列子》的校注，同时对《列子》真伪的探讨也很多。

明代对《列子》真伪的考辨工作相对减少，由于小学盛行，学者开始对《列子》的小学研究。如陈梦雷《列子汇考》、王太岳《列子考证》、江有诰《列子韵读》、章太炎《膏兰室札记》等，都是从文字、训诂、音韵等方面对《列子》进行考证研究。

在清代，受整个学术风气的影响，《列子》 的研究呈现两大热点：一是《列子》的小学研究，二是承宋代余绪对《列子》真伪的探讨（从广义上讲，这也属于《列子》的小学研究）。如陈梦雷等《列子汇考》（见《古今图书集成》）、王太岳《列子考证》（清乾隆四十七年《武英殿聚珍丛书》）、任大椿《列子释文考异》（清乾隆五十二年燕禧堂刊本）、江有诰《列子韵读》（清嘉庆十九年渭南严氏刊《音学十书》），等等，不一而足，都是对《列子》音韵、文字、训诂的研究。

从广义上讲，对《列子》真伪的探讨也是重要的研究内容。如姚际恒（1647—约1715）、钱大昕（1728 —1804）、俞正燮（清中叶，大约与龚自珍并时）、吴德璇（大约生于19世纪初）、何治运（不详）、李慈铭（1830—1894）、梁启超（1873—1929）、陈三立（1858 —1937）等人纷纷撰文论述《列子》真伪。

“古史辨”运动的典型主张是“上古史是靠不住的”。其兴起的思想来源，至今仍在学术探讨之中。但是我们可以肯定，“古史辨”运动是中国史学辨伪传统的继续，受到胡适实验主义史学方法的影响。从《列子》研究看，“古史辨”运动学术理路与先前的《列子》考辨相吻合。所以，“古史辨”派的出现无疑助长了《列子》真伪考辨的势头。

也可以说，至“古史辨”运动，对《列子》的考辩研究达到了高潮。在“古史辨”运动盛行的时代，马叙伦（1885—1970）的《列子伪书考》可以看作是历代考辨《列子》真伪之作中着力最深者，从“二十事”列举了《列子》为伪的证据。

(3) 从“古史辨”派至今属于《列子》研究的第三阶段，是《列子》研究初步进入全面化的阶段。

在这一阶段，传统的研究方式仍然存在。如：王重民《列子校释》(1930年，西苑丛书第一集)、杨伯峻《列子集释》(1979年中华书局) 为《列子》校注，胡怀琛《〈列子〉张湛注补正》(1931年朴学斋丛书第一辑) 仍是对《列子》的考订。除了仍然有传统的研究方式之外，还有两方面的特点：一是关于《列子》考辨的争论更加激烈，二是对《列子》价值的初步挖掘。

由于全新史学方法以及研究观念的运用，对于历代的考辨，特别是对“古史辨”派的学术理路，现代学者有了更为清醒的认识，出现了许多专门梳理、检讨前代研究的文章，因而在这一阶段中除了仍有主《列子》为伪者（如杨伯峻），许多学者开始为《列子》翻案，针对伪书论者的纰漏以及《列子》的相关资料进行有针对性的批驳。较早对“伪书说”表示怀疑的有日本学者武内义雄等。特别是经历了20个世纪五六十年代的一段沉寂之后，在近20年中，为《列子》翻案的呼声越来越高。不少学者撰文翻案，如马达的《马叙伦〈列子伪书考〉匡正之一》(《大陆杂志》1994年第4期)、陈广中的《为张湛辩诬（列子非伪书考系列）》(《道家文化研究》第十辑)、马达的《刘向〈列子叙录〉非伪》等。特别是马达先生的专著《〈列子〉真伪考辨》，从多种角度，有理有据地进行了宏观论证和微观分析，争取还《列子》以本来面目，恢复其应得地位，可以被看作是当代“非伪书论”的集大成者。

对古籍的研究并不仅仅是对真伪的探讨，这一点历代都有体现，现代的学者对这一点认识得更清楚一些。所以这一阶段的《列子》研究在争论声中也没有忘记对《列子》思想资料价值的开掘，一系列文章开始对《列子》思想进行开掘，涉及《列子》的梦理论、寓言、道家思想、名实观等一系列问题。

——参考资料：管宗昌、杨秀兰，《〈列子〉研究综述》，《大连民族学院学报》，2006年第2期。

(二)《列子》的研究

1. 关于列子其人的争鸣

列子是真实的历史人物，还是神话、寓言虚构的人物，先秦秦汉时期撰作的若干典籍的记载，引起了后人的争议。如《庄子·天下》《荀子·非十二子》《韩非子·显学》《淮南子·要略》《史记》等，皆提及老聃、庄周、墨翟、惠施、慎到等众多先秦诸子，却都没提到列子。《庄子·内篇》甚至将列子描绘成能“御风而行”的神仙。类似的记载，难免引发后人的疑窦和争议：他究竟是一个真实的历史人物，还是一个神话故事虚构出来的人物？

不过，很多文献，包括若干严谨的历史文献，如《管子》《晏子》《墨子》《韩非子》《战国策》《吕氏春秋》等，都提到过列子及其事迹。如《吕氏春秋·审分览》记载，老聃贵柔，孔子贵仁，墨翟贵廉，列子贵虚，孙膑贵势。老聃、孔子、墨翟等都是真实的历史人物，《吕氏春秋·审分览》的作者既然将“列子”与上述历史人物合称，自必有确凿的证据。他对列子的事迹和学说，当有所了解，因此才能著于笔端。既然列子是真实的历史人物，那么，为什么前述《庄子》《荀子》等文献没有提及他呢？如《庄子》一书提及列子10余次，却唯独在《天下》篇中未提及列子，学者推测原因如下。

第一，《天下》篇非庄子亲撰，而是庄子后学附益所成，他们可能对先辈列子不熟悉，故未著于笔端；第二，此篇罗列各学派代表人物，道家已有老子、关尹、庄子等“声名显赫”的代表人物，名声稍逊的列子，可能就被有意或无意地“无视”了；第三，《天下》篇虽未提及列子，但也没有提及孔子。

列子大致是什么时代或年代的人呢？西汉学者刘向说他与春秋时郑国第九位、第十一任君主郑穆公（生卒年：前648年—前606年。在位年：前628年—前606年）“同时”，很多文献却记载他与春秋末道家重要代表人物关尹有交集，《列子》一书中也有春秋末史事的记载，这些说法岂不相互矛盾？《庄子》记载，列子曾向关尹请教有关“道”的问题。因此列子的年龄当与关尹大致同龄或稍晚；关尹又以老聃为师，孔子也曾问道于老聃，则列子大致与孔子同时。如此，列子当是春秋末或战国初人。刘向之所以记载他与郑穆公“同时”，或许是刘向记载有误，或者是后人抄录刘向著作时产生讹误所致。

2. 关于《列子》真伪的争鸣

《列子》作为先秦典籍之所以遭到质疑与其在流传中遭遇变故有很大关系。据史籍记载，《列子》一书曾经历过两次比较系统的整理。刘向、刘歆父子校书在中国学术史上是一件大事，正是在刘向领校的这次大规模活动中，《列子》被定为八篇。现行版本是东晋张湛校注的，他在《列子注·序》中对辑全整书的过程做了叙述。本书之所以出现如此大的争议，关键便在于众多学者认为张湛所注的《列子》并不是战国时期的典籍，而是后人博采各家典籍辑录而成，是一部拼凑出的作品，而作者极可能为魏晋时人，或正是张湛本人。更有甚者，不但将《列子》视为后人辑录，更将刘向《叙录》一并归于伪造之列，断定《叙录》是伪造者为使《列子》能以假乱真所作。

对《列子》的质疑最早应追溯到唐柳宗元的《辨列子》。柳氏在文章中针对刘向《叙录》和张本《列子》中的年代冲突提出质疑，并指出书中出现了比列子晚出的后代人物，但是柳氏并未因此而断言《列子》为伪书，只是说“然其书亦多增窜非其实”。然后世学者们却在柳氏质疑的基础上继续扩展，甚至引出一些极端的论断，直接将《列子》定为伪书。如宋代朱熹的《观列子偶书》，明代宋濂的《诸子辨》，清代姚际恒的《古今伪书考》，近代梁启超的《古书真伪及其年代》、马叙伦的《列子伪书考》、杨伯峻的《列子著述年代考》等。力主伪书论的队伍不断壮大，使得该理论影响深远，直至今日。但是由于将《列子》判为伪书缺乏确凿无疑之证据，且上述材料也不乏推测之词，因此在“释古时代”到来后，便有学者质疑“伪书说”，并提出新的观点，开始了为《列子》平反的时期，认为其成书于先秦的人不断增多。

日本学者武内义雄的《列子冤词》，岑仲勉的《列子非晋人伪作》《再论〈列子〉的真伪》以及陈鼓应、陈广忠、郑良树、许抗生等都在多篇文章中为《列子》鸣冤，改变了《列子》“伪书说”一家独大的局面。在支持《列子》为先秦古籍的诸多研究者中，严灵峰先生的《列子辩诬及其中心思想》和马达先生的《〈列子〉真伪考辨》为最主要代表。严书主要从成书时间的考证、《列子》和《庄子》的重文关系以及书中的道家思想来论证《列子》并非伪书；马书更是针对《列子伪书考》举出的“二十事”逐一反驳，指出其中鲜有立得住的证据。但是直至现在，真伪双方都未能找到确凿证据令对方信服，所以考辨在《列子》研究领域中依然占有很大比重。

3. 关于《列子》思想哲学的争鸣

《列子》原文八篇各自围绕一个主题展开：《天瑞》讲存亡变化的万物以不生不化之“无”为本；《黄帝》讲应理处顺、虚己接物的生活态度；《周穆王》讲觉与梦的相对性（实即真与假的相对性）及人生的虚幻不实；《仲尼》讲无知忘情、寂然玄照的体道方式；《汤问》讲感官与经验之知的有限性及至道与常识之间的鸿沟；《力命》讲无意志、无目的、亦无因果报应的命定论；《杨朱》讲贵身轻物、肆情而为的养生之道；《说符》讲是非无定、福祸相倚，故当随时而变。除《杨朱》篇之外，全文的思想立场基本相同。

从哲学思想方面对《列子》展开研究，主要包括传统的思想哲学研究、佛教思想研究、自然科学思想研究、制度研究及杨朱研究五个方面。从思想哲学方面进行研究，是近年来研究的最主要形式之一。作家、作者多具有思想上的传承或学术倾向，若能揭示作品与其传说作者在思想方面的异同，则是更高层次的考辨真伪及其年代的方法。

对《列子》思想研究，主要有任继愈主编《中国哲学发展史·魏晋南北朝卷》中论《列子》的一章，严北溟先生的《列子译注》的前言，严灵峰的《列子辩诬及其中心思想》，萧登福的《列子探微》及一些论文。

——参考资料：杨雪，《〈列子〉寓言研究》，山东大学硕士学位论文，2015年7月；郎文春，《〈列子〉思想初探》，西北大学硕士学位论文，2014年7月。

四、延伸阅读

[1]《列子·国学经典》，张长法注译，中州古籍出版社，2010年5月。

推荐理由：今本《列子》八卷，包括天瑞篇、黄帝篇、周穆王篇、仲尼篇、汤问篇、力命篇、杨朱篇和说符篇。全书题材广泛，颇富教育意义。

[2]《列子资治》，郑宇民著，外文出版社，2016年1月。

推荐理由：《列子资治》是对列子于当下启示的一次新的解读。作者虽然开宗明义说不是翻译古文，然而他对古文的理解似更深一层；虽然明确表示是借鉴“资治”，但对文本及文本背后逻辑的理解似更胜一筹；虽然是借古资今，但对今之时弊之揭示似更具体些。《列子资治》从揭示散文背后的哲学逻辑出发，提炼出我国古代人本文化的基本构架。哲学研究本质上就是研究一个思想体系内在的逻辑。本书把寓言故事所寓的言、所寓的思想、所寓的哲学都揭示出来了。

[3]《列子集释》，杨伯峻撰，中华书局，2012年3月。

推荐理由：杨伯峻先生所撰《列子集释》，是当下流通最广、最具权威性的《列子》整理本之一。正文八卷及晋人张湛注以校勘精良的湖海楼丛书本为底本，另集唐人卢重玄解、殷敬顺释文，及有关列子本文和张注、卢解的校勘、训诂与考据等，正文后则附录有张湛事略、相关叙录、历代辨伪文字，所收资料较齐全，极大方便了学者的研究。

【思考题】

1. 请从多个角度解读《愚公移山》这则寓言，例如从神话、道家、儒家、佛家等角度解读。

2. 举例谈谈《列子》中修辞的运用。

3.《列子》通过具体简短的寓言抒写宏妙抽象的哲学和美学思想，想象飞驰飘逸、文笔潇洒多变，是可以与《庄子》相媲美的文学著作。其美学思想庞杂而丰富，试从几个有代表性的方面加以分析。

庄　子（选）

一、简介

《庄子》又名《南华经》，是战国中期庄子及其后学所著道家经文。其书与《老子》《周易》合称“三玄”。《庄子》一书反映了庄子的批判哲学、艺术、美学、审美观、政治、社会等诸多方面。原有内篇七篇、外篇二十八篇、杂篇十四篇、解说三篇，共五十二篇，十余万言。郭象删减后分内篇、外篇、杂篇三部分，共存三十三篇，大小寓言两百多个，共六万余字，其中，内篇七篇、外篇十五篇、杂篇十一篇。该书包罗万象，对宇宙生成论、人与自然的关系、生命价值、批判哲学等都有详尽的论述。

《庄子》与《归藏》《黄帝四经》《老子》等著作共为中华民族的几部源头性经典，它们不仅是哲学和文化的重要载体，而且是古代圣哲关于文学、美学、艺术、审美的智慧结晶。庄子等道家思想是历史上除了儒学外被定为官学与道举的学说。

《庄子》不仅是一本哲学名作，更是文学、审美学上的寓言杰作典范，是对中国文学、审美的发展有着不可分割的深远影响。庄子寓言的出版和研究使得中华文化的优秀传统得以继承和发展，中华民族的精神得以发扬，在现实意义上，更为社会主义文明的建设做出了不可忽视的精神铺垫。

二、原文（节选）

内　篇

逍　遥　游

北冥有鱼，其名为鲲①。鲲之大，不知其几千里也。化而为鸟，其名为鹏。鹏之背，不知其几千里也。怒而飞，其翼若垂天之云。是鸟也，海运则将徙于南冥。南冥者，天池也。《齐谐》者，志怪者也。《谐》之言曰：“鹏之徙于南冥也，水击三千里，抟扶摇②而上者九万里，去以六月息者也。”野马也，尘埃也，生物之以息相吹也。天之苍苍③，其正色邪？其远而无所至极邪？其视下也，亦若是则已矣。且夫水之积也不厚，则其负大舟也无力。覆杯水于坳堂之上④，则芥⑤为之舟，置杯焉则胶，水浅而舟大也。风之积也不厚，则其负大翼也无力。故九万里则风斯在下矣，而后乃今培风；背负青天而莫之夭阏⑥者，而后乃今将图南。蜩与学鸠笑之曰⑦：“我决起⑧而飞，抢榆枋，时则不至而控于地而已矣，奚以之九万里而南为？⑨”适莽苍者，三飡而反，腹犹果然；适百里者，宿舂粮⑩；适千里者，三月聚粮。之二虫又何知！小知不及大知，小年不及大年。奚以知其然也？朝菌不知晦朔，蟪蛄不知春秋，此小年也。楚之南有冥灵者，以五百岁为春，五百岁为秋；上古有大椿者，以八千岁为春，八千岁为秋，此大年也。而彭祖乃今以久特闻，众人匹之，不亦悲乎？

【注释】

①鲲（kūn）：本指鱼卵，此处借用为表大鱼之名。这符合庄子的《齐物论》本旨和庄子的独特的奇诡文风。

②抟（tuán）：盘旋上升。扶摇：旋风。

③苍苍：深蓝色。

④覆：倒。坳（ào）堂：屋前地上的洼坑。

⑤芥：小草。

⑥夭（yāo）：挫折。阏（è）：阻碍。

⑦蜩（tiáo）：蝉。学鸠（jiū）：斑鸠一类的小鸟。

⑧决（xuè）起：迅速跃起。决，同“赽”，迅疾。

⑨奚（xī）以：何必，哪里用得着。之：往。为：句末疑问语气词，相当于“呢”。

⑩宿：隔夜，头一夜。舂（chōng）粮：把谷物的壳捣掉，指准备粮食。

汤之问棘也是已：“穷发之北[①]，有冥海者，天池也。有鱼焉，其广数千里，未有知其修者[②]，其名为鲲。有鸟焉，其名为鹏，背若太山，翼若垂天之云；抟扶摇羊角而上者九万里，绝云气，负青天，然后图南，且适南冥也。斥鴳[③]笑之曰：‘彼且奚适也？我腾跃而上，不过数仞而下，翱翔蓬蒿之间[④]，此亦飞之至也！而彼且奚适也？’”此小大之辩也。

【注释】

①穷发：草木不生的地方。发，草木。

②修：长。

③斥鴳（yàn）：小池泽中的一种小雀。

④翱翔蓬蒿（hāo）之间：翱翔在蓬木蒿草之间。

故夫知效一官，行比一乡，德合一君而[①]征一国者，其自视也，亦若此矣。而宋荣子犹然[②]笑之。且举世而誉之而不加劝，举世而非[③]之而不加沮，定乎内外之分，辩乎荣辱之境，斯已矣。彼其于世，未数数然[④]也。虽然，犹有未树也。夫列子御风而行，泠然善也[⑤]，旬有五日而后反。彼于致福者，未数数然也。此虽免乎行，犹有所待者[⑥]也。若夫乘天地之正，而御六气之辩，以游无穷者，彼且恶乎待哉！故曰：至人无己[⑦]，神人无功[⑧]，圣人无名[⑨]。

【注释】

①而：同“能”，能力。

②犹然：讥笑的样子。

③非：非难，指责。

④数（shuò）数然：急切追求的样子。

⑤泠（líng）然：轻妙的样子。善：美妙。

⑥有所待：有所凭借。待，依靠。庄子的“有待”与“无待”是哲学范畴，指的是事物是否有条件性。全句是指列子即使可乘风飞行，也仍然不得不凭借他物。

⑦至人：极致的人，庄子心目中境界最高的人。至人、神人、圣人，三者名异实同。无己：指至人破除自我偏执，扬弃小我，摒绝功名束缚的本我，追求绝对自由、通达、物我相忘的境界。

⑧无功：顺应大道不示功名。

⑨无名：不求名望。“至人无己”是庄子体悟的最高人格境界，“神人无功”是庄子无治主义政治观的表达，“圣人无名”是庄子扬弃功名、去除外物束缚的人生追求。

尧让天下于许由，曰：“日月出矣，而爝火[1]不息，其于光也，不亦难乎！时雨降矣，而犹浸灌，其于泽也，不亦劳乎！夫子立而天下治，而我犹尸[2]之，吾自视缺然。请致天下。”许由曰：“子治天下，天下既已治也，而我犹代子，吾将为名乎？名者，实之宾也，吾将为宾乎？鹪鹩[3]巢于深林，不过一枝；偃鼠饮河，不过满腹。归休乎君！予无所用天下为。庖人[4]虽不治庖，尸祝不越樽俎[5]而代之矣。”

【注释】

①爝（jué）火：火把、火炬。

②尸：掌管，主持。

③鹪（jiāo）鹩（liáo）：一种小鸟。

④庖（páo）人：厨师。庖，烹饪一类的事。

⑤尸祝：古代祠庙中掌管祭祀的司仪。樽（zūn）：酒器。俎（zǔ）：盛肉的器具。

肩吾问于连叔曰：“吾闻言于接舆，大而无当[1]，往而不返。吾惊怖其言，犹河汉而无极也，大有径庭，不近人情焉。”连叔曰：“其言谓何哉？”“曰：‘藐姑射之山[2]，有神人居焉。肌肤若冰雪，绰约[3]若处子；不食五谷，吸风饮露，乘云气，御飞龙，而游乎四海之外；其神凝，使物不疵疠而年谷熟[4]。’吾以是狂而不信也。”连叔曰：“然。瞽[5]者无以与乎文章之观，聋者无以与乎钟鼓之声。岂唯形骸有聋盲哉？夫知亦有之。是其言也，犹时女也。之人也，之德也，将旁礴万物以为一，世蕲乎乱[6]，孰弊弊焉以天下为事！之人也，物莫之伤，大浸稽天而不溺，大旱金石流、土山焦而不热。是其尘垢秕糠，将犹陶铸尧、舜者也，[7]孰肯以物为事！”宋人资章甫而适诸越，越人断发文身，无所用之。尧治天下之民，平海内之政，往见四子藐姑射之山，汾水之阳，窅[8]然丧其天下焉。

【注释】

①大而无当：宏达而不适当。无当，不切实际

②藐（miǎo）：同“邈”，遥远。姑射：传说中的仙山名。

③绰（chuò）约：柔美的姿态。

④疵（cī）疠（lì）：指疾病，灾害。年谷：指庄稼。

⑤瞽（gǔ）：盲人。

⑥世蕲（qí）乎乱：世人喜求纷纷扰扰。蕲，祈求；乱，纷扰，倾轧。

⑦尘垢（gòu）秕（bǐ）糠：尘土、污垢、秕谷、糠皮，指糟粕。陶铸：原指烧制陶器、熔铸金属，这里指造就培育。

⑧窅（yǎo）然丧其天下焉：怅怅然忘却了天下。窅然，怅然若失的样子。

惠子谓庄子曰：“魏王贻我大瓠之种，我树之成而实五石[①]。以盛水浆，其坚不能自举也；剖之以为瓢，则瓠落无所容。非不呺[②]然大也，吾为其无用而掊[③]之。”庄子曰：“夫子固拙于用大矣。宋人有善为不龟手之药者，世世以洴澼絖[④]为事。客闻之，请买其方百金。聚族而谋曰：‘我世世为洴澼絖，不过数金。今一朝而鬻技[⑤]百金，请与之。’客得之，以说吴王。越有难，吴王使之将。冬，与越人水战，大败越人，裂地而封之。能不龟手一也，或以封，或不免于洴澼絖，则所用之异也。今子有五石之瓠，何不虑以为大樽[⑥]而浮乎江湖，而忧其瓠落无所容？则夫子犹有蓬之心[⑦]也夫！”

【注释】

①实：容纳。石（dàn）：即“禾石”，古代重量单位，相当于一百二十斤。

②呺（xiāo）然：空空的样子。

③掊（pǒu）：打破，砸烂。

④洴（píng）澼（pì）：漂洗。絖（kuàng）：同“纩”，絮衣服的丝绵。

⑤鬻（yù）技：出卖、转让技术。

⑥何不虑：为什么不系缚。樽：腰舟，可以捆在腰间漂浮在水上。

⑦蓬之心：即蓬心，心有茅塞，比喻不能通达，见识肤浅。蓬，一种茎叶不直的草。

惠子谓庄子曰：“吾有大树，人谓之樗[①]。其大本拥肿而不中绳墨，其小枝卷曲而不中规矩。立之涂，匠人不顾。今子之言，大而无用，众所同去也。”庄子曰：“子独不见狸狌[②]乎？卑身而伏，以候敖者；东西跳梁，不辟高下；中于机辟，死于罔罟[③]。今夫斄牛[④]，其大若垂天之云，此能为大矣，而不能执鼠。今子有大树，患其无用，何不树之于无何有之乡，广莫之野，彷徨乎无为其侧，逍遥乎寝卧其下？不夭斤[⑤]斧，物无害者，无所可用，安所困苦哉！”

【注释】

①樗（chū）：一种木质低劣的乔木。

②狸：野猫。狌（shēng）：黄鼠狼。

③罔（wǎng）：同“网”，罗网。罟（gǔ）：网的总称。

④斄（lí）牛：即牦牛。

⑤夭：折断，砍伐。斤：大斧头。

齐物论

南郭子綦隐机而坐，仰天而嘘，荅[①]焉似丧其耦[②]。颜成子游立侍乎前，曰：“何居乎？形固可使如槁木，而心固可使如死灰乎？今之隐机者，非昔之隐机者也。”子綦曰：“偃，不亦善乎，而问之也！今者吾丧我，汝知之乎？女闻人籁而未闻地籁，女闻地籁而不闻天籁夫！”

【注释】

①荅：形体破坏的样子，这里指生气索然。

②耦（ǒu）：躯体。

子游曰：“敢问其方[①]。”子綦曰：“夫大块噫气[②]，其名为风。是唯无作，作则万窍怒呺[③]。而独不闻之翏翏[④]乎？山陵之畏佳[⑤]，大木百围之窍穴，似鼻，似口，似耳，似枅[⑥]，似圈，似臼，似洼者，似污者。激者、謞[⑦]者、叱者、吸者、叫者、譹[⑧]者、宎[⑨]者，咬者。前者唱于而随者唱喁，泠风[⑩]则小和，飘风则大和，厉风济则众窍为虚。而独不见之调调之刁刁乎？”

【注释】

①方：道理。

②大块噫（yī）气：大地吐气。块，土地

③万窍怒呺（háo）：万千个孔穴都鼓怒号叫，指风吹遍了满世界。

④翏翏（liáo）：拟声词，风的声音。

⑤山陵之畏佳（wēi cuī）：指山林的高大，这里意为山林被风吹得摇来动去。陵，同“林”；畏佳，同“巍崔”。

⑥枅（jī）：柱上横木。

⑦謞（xiào）：箭射出的声音。

⑧譹（háo）：哭声。

⑨宎（yǎo）：深谷之声。

⑩泠（líng）风：小风。

子游曰：“地籁则众窍是已，人籁则比竹是已，敢问天籁？”子綦曰：“夫吹万不同，而使其自己[①]也。咸其自取，怒者其谁邪？”

【注释】

①自己：有这样的孔窍就有这样的声音，都是孔窍之自取。

大知闲闲，小知间间。大言炎炎[①]，小言詹詹。其寐也魂交，其觉也形开。与接为构，日以心斗。缦[②]者、窖[③]者、密者。小恐惴惴，大恐缦缦。其发若机栝[④]，其司是非之谓也；其留如诅盟，其守胜之谓也；其杀如秋冬，以言其日消也；其溺之所为之，不可使复之也；其厌也如缄[⑤]，以言其老洫[⑥]也；近死之心，莫使复阳也。喜怒哀乐，虑叹变蜇[⑦]，姚[⑧]佚[⑨]启态。乐出虚，蒸成菌。日夜相代乎前，而莫知其所萌。已乎，已乎！旦暮得此，其所由以生乎！

【注释】

①炎炎：气势猛烈逼人。

②缦（màn）：通“慢”，迟缓。

③窖（jiào）：深藏不露。

④栝（guā）：箭末扣弦处。

⑤缄（jiān）：束箧的绳索。

⑥洫（xù）：衰老颓败。

⑦蜇（zhé）：一作“慹”，恐惧害怕。

⑧姚：轻浮。

⑨佚：放纵。

非彼无我，非我无所取[①]。是亦近矣，而不知其所为使。若有真宰，而特不得其眹[②]。可行已信，而不见其形，有情而无形。百骸、九窍、六藏、赅[③]而存焉，吾谁与为亲？汝皆说之乎？其有私焉？如是皆有为臣妾乎？其臣妾不足以相治乎？其递相为君臣乎？其有真君存焉！如求得其情与不得，无益损乎其真。一受其成形，不亡以待尽。与物相刃相靡[④]，其行尽如驰而莫之能止，不亦悲乎？终身役役[⑤]而不见其成功，苶[⑥]然疲役而不知其所归，可不哀邪！人谓之不死，奚益！其形化，其心与之然，可不谓大哀乎？人之生也，固若是芒乎？其我独芒，而人亦有不芒者乎？

【注释】

①取：禀受、体现。

②眹（zhèn）：迹象，征兆。

③赅（gāi）：完备。

④相靡（mó）：互相摩擦。靡，同“磨”。

⑤役役：劳劳碌碌。
⑥苶（nié）：疲惫不堪的样子。

夫随其成心而师之，谁独且无师乎？奚必知代而心自取者有之？愚者与有焉！未成乎心[1]而有是非，是今日适越而昔至也。是以无有为有。无有为有，虽有神禹且不能知，吾独且奈何哉！

【注释】
①心：成熟的思想。

夫言非吹也。言者有言，其所言者特未定[1]也。果有言邪？其未尝有言邪？其以为异于鷇音[2]，亦有辩乎？其无辩乎？道恶乎隐而有真伪？言恶乎隐而有是非？道恶乎往而不存？言恶乎存而不可？道隐于小成，言隐于荣华。故有儒墨之是非，以是其所非而非其所是。欲是其所非而非其所是，则莫若以明[3]。

【注释】
①特未定：还不足以成为定则。
②鷇（kòu）音：初生小鸟的叫声。比喻不带成见的话语。鷇，雏鸟。
③莫若以明：不如用明澈的心境去观照事物的本然。

物无非彼[1]，物无非是。自彼则不见，自知则知之。故曰：彼出于是，是亦因彼，彼是方生之说也。虽然，方生方死，方死方生；方可方不可，方不可方可；因是因非，因非因是。是以圣人不由而照之于天，亦因是也。是亦彼也，彼亦是也。彼亦一是非，此亦一是非。果且有彼是乎哉？果且无彼是乎哉？彼是莫得其偶[2]，谓之道枢[3]。枢始得其环中，以应无穷。是亦一无穷，非亦一无穷也。故曰：莫若以明。

【注释】
①彼：指两个对立的方面。
②莫得其偶：不能互相对立。偶，相对立。
③道枢（shū）：道的枢纽关键。

以指喻指之非指，不若以非指喻指之非指也；以马喻马之非马，不若以非马喻马之非马也。天地一指也，万物一马也[1]。

【注释】
①天地一指也，万物一马也：以其同万物的观点来看，天地就是“一指”，万物就是“一马”。

可乎可，不可乎不可。道行之而成，物谓之而然。恶乎然？然于然。恶乎不然？不然于不然。物固有所然，物固有所可。无物不然，无物不可。故为是举莛与楹[①]，厉与西施，恢诡谲怪[②]，道通为一。

【注释】

①莛（tíng）与楹（yíng）：莛，草茎；楹，房柱。莛在此喻“小”，楹在此喻“大”。小大之别，与下文丑美之别相对。

②恢诡谲（jué）怪：泛指诡异奇怪的事物。

其分也，成也；其成也，毁也。凡物无成与毁，复通为一。唯达者知通为一，为是不用而寓诸庸[①]。庸也者，用也；用也者，通[②]也；通也者，得也。适得而几矣。因是已。[③]已而不知其然，谓之道。劳神明[④]为一，而不知其同也，谓之“朝三”。何谓“朝三”？狙公赋芧，曰：“朝三而暮四。”众狙皆怒。曰：“然则朝四而暮三。”众狙皆悦。名实未亏，而喜怒为用，亦因是也。是以圣人和之以是非，而休乎天钧[⑤]，是之谓两行。

【注释】

①庸：功用。

②通：缘于同一。

③因是已：达到了万物的本根。

④神明：心思智巧。

⑤天钧：天然均衡的状态。

古之人，其知有所至矣。恶乎至？有以为未始[①]有物者，至矣，尽矣，不可以加矣！其次以为有物矣，而未始有封[②]也。其次以为有封焉，而未始有是非也。是非之彰[③]也，道之所以亏也。道之所以亏，爱之所以成。果且有成与亏乎哉？果且无成与亏乎哉？有成与亏，故昭氏之鼓琴也；无成与亏，故昭氏之不鼓琴也。昭文之鼓琴也，师旷之枝策也，惠子之据梧也，三子之知几乎皆其盛[④]者也，故载之末年。唯其好之也以异于彼，其好之也欲以明之。彼非所明而明之，故以坚白之昧终。而其子又以文之纶终，终身无成。若是而可谓成乎，虽我亦成也；若是而不可谓成乎，物与我无成也。是故滑疑[⑤]之耀，圣人之所图[⑥]也。为是不用而寓诸庸，此之谓“以明”。

【注释】

①未始：未曾，不曾。

②封：界限，界域。

③彰：分明。

④盛：最高境界。
⑤滑疑：混乱诡异。
⑥图：摒弃，革除。

今且[1]有言于此，不知其与是类乎？其与是不类乎？类与不类，相与为类，则与彼无以异矣。虽然[2]，请尝言之。有始也者，有未始有始也者，有未始有夫未始有始也者。有有也者，有无也者，有未始有无也者，有未始有夫未始有无也者。俄而有无矣，而未知有无之果孰有孰无也。今我则已有谓矣，而未知吾所谓之其果有谓乎？其果无谓乎？

【注释】
①今且：假设词。且，姑且。
②虽然：即使如此，表示转折论述。

天下莫大于秋豪之末，而太山为小；莫寿于殇子[1]，而彭祖为夭。天地与我并生，而万物与我为一。既已为一矣，且得有言乎？既已谓之一矣，且得无言乎？一与言为二，二与一为三。自此以往，巧历[2]不能得，而况其凡乎！故自无适有，以至于三，而况自有适有乎！无适焉[3]，因是已！

【注释】
①殇（shāng）子：夭折的孩子。
②巧历：工于计算的人。
③无适焉：不必再往下推算了。无，同“毋”。

夫道未始有封，言未始有常，为是而有畛[1]也。请言其畛。有左有右，有伦有义，有分有辩，有竞有争，此之谓八德。六合之外，圣人存[2]而不论；六合之内，圣人论而不议；春秋经[3]世先王之志，圣人议而不辩。

【注释】
①畛（zhěn）：界限。
②存：姑且搁置。
③经：治理。

故分也者，有不分也；辩也者，有不辩也。曰：何也？圣人怀之，众人辩之以相示也。故曰：辩也者，有不见也。夫大道不称，大辩不言，大仁不仁，大廉不嗛，大勇不忮[1]。道昭[2]而不道，言辩而不及，仁常而不成，廉清而不信，勇忮而不成。五者无弃而几向方矣！故知止其所不知，至矣。孰知不言之辩，不道之道？若有能知，此之谓天府。注焉而不满，酌[3]焉而不竭，而不知其所由来，此之谓葆光[4]。

【注释】

①大勇不忮（zhì）：大勇从不伤害他人。忮，忌恨、伤害。

②昭：光显。

③酌（zhuó）：汲取。

④葆（bǎo）光：含藏光明。

故昔者尧问于舜曰："我欲伐宗、脍、胥敖，南面而不释然。其故何也？"舜曰："夫三子者，犹存乎蓬艾之间。若不释然，何哉？昔者十日并出，万物皆照，而况德之进乎[①]日者乎！"

【注释】

①进乎：超过、胜过。

啮缺问乎王倪曰："子知物之所同是乎？"曰："吾恶乎知之！""子知子之所不知邪？"曰："吾恶乎知之！""然则物无知邪？"曰："吾恶乎知之！虽然，尝试言之：庸讵知[①]吾所谓知之非不知邪？庸讵知吾所谓不知之非知邪？且吾尝试问乎女：民湿寝则腰疾偏死，鳅然乎哉？木处则惴栗恂惧，猨猴然乎哉？三者孰知正处？民食刍豢[②]，麋鹿食荐，蝍蛆甘带，鸱鸦耆[③]鼠，四者孰知正味？猿猵狙以为雌，麋与鹿交，鳅与鱼游。毛嫱丽姬，人之所美也；鱼见之深入，鸟见之高飞，麋鹿见之决[④]骤[⑤]，四者孰知天下之正色哉？自我观之，仁义之端，是非之涂，樊然淆乱，吾恶能知其辩！"啮缺曰："子不知利害，则至人固不知利害乎？"王倪曰："至人神矣！大泽焚而不能热，河汉冱[⑥]而不能寒，疾雷破山、飘风振海而不能惊。若然者，乘云气，骑日月，而游乎四海之外，死生无变于己，而况利害之端乎！"

【注释】

①庸讵（jù）知：怎么知道

②豢（huàn）：用谷子喂的家畜。

③耆（shì）：同"嗜"，喜欢。

④决（kuài）：同"快"。

⑤骤：疾走。

⑥冱（hù）：冰冻。

瞿鹊子问乎长梧子曰："吾闻诸夫子，圣人不从事于务[①]，不就利，不违害，不喜求，不缘道[②]，无谓有谓，有谓无谓，而游乎尘垢之外。夫子以为孟浪之言，而我以为妙道之行也。吾子以为奚若？"

【注释】

①务：俗务。

②缘道：拘泥于俗道。

长梧子曰："是皇帝之所听荧[①]也，而丘也何足以知之！且女亦大早计，见卵而求时夜，见弹而求鸮炙。予尝为女妄言之，女以妄听之。奚旁日月，挟宇宙，为其脗合[②]，置其滑涽[③]，以隶相尊？众人役役，圣人愚芚，参万岁而一成纯。万物尽然，而以是相蕴[④]。予恶乎知说生之非惑邪！予恶乎知恶死之非弱丧而不知归者邪！"

【注释】

①听荧：疑惑不明。

②脗（wěn）合：吻合。脗，同"吻"。

③滑涽（hūn）：纷繁杂乱。

④相蕴：积淀沉蕴。

"丽之姬，艾封人之子也。晋国之始得之也，涕泣沾襟。及其至于王所，与王同筐床，食刍豢，而后悔其泣也。予恶乎知夫死者不悔其始之蕲生[①]乎？梦饮酒者，旦而哭泣；梦哭泣者，旦而田猎。方其梦也，不知其梦也。梦之中又占其梦焉，觉而后知其梦也。且有大觉而后知此其大梦也。而愚者自以为觉，窃窃然[②]知之。君乎！牧乎！固哉丘也！与女皆梦也！予谓女梦，亦梦也。是其言也，其名为吊诡。万世之后，而一遇大圣，知其解者，是旦暮遇之也。"

【注释】

①蕲（qí）：追求。

②窃窃然：自以为明察的样子。

"既使我与若辩矣，若胜我，我不若胜，若果是也，我果非也邪？我胜若，若不吾胜，我果是也，而果非也邪？其或是也，其或非也邪？其俱是也，其俱非也邪？我与若不能相知也。则人固受其黮暗[①]，吾谁使正[②]之？使同乎若者正之，既与若同矣，恶能正之？使同乎我者正之，既同乎我矣，恶能正之？使异乎我与若者正之，既异乎我与若矣，恶能正之？使同乎我与若者正之，既同乎我与若矣，恶能正之？然则我与若与人俱不能相知也，而待彼也邪？"

【注释】

①黮（dǎn）暗：暗昧不明，所见偏颇。

②正：评判，裁别。

“何谓和之以天倪[①]？”曰：“是不是，然不然。是若果是也，则是之异乎不是也亦无辩；然若果然也，则然之异乎不然也亦无辩。化声之相待[②]，若其不相待，和之以天倪，因之以曼衍，所以穷年也。忘年忘义，振于无竟，故寓诸无竟。”

【注释】

①天倪（ní）：自然的分别。

②待：对立。

罔两问景曰：“曩[①]子行，今子止；曩子坐，今子起。何其无特操与？”景曰：“吾有待而然者邪？吾所待又有待而然者邪？吾待蛇蚹蜩翼[②]邪？恶识所以然？恶识所以不然？”

【注释】

①曩（nǎng）：先前

②蛇蚹（fù）蜩（tiáo）翼：蛇依凭鳞片，蝉依凭薄翼。

昔者庄周梦为胡蝶，栩栩然胡蝶也。自喻适志[①]与，不知周也。俄然觉，则蘧蘧[②]然周也。不知周之梦为胡蝶与？胡蝶之梦为周与？周与胡蝶则必有分矣。此之谓物化。

【注释】

①适志：得意顺畅。

②蘧蘧（qú）：僵值的样子。

养　生　主

吾生也有涯[①]，而知也无涯。以有涯随无涯，殆[②]已！已而为知者，殆而已矣！为善无近名，为恶无近刑。缘[③]督以为经，可以保身，可以全生[④]，可以养亲，可以尽年[⑤]。

【注释】

①涯：边际，极限。

②殆：危险，这里指疲困不堪，神伤体乏。

③缘：顺着，遵循。

④生：同“性”，“全生”意思是保全天性。一说“生”指生命。

⑤尽年：终享天年，不使夭折。年，年寿，自然寿命。

庖丁为文惠君解牛，手之所触，肩之所倚，足之所履[①]，膝之所踦[②]，砉[③]然向然，奏刀[④]騞然，莫不中音。合于《桑林》之舞，乃中《经首》之会。文惠君曰："嘻！善哉！技盖至此乎？"庖丁释刀对曰："臣之所好者道也，进乎技矣。始臣之解牛之时，所见无非牛者；三年之后，未尝见全牛也；方今之时，臣以神遇而不以目视，官知止而神欲行。依乎天理，批大郤⑤，导大窾⑥，因其固然。枝经肯綮⑦之未尝，而况大軱⑧乎！良庖岁更刀，割也；族庖月更刀，折也。今臣之刀十九年矣，所解数千牛矣，而刀刃若新发于硎⑨。彼节者有间而刀刃者无厚，以无厚入有间，恢恢乎其于游刃必有余地矣。是以十九年而刀刃若新发于硎。虽然，每至于族，吾见其难为，怵然为戒，视为止⑩，行为迟，动刀甚微，謋然已解，如土委地。提刀而立，为之四顾，为之踌躇满志，善刀而藏之。"文惠君曰："善哉！吾闻庖丁之言，得养生焉。"

【注释】

①履：践踏。

②踦（yǐ）：支撑，接触。这里指用一条腿的膝盖顶牛。

③砉（huā）：象声词，皮骨相离的声音。向：同"响"。

④奏刀：进刀。騞（huō）：象声词，形容比砉然更大的进刀解牛声。

⑤批大郤（xì）：击入大的缝隙。批，击；郤，同"隙"。

⑥导大窾（kuǎn）：顺着（骨节间的）空处进刀。

⑦綮（qìng）：筋肉聚结处。

⑧軱（gū）：股部的大骨。

⑨硎（xíng）：磨刀石。

⑩止：集中在某一点上。

公文轩见右师而惊曰："是何人也？恶乎介也①？天与？其②人与？"曰："天也，非人也。天之生是使独也，人之貌有与也，以是知其天也，非人也"。泽雉十步一啄，百步一饮，不蕲畜乎樊中③。神虽王④，不善也。

【注释】

①恶（wū）乎：何以。介：独，只有一只脚。

②其：或者。

③蕲（qí）：祈求，希望。畜：养。樊：笼。

④王（wàng）：旺盛。

老聃死，秦失吊之①，三号而出。弟子曰："非夫子之友邪？"曰："然。""然则吊焉若此，可乎？"曰："然。始也吾以为其人也，而今非也。向②吾入而吊焉，有老者哭之，如哭其子；少者哭之，如哭其母。彼其所以会之，必有不蕲言而言，不蕲哭而哭者。是遁天倍情③，忘其所受④，古者谓之遁天之刑⑤。适来，夫子时也；适去，夫子顺也。安时而处顺，哀乐不能入也，古者谓是帝之县解。”指穷于为薪，火传也，不知其尽也。

【注释】

①秦失（yì）：老聃的友人。吊：吊唁。

②向：刚才。

③遁：失去。天：天性。倍：同“背”，背弃。

④受：禀受

⑤刑：规范道理。一说刑即刑辱之意。

人 间 世（节选）

颜回见仲尼，请行。曰：“奚之①？”曰：“将之卫。”曰：“奚为焉？”曰：“回闻卫君，其年壮，其行独②。轻用其国，而不见其过。轻用民死，死者以国量乎泽若蕉，民其无如矣！回尝闻之夫子曰：‘治国去之，乱国就③之，医门多疾。’愿以所闻思其则，庶几其国有瘳乎④！”

【注释】

①之：往。

②独：专断。

③就：趋赴，前往。

④庶几：也许可以，含有希望的意思。瘳（chōu）：病愈，这里指国家恢复了元气。

仲尼曰：“嘻！若殆①往而刑耳！夫道不欲杂，杂则多，多则扰，扰则忧，忧而不救。古之至人，先存诸己，而后存②诸人。所存于己者未定，何暇至于暴人之所行？且若亦知夫德之所荡③，而知之所为出乎哉？德荡乎名，知出乎争。名也者，相轧也；知也者，争之器也。二者凶器，非所以尽行也。”

【注释】

①殆：恐怕，大概。

②存：存立，这里指道德修养的建立。

③荡：丧失，毁坏。

“且德厚信矼①，未达人气，名闻不争，未达人心。而强以仁义绳墨②之言，术暴人之前者，是以人恶有其美也，命之曰菑③人。菑人者，人必反菑之，若殆为人菑夫！且苟为悦贤而恶不肖，恶用而求有以异？若唯无诏，王公必将乘人而斗其捷。而目将荧④之，而色⑤将平之，口将营之，容将形之⑥，心且成之。是以火救火，以水救水，名之曰益多。顺始无穷。若殆以不信厚言，必死于暴人之前矣！”

【注释】

①矼（qiāng）：坚实、笃厚。

②绳墨：喻指规矩、规范。

③菑（zāi）：“灾”字的异体。

④荧：眩，迷惑。

⑤色：脸色。

⑥容：容颜、态度。形：显露，表现。

“且昔者桀杀关龙逢，纣杀王子比干，是皆修其身以下伛拊[1]人之民，以下拂其上[2]者也，故其君因其修[3]以挤之。是好名者也。昔者尧攻丛枝、胥敖，禹攻有扈。国为虚厉[4]，身为刑戮。其用兵不止，其求实无已[5]，是皆求名实者也，而独不闻之乎？名实者，圣人之所不能胜也，而况若乎！虽然，若必有以也，尝以语我来！”

【注释】

①下：下位，居于臣下之位。伛（yǔ）拊（fǔ）：怜爱抚育。

②拂：违反。上：居于上位的人，这里指国君。

③修：美好，这里专指很有道德修养。

④虚：墟所，这个意义后代写作“墟”。厉：人死而无后代。

⑤实：实利。已：止。

应帝王

啮缺[1]问于王倪，四问而四不知。啮缺因跃而大喜，行以告蒲衣子。

蒲衣子曰：“而乃今知之乎？有虞氏不及泰氏[2]。有虞氏其犹藏仁以要人，亦得人矣，而未始出于非人。泰氏其卧徐徐，其觉于于。一以己为马，一以己为牛。其知情信，其德甚真，而未始入于非人。”

肩吾见狂接舆。狂接舆曰：“日中始何以语女？”肩吾曰：“告我，君人者以己出经式义度，人孰敢不听而化诸？”狂接舆曰：“是欺德也。其于治天下也，犹涉海凿河，而使蚊负山也。夫圣人之治也，治外夫？正而后行，确乎能其事者而已矣。且鸟高飞以避矰弋[3]之害，鼷鼠深穴乎神丘之下以避熏凿之患，而曾[4]二虫之无知？”

天根游于殷阳，至蓼水之上，适遭无名人而问焉，曰：“请问为天下。”无名人曰：“去！汝鄙人也，何问之不豫[5]也！予方将与造物者为人，厌则又乘夫莽眇之鸟，以出六极之外，而游无何有之乡，以处圹埌之野。汝又何为以治天下感予之心为？”又复问，无名人曰：“汝游心于淡，合气于漠，顺物自然而无容私焉，而天下治矣。”

阳子居见老聃，曰："有人于此，向疾强梁，物彻疏明，学道不倦。如是者，可比明王乎？"老聃曰："是于圣人也，胥易技系，劳形怵心者也。且也虎豹之文来田，猨狙之便、执斄之狗来藉[6]。如是者，可比明王乎？"阳子居蹴然[7]曰："敢问明王之治。"老聃曰："明王之治：功盖天下而似不自己，化贷万物而民弗恃；有莫举名，使物自喜；立乎不测，而游于无有者也。"

【注释】

①啮缺（niè quē）：传说中的上古贤人，隐居不仕。《庄子·天地》："尧之师曰许由，许由之师曰啮缺，啮缺之师曰王倪。"

②泰氏：指伏羲。

③弋（yì）：用带绳子的箭，用来射鸟。

④曾（zēng）：竟，简直，还。

⑤豫：欢喜，快乐，安闲，舒适。

⑥田：畋猎。藉：绳索。

⑦蹴（cù）然：亦作"蹙然"，惊惭不安貌。一说为恭敬貌。

郑有神巫曰季咸，知人之死生、存亡、祸福、寿夭，期以岁月旬日，若神。郑人见之，皆弃而走。列子见之而心醉，归，以告壶子，曰："始吾以夫子之道为至矣，则又有至焉者矣。"壶子曰："吾与汝既其文，未既其实。而固得道与？众雌而无雄，而又奚卵焉！而以道与世亢[1]，必信，夫故使人得而相汝。尝试与来，以予示之。"明日，列子与之见壶子。出，而谓列子曰："嘻！子之先生死矣！弗活矣！不以旬数矣！吾见怪焉，见湿灰焉。"列子入，泣涕沾襟以告壶子。壶子曰："乡[2]吾示之以地文，萌乎不震不正。是殆见吾杜德机也。尝又与来。"明日，又与之见壶子。出，而谓列子曰："幸矣！子之先生遇我也，有瘳矣！全然有生矣！吾见其杜权矣！"列子入，以告壶子。壶子曰："乡吾示之以天壤，名实不入，而机发于踵。是殆见吾善者机也。尝又与来。"明日，又与之见壶子。出，而谓列子曰："子之先生不齐[3]，吾无得而相焉。试齐，且复相之。"列子入，以告壶子。壶子曰："吾乡示之以太冲[4]莫胜，是殆见吾衡气机也。鲵桓之审为渊，止水之审为渊，流水之审为渊。渊有九名，此处三焉。尝又与来。"明日，又与之见壶子。立未定，自失而走。壶子曰："追之！"列子追之不及。反，以报壶子曰："已灭矣，已失矣，吾弗及已。"壶子曰："乡吾示之以未始出吾宗。吾与之虚而委蛇，不知其谁何，因以为弟靡[5]，因以为波流，故逃也。"然后列子自以为未始学而归。三年不出，为其妻爨[6]，食豕[7]如食人，于事无与亲。雕琢复朴，块然[8]独以其形立。纷而封哉，一以是终。

【注释】

①亢：匹敌。

②乡：刚才。

③不齐：谓生机变化莫测，前后不一致，忽有忽无，忽静忽动。

④太冲：谓极其虚静和谐的境界。《淮南子·诠言训》："聪明虽用，必反诸神，谓之太冲。"高诱注："冲，调也。"

⑤弟靡（mí）：谓柔顺而随波逐流。郭象注："变化颓靡，世事波流，无往而不因也。"成玄英疏："颓者，放任；靡者，顺从。"

⑥爨（cuàn）：烧火做饭。

⑦食（sì）豕（shǐ）：拿东西给猪吃，喂猪。

⑧块然：木然无知貌。成玄英疏："块然，无情之貌也。"

无为名尸，无为谋府，无为事任，无为知主[①]。体尽无穷[②]，而游无朕。尽其所受乎天而无见得，亦虚而已！至人之用心若镜，不将不迎，应而不藏，故能胜物而不伤。

南海之帝为儵[③]，北海之帝为忽，中央之帝为浑沌。儵与忽时相与遇于浑沌之地，浑沌待之甚善。儵与忽谋报浑沌之德，曰："人皆有七窍以视听食息，此独无有，尝试凿之。"日凿一窍，七日而浑沌死。

【注释】

①知主：智慧的主宰，出主意的人。

②体尽无穷：潜心地体验真源而且永不休止。

③儵（shū）：同"倏"。

外　篇

骈　拇（节选）

骈[①]拇枝指出乎性哉，而侈于德；附赘县疣[②]出乎形哉，而侈于性；多方乎仁义而用之者，列于五藏哉，而非道德之正也。是故骈于足者，连无用之肉也；枝于手者，树无用之指也；骈枝于五藏之情者，淫僻[③]于仁义之行，而多方于聪明之用也。

【注释】

①骈（pián）：并列，这里是指合在一起。

②附：附着。赘：赘瘤。县（xuán）：同"悬"。疣（yóu）：同"瘤"。

③淫僻：过度为淫，过偏为僻。

是故骈于明者，乱五色，淫文章，青黄黼黻[①]之煌煌非乎？而离朱是已。多于聪者，乱五声，淫六律，金、石、丝、竹、黄钟、大吕之声非乎？而师旷是已。枝于仁者，擢[2]德塞性以收名声，使天下簧鼓以奉不及之法非乎？而曾、史是已。骈于辩者，累瓦、结绳、窜句，游心[3]于坚白同异之间，而敝[4]跬誉无用之言非乎？而杨、墨是已。故此皆多骈旁枝之道，非天下之至正也。

【注释】

①黼（fǔ）黻（fú）：古代礼服上绣制的花纹。

②擢（zhuó）：拔，提举。

③游心：驰骋心思。

④敝：分外用力而疲惫不堪。

彼正正者，不失其性命之情。故合者不为骈，而枝者不为跂；长者不为有余，短者不为不足。是故凫胫[1]虽短，续之则忧；鹤胫虽长，断之则悲。故性长非所断，性短非所续，无所去[2]忧也。意仁义其非人情乎！彼仁人何其多忧也。

【注释】

①凫（fú）：野鸭。胫（jìng）：小腿。

②去：摒弃，排除。

且夫骈于拇者，决之则泣；枝于手者，龁[1]之则啼。二者，或有余于数，或不足于数，其于忧一也。今世之仁人，蒿目而忧世之患；不仁之人，决性命之情而饕贵富[2]。故意仁义其非人情乎！自三代以下者，天下何其嚣嚣也。

【注释】

①龁（hé）：咬断。

②决：断，抛弃。饕（tāo）：贪。

且夫待[1]钩绳规矩而正者，是削其性者也；待绳约胶漆而固者，是侵其德者也；屈折礼乐，呴俞[2]仁义，以慰天下之心者，此失其常然也。天下有常然。常然者，曲者不以钩，直者不以绳，圆者不以规，方者不以矩，附离不以胶漆，约束不以纆[3]索。故天下诱然[4]皆生，而不知其所以生；同焉皆得，而不知其所以得。故古今不二，不可亏也。则仁义又奚连连如胶漆纆索而游乎道德之间为哉！使天下惑也！

【注释】

①待：依靠。

②呴（xǔ）俞：抚爱。“呴俞仁义”就是用仁义的手段来抚爱和教化别人。

③纆（mò）：绳索。

④诱然：不知不觉的样子。

夫小惑易方，大惑易性。何以知其然邪？自虞氏招仁义以挠天下也，天下莫不奔命于仁义，是非以仁义易其性与？故尝试论之，自三代以下者，天下莫不以物易其性矣。小人则以身殉利，士则以身殉名，大夫则以身殉家，圣人则以身殉天下。故此数子者，事业不同，名声异号，其于伤性以身为殉，一也。臧与谷[①]，二人相与牧羊而俱亡[②]其羊。问臧奚事，则挟策读书；问谷奚事，则博塞[③]以游。二人者，事业不同，其于亡羊均也。伯夷死名于首阳之下，盗跖死利于东陵之上。二人者，所死不同，其于残生伤性均也，奚必伯夷之是而盗跖之非乎！天下尽殉也：彼其所殉仁义也，则俗谓之君子；其所殉货财也，则俗谓之小人。其殉一也，则有君子焉，有小人焉；若其残生损性，则盗跖亦伯夷已，又恶取君子小人于其间哉！

【注释】

①臧与谷：家奴和童仆。

②亡：逃跑，丢失。

③博塞：亦作“簙簺”，一种类似掷骰子的游戏。

且夫属其性乎仁义者，虽通如曾、史，非吾所谓臧也；属其性于五味，虽通如俞儿，非吾所谓臧也；属其性乎五声，虽通如师旷，非吾所谓聪也；属其性乎五色，虽通如离朱，非吾所谓明也。吾所谓臧者，非仁义之谓也，臧于其德而已矣；吾所谓臧者，非所谓仁义之谓也，任其性命之情而已矣；吾所谓聪者，非谓其闻彼也，自闻而已矣；吾所谓明者，非谓其见彼也，自见而已矣。夫不自见而见彼，不自得而得彼者，是得人之得而不自得其得者也，适人之适而不自适其适者也。夫适人之适而不自适其适，虽盗跖与伯夷，是同为淫僻也。余愧乎道德，是以上不敢为仁义之操，而下不敢为淫僻之行也。

马　蹄

马，蹄可以践霜雪，毛可以御风寒。龁[①]草饮水，翘[②]足而陆，此马之真性也。虽有义台路寝[③]，无所用之。及至伯乐，曰：“我善治马。”烧之，剔之，刻之，雒之[④]。连之以羁馽，编之以皁栈[⑤]，马之死者十二三矣；饥之，渴之，驰之，骤之，整之，齐之，前有橛饰[⑥]之患，而后有鞭筴之威，而马之死者已过半矣。陶者曰：“我善治埴。圆者中规，方者中矩。”匠人曰：“我善治木。曲者中钩，直者应绳。”夫埴木之性，岂欲中规矩钩绳哉？然且世世称之曰：“伯乐善治马，而陶匠善治埴[⑦]木。”此亦治天下者之过也。

吾意善治天下者不然。彼民有常性，织而衣，耕而食，是谓同德。一而不党，命曰天放。故至德之世，其行填填[8]，其视颠颠[9]。当是时也，山无蹊隧，泽无舟梁；万物群生，连属其乡；禽兽成群，草木遂长。是故禽兽可系羁而游，乌鹊之巢可攀援而窥。

【注释】

①龁（hé）：咬嚼。

②翘（qiáo）：扬起。陆：通作踛（lù），跳跃。

③义（é）：同“峨”，“义台”即高台。路：大，正。寝：居室。

④雒（luò）之：戴笼头。

⑤皁（zào）：饲马的槽枥。栈：安放在马脚下的编木，用以防潮，俗称马床。

⑥橛（jué）：马口所衔之木，今用铁制，谓马口铁。饰：指马络头上的装饰。

⑦埴（zhí）：黏土。

⑧填填：稳重貌。

⑨颠颠：专注貌。

夫至德之世，同与禽兽居，族与万物并，恶乎知君子小人哉？同乎无知，其德不离；同乎无欲，是谓素朴。素朴而民性得矣。及至圣人，蹩躠为仁，踶跂[①]为义，而天下始疑矣。澶漫[②]为乐，摘辟为礼，而天下始分矣。故纯朴不残，孰为牺尊！白玉不毁，孰为珪璋！道德不废，安取仁义！性情不离，安用礼乐！五色不乱，孰为文采！五声不乱，孰应六律！夫残朴以为器，工匠之罪也；毁道德以为仁义，圣人之过也。

夫马，陆居则食草饮水，喜则交颈相靡[③]，怒则分背相踶。马知已此矣！夫加之以衡扼，齐之以月题，而马知介倪、闉扼、鸷曼、诡衔、窃辔。故马之知而能至盗者，伯乐之罪也。

夫赫胥氏时，民居不知所为，行不知所之，含哺而熙，鼓腹而游[④]。民能以此矣！及至圣人，屈折礼乐以匡天下之形，县跂[⑤]仁义以慰天下之心，而民乃始踶跂好知，争归于利，不可止也。此亦圣人之过也。

【注释】

①踶跂（dì qí）：，用尽心力，勉力行之的样子。

②澶漫（chán màn）：宽长貌，广远貌。

③相靡：相继分散，递相消失。

④含哺而熙，鼓腹而游：口含食物，手拍肚子。形容太平时代无忧无虑的生活。哺，口中所含的食物；熙，游戏；鼓腹，鼓起肚子，即饱食。

⑤县跂：悬挂于高处而令人仰慕。

三、学习提示

(一)《庄子》的传播

庄子思想是以儒家思想为主体的中国传统思想的重要组成部分，是中国传统思想某些基本特征和内容的最早的观念根源。历代研究庄周一派道家思想学说的学者层出不穷，并以《庄子》一书为本体，又汇集了历代学人对庄子其人其书及其学说不断研究的成果，逐渐形成了一个专门化的学术研究领域，即“庄子学”。庄子学的形成与发展进程也是《庄子》的传播历史过程。

对庄子学的研究是和各时代的社会政治与学术风气紧密相关的。战国秦汉为庄子学的起始期，以惠施、荀况等人对庄子的简单评论为标志。《庄子·天下篇》当为庄周后学所作，其中研究庄周的一段文字，对庄子的学说渊源、言说方式、文章风格等方面做了深入的研究和系统的阐释，为后世研究庄子起到了良好的示范作用。

(1) 汉初的刘安写出了《庄子略要》和《庄子后解》，但均已亡佚。根据《文选》中李善所引佚文来看，前者应是直接研究《庄子》的专论，后者为训解文句和典故的文章。

到了东汉初年，班固著成了《庄子》章句之类的专著。据陆德明《经典释文·庄子音义》所保存的有关资料可知，班氏在这部专著中对《庄子》篇章的划分和对字句的考订，都表现出了自己的独特见解，从而把《庄子》研究向前推进了一步。这一时期的庄子学缓慢发展，其成果形式还显得杂乱不能自成系统，基本上还没有从哲学、历史、文学、医学等著作中分离出来而成为一门独立学科。

(2) 对《庄子》进行深入的研究与探讨，是从魏晋时期开始的。魏晋之初，玄学兴起，《周易》《老子》《庄子》成为研究的热点，时称“三玄”。根据史书及其他资料记载，魏晋时注解《庄子》的书达二十种以上。这些注解中最重要的有四家：崔撰、向秀、司马彪、郭象。魏晋时代是一个历史大动乱的时代，玄学就是在这个动乱的年代中兴起的。从历史的角度来考察，玄学是对汉代学风的反动，它推动了抽象思维的发展。《庄子》是抽象思维高度发展的产物，魏晋时代的《庄子》研究对当时抽象哲理思维的发展起到了推动作用。

(3) 唐代是儒、释、道三家鼎立的时代。唐代虽崇尚儒学，而道、释也同时受到尊重。庄子被尊为“南华真人”，《庄子》一书被尊为《南华真经》。因此，唐代对庄子的研究依然十分盛行。根据新旧《唐书》的记载，当时注解《庄子》的书达二十三种之多。

(4) 宋代是思想十分活跃的年代，形成了具有鲜明特色的“宋学”，并与“汉学”相对立。宋学的特点是偏重义理。根据有关史料记载，两宋时期有关《庄子》的著作也大都体现了这一特点。据载，两宋时期有关《庄子》注释及论著在六十种以上。南宋末年，褚伯秀的《南华真经义海纂微》一书是对宋代学者《庄子》研究成果的汇集和总结。宋人研究庄子，有调和儒道两家学说的倾向。苏轼《庄子祠堂记》说：“余以为庄子，盖助孔子者。”苏轼的观点多为明清学者所继承。

(5) 明代注解《庄子》的著作以焦竑《庄子翼》、释德清《庄子内篇注》、方以智

《药地炮庄》为代表。焦竑为明代后期人，所著《庄子翼》的主旨为阐释明儒道互补之意，在庄学史上有一定的影响及地位。

（6）清代，在乾嘉学风的影响下，学者们从文字、训诂角度对《庄子》做了大量研究，解决了前人许多没有解决的疑难问题，使《庄子》的研究有了较大的进展。清末，郭庆藩的《庄子集释》和王先谦的《庄子集释》对这些成果做了总结性的整理，反映了清代学者的研究成就，是庄学史上的重要著作。

（7）1900—1949年是现代庄学的开创期。近代学者继承了前代学者的传统，不但从文字、训诂方面匡正前人的错误，同时也进一步解决了一些前人不曾解决的问题，而且对《庄子》书中的真伪、《庄子》思想体系及其艺术成就，进行了多角度、多层次的探讨。总体而言，这一时期的庄学研究比清以前的研究有了长足进步，对《庄子》研究已明显强调学科意识，尤其在《庄子》的哲学研究方面借鉴了西方思想资源，并大体规定了以后《庄子》哲学研究的范围和思路。不过此时期的大部分论著还拘泥于校勘、考据和训诂，对《庄子》缺乏深入的系统理论研究，问题意识也不强。

1950—1965年为现代庄学的发展期。由于受当时意识形态的干扰，这一时期庄学研究取得的成绩不大，不过也有亮点。如关锋的《庄子内篇释解和批判》以阶级立场和扬今贬古的态度解读《庄子》，虽在思想上并不可取，但该书译文比较可靠，末附庄子时代大事年表和历代庄子注解书目，对了解庄子思想的时代背景和历代庄子学研究贡献很大。另外，其对庄子哲学体系结构进行的思考推动了该专题讨论。《哲学研究》编辑部编的《庄子哲学讨论集》收集了关锋、冯友兰、任继愈、汤一介等人的学术争论。争论围绕着庄子的阶级属性、哲学性质、哲学体系结构和庄子与内外杂关系这四个问题展开，推动了庄学的发展。刘武和王孝鱼对前人《庄子》校释本进行了补正，立论严谨，考证翔实，承乾嘉朴学之风，也是当时庄学研究的亮点。

（8）自1977年至今，庄子研究呈现新气象。据不完全统计，自1977年以来的四十余年，已出版庄学研究专著百余部，论文则有几千篇之多，超过了前两个时期。《庄子》研究进入繁盛期。专著大致可以分为校注考译释、理论研究、工具书和论文集四大类。本期庄学研究突破了先 前的水平，在许多问题上取得了重大突破，并开辟了不少新的研究领域，运用了新的研究方法，尤其在义理阐发方面，达到了世纪庄学研究的最高峰。

近年来，国外一些学者对庄子越来越感兴趣。日本学者池田知久著文《〈庄子〉"道"的哲学及其展开》，对庄子以"道"为核心的哲学体系做了阐述。西方华人学者对庄子乃至整个道家思想兴趣尤浓。美籍华人陈荣捷著有《中国哲学原始资料》，在其第八章《庄子神秘的思维方式》中，他指出了老庄之异，分析了庄子的直觉思维方式对中国佛学、诗歌、绘画的巨大影响。吴匡明《对庄子的九种误解》考察了中国历史上所有研究的成果。陈启云从《庄子》中挖掘了儒家材料。傅伟勋从诠释学角度研究了老庄、郭象与禅宗的关系。在德籍华人学者中有毛高格的《从濠梁之辩看庄子的"真"观》、费南山的《现代西方人为什么对庄子感兴趣》，等等。

——参考资料：张晞，《庄子学研究综述》，《沈阳师范大学学报（社会科学版）》，2010年第4期。

(二)《庄子》的研究

1. 关于《庄子》真伪的争鸣

庄子其人其书早在汉代司马迁的《史记》中就有明确的记述。司马迁指出，庄子自著十多万言，“作《渔父》《盗跖》《胠箧》，以诋訾孔子之徒，以明老子之术”（《史记·老庄申韩列传》)，说明了《庄子》的篇幅和内容的特点。直到唐、宋以前，这一说法大致没有遭到什么异议。据说到唐代，韩愈开始对《庄子》的某些篇章产生疑问，宋代的苏轼在《庄子祠堂记》中更是表示了明确的怀疑，认为《盗跖》《渔父》《让王》《说剑》等四篇非庄子所著。

自苏轼以后对庄子文本的怀疑越来越多。这种怀疑遂使得辨伪的动机发生了变化，即从站在儒家的立场上想把非儒的内容从庄子文本中以辨伪的方式清除出去，而转向了《庄子》中哪一部分是庄子自著的问题。这最终导致了一个几乎得到公认的观点：内篇是庄子自著， 外、杂篇是庄子后学所作。明清的焦竑、王夫之、姚鼐等都持这种观点。直到现当代这也还是主流观点，如高亨等人都持这种观点。

与上述观点截然相反的是任继愈的看法。他认为《庄子》内篇是汉初庄子后学所作，而外、杂篇的大部，特别是非儒的部分及《天道》《天地》等篇才是庄子所作，或者说才能代表庄子思想。

2. 关于《庄子》内外篇作者和年代的争鸣

现行的《庄子》是分为内篇、外篇和杂篇的。关于内、外、杂篇的作者和年代，是众学者争论不休的问题。争论的主要焦点在于是内篇早于外、杂篇，还是外、杂篇早于内篇。持后一种观点的主要理由如下。

第一，司马迁在《史记·老子韩非列传》中，指出庄子“其著书十余万言”，这应包括内篇以及外、杂篇。之所以只取外、杂篇，是因为讲述问题的需要。司马迁是在讲述庄子著书“以诋訾孔子之徒，以明老子之术”的时候，提到了这几篇。外、杂篇中有些文章排诋孔子、亲近老子的倾向比较明显。

第二，对于篇题，完全有可能为后人所拟定，对于整篇文章则不影响。况且，在庄子时代，以意取名，也不是没有可能出现的，稍后的荀子、韩非子等均是如此。

内篇早于外、杂篇，是传统的认识，为多数人认同，当代学者也有更深入的论证。最有代表性的是高亨先生。他在《庄子新笺》一书中引证了三条证据，即《庄子》中有些论述提到发生在庄子去世后的事实，这些论述均来自外、杂篇，分别是“田成子十二世有齐国”（《胠箧》)，“汤武立为天子，而后世绝灭”（《盗跖》)，“庄子将死，弟子欲厚葬之”（《列御寇》)。这些篇可以肯定不是庄子本人所作。

刘笑敢先生的研究也值得一提。他在其《庄子哲学及其演变》中，使用新的研究方法，即用词和概念方面的证明，对内篇与外、杂篇的先后做了判断。他指出内篇中只有道、德、命、精、神等概念，而在外篇与杂篇中，“道德”“性命”“精神”这三个复合概念已出现三十多处。汉语的发展，首先出现的是单纯词，复合词肯定出现得晚些，“由此可以初步推断《庄子》内篇是早出的，而外、杂篇是晚出的”。

3. 关于庄子美学的争鸣

章启群先生把《庄子》美学看成一个悖论，只要《庄子》和美学之间自相矛盾，那么《庄子》美学作为一个命题就难以成立。就“非美学”的一面来说，章启群先生认为《庄子》不存在建设性的美学本体论和认识论；就“反美学”的一面来说，章启群先生认为《庄子》用伦理学的价值论否定了美学的价值论。

学者罗双针对章启群先生把《庄子》美学作为悖论的问题，为庄子美学的合法性进行了辩护。他划分了庄子美学的四个边界，辨析了庄子关于美的言说，以此揭示庄子美学的诗意性，立足于庄子自身的道，澄清了庄子美学的合法性问题。他从伦理学的角度出发，指出了庄子美学的可能道路，认为庄子美学非悖论，即使庄子美学存在章启群先生所谓的“悖论”，但作为悖论的《庄子》美学也反映了庄子美学的真相。

——参考资料：朱锋，《〈庄子〉真伪的考论与思想系统的划分》，《复旦学报（社会科学版）》，1995年第5期；张伟，《〈庄子〉在先秦时期的传播与接受》，山东大学硕士学位论文，2007年7月。

四、延伸阅读

[1]《庄子译诂》，杨柳桥著，上海古籍出版社，1991年。

推荐理由：作者杨柳桥先生研究《庄子》多年，对其所蕴含的哲学思想有精到的见解。在本书译注部分，作者对包括读音、字义、校订、协韵等内容，使用了浅近文言写就，在译文部分尽量直译，以忠实于原文。

[2]《庄子歧解》，崔大华著，中华书局，2012年2月。

推荐理由：本书归纳了魏晋以来在不同学术思潮影响下形成的对《庄子》一书的字句、名物、思想的不同解释和理解，从而总结了历代《庄子》注解的不同观点，疏通了《庄子》中发生歧义的疑难肯綮之处。书中每篇先列题意（关于思想的歧解），次列《庄子》正文，再列字句的歧解，极便检索、参考。

[3]《庄子诠言》，封思毅著，安徽人民出版社，2012年8月。

推荐理由：《庄子诠言》诠释了庄子思想的概况，包括道与德、天与人、物与我、群与己、神与形等的本质及各自之间的关系。该书择其重点，分立五题，以一身为主，推之与人、与物、与天、与道之关系，由内而外，逐加论究；末复浑融成一体，附以表解，脉络一贯。分可独立成篇，合之全豹自见。

【思考题】

1. 庄子是怎样看待“言”与“意”的关系的？
2. 庄子思想对后世中国文艺的发展有怎样的影响？
3. 谈谈对庄子“逍遥”与“齐物”以及二者之间的关系的理解。

史记（选）

一、简介

《史记》是西汉史学家司马迁撰写的纪传体史书，是中国历史上第一部纪传体通史。该书记载了上至上古传说中的黄帝时代，下至汉武帝太初四年间共3000多年的历史。太初元年（公元前104年），司马迁开始了《太史公书》即后来被称为《史记》的史书创作，前后经历了14年才得以完成。

《史记》全书包括十二本纪（记历代帝王政绩）、三十世家（记诸侯国和汉代诸侯、勋贵兴亡）、七十列传（记重要人物的言行事迹，主要叙人臣，其中最后一篇为自序）、十表（大事年表）、八书（记各种典章制度，记礼、乐、音律、历法、天文、封禅、水利、财用），共130篇。

《史记》被列为“二十四史”之首，与后来的《汉书》《后汉书》《三国志》合称“前四史”，对后世史学和文学的发展都产生了深远影响。其首创的纪传体编史方法为后来历代“正史”所传承。

《史记》还被认为是一部优秀的文学著作，在中国文学史上有重要地位，被鲁迅誉为“史家之绝唱，无韵之《离骚》”，有很高的文学价值。刘向等人认为此书“善序事理，辩而不华，质而不俚”。

二、原文（节选）

五帝本纪第一（节选）

黄帝者，少典之子[①]，姓公孙，名曰轩辕。生而神灵，弱而能言，幼而徇齐，长而敦敏，成而聪明。

轩辕之时，神农氏世衰。诸侯相侵伐，暴虐百姓，而神农氏弗能征。于是轩辕乃习用干戈，以征不享，诸侯咸来宾从。而蚩尤最为暴，莫能伐。炎帝欲侵陵诸侯，诸侯咸归轩辕。轩辕乃修德振兵，治五气，蓺五种，抚万民，度四方，教熊罴貔貅貙虎[②]，以与炎帝战于阪泉之野。三战，然后得其志。蚩尤作乱，不用帝命。于是黄帝乃征师诸侯，与蚩尤战于涿鹿之野，遂禽杀蚩尤。而诸侯咸尊轩辕为天子，代神农氏，是为黄帝。天下有不顺者，黄帝从而征之，平者去之，披山通道，未尝宁居。

东至于海，登丸山，及岱宗[③]。西至于空桐，登鸡头。南至于江，登熊、湘。北逐荤粥[④]，合符釜山，而邑于涿鹿之阿[⑤]。迁徙往来无常处，以师兵为营卫。官名皆以云命，为云师。置左右大监，监于万国。万国和，而鬼神山川封禅与为多焉[⑥]。获宝鼎，迎日推筴[⑦]。举[⑧]风后、力牧、常先、大鸿以治民。顺天地之纪[9]，幽明[10]之占，死生之说，存亡之难。时播百谷草木，淳化鸟兽虫蛾，旁罗日月星辰水波土石金玉，劳勤心力耳目，节用水火材物。有土德之瑞，故号黄帝。

黄帝二十五子，其得姓者十四人。

【注释】

①少典："少典者，诸侯国号，非人名也。"（《索隐》）这里所谓"诸侯国号"实际就是远古部族名。子：指后代。

② 熊罴貔貅貙虎：都是猛兽名。《索隐》认为这六种猛兽经过训练可以作战；《正义》以为是用来给军队命名的，借以威吓敌人。六种猛兽可能是六个氏族的图腾。

③岱宗：即泰山。

④荤粥：部族名，即匈奴。

⑤阿：山脚。

⑥封禅：古代帝王所举行的祭祀天地山川的盛典。在泰山筑坛以祭天叫封，在梁父山辟草以祭地叫禅。与：跟……比。

⑦"获宝鼎"二句：迎，预测，预推；推，推算；筴（cè），同"策"。《索隐》据《封禅书》有"黄帝得宝鼎神策"和"于是推策迎日"二句，认为神策即神蓍（shī），是用以占卜的蓍草。这两句意思就是黄帝观测太阳的运行，用神策推算历法，预知节气日辰。又《正义》："黄帝受神筴，命大挠造甲子（即天干地支），容成造历（即黄帝历）是也。"

⑧举：提拔任用。

⑨天地之纪：指天地四时运行的规律。"纪"，规律。

⑩幽明：指阴阳。

夏本纪第二（节选）

夏禹，名曰文命。禹之父曰鲧，鲧之父曰帝颛顼，颛顼之父曰昌意，昌意之父曰黄帝。禹者，黄帝之玄孙[1]而帝颛顼之孙也。禹之曾大父[2]昌意及父鲧皆不得在帝位，为人臣。

当帝尧之时，鸿水滔天，浩浩怀山襄陵，下民其忧。尧求能治水者，群臣四岳皆曰鲧可。尧曰："鲧为人负命毁族[3]，不可。"四岳曰："等之未有贤于鲧者[4]，愿帝试之。"于是尧听四岳，用鲧治水。九年而水不息，功用不成。于是帝尧乃求人，更得舜。舜登用，摄行天子之政，巡狩。行视鲧之治水无状，乃殛鲧于羽山以死。天下皆以舜之诛为是。于是舜举鲧子禹，而使续鲧之业。

尧崩，帝舜问四岳曰："有能成美尧之事者使居官？"皆曰："伯禹为司空，可成美尧之功。"舜曰："嗟，然！"命禹："女平水土，维是勉之[5]。"禹拜稽首[6]，让于契、后稷、皋陶。舜曰："女其往视尔事矣。"

禹为人敏给克勤，其德不违，其仁可亲，其言可信：声为律，身为度，称以出；亹亹穆穆[7]，为纲为纪。

【注释】

①玄孙：孙之孙为玄孙。同姓宗族中，以自己为本位，上有父、祖、曾祖、高祖，下有子、孙、曾孙、玄孙。

②曾大父：即曾祖父。

③负命：违背天命。毁族：毁败同族的人。

④等：相同，一样。这里是比较的意思。贤：好，强。

⑤维：句首语气词。是：此，这，指平水土这件事。勉：勉力，努力。

⑥拜：行敬礼。下跪叩头及打躬作揖通称为拜。稽首：一种跪拜礼，叩头到地，是拜礼中最恭敬的。

⑦亹（wěi）亹：勤勉不倦的样子。穆穆：庄重严肃的样子。

殷本纪第三（节选）

殷契，母曰简狄，有娀氏之女，为帝喾次妃。三人行浴，见玄鸟堕其卵，简狄取吞之，因孕生契。[1]契长而佐禹治水有功。帝舜乃命契曰："百姓不亲，五品不训，汝为司徒而敬敷五教，五教在宽。"封于商，赐姓子氏。契兴于唐、虞、大禹之际，功业著于百姓，百姓以平。

契卒，子昭明立。昭明卒，子相土立。相土卒，子昌若立。昌若卒，子曹圉立。曹圉卒，子冥立。冥卒，子振立[2]。振卒，子微立。微卒，子报丁立。报丁卒，子报乙立。报乙卒，子报丙立。报丙卒，子主壬立。主壬卒，子主癸立。主癸卒，子天乙立，是为成汤。

成汤，自契至汤八迁。汤始居亳，从先王居，作《帝诰》[3]。

汤征诸侯。葛伯不祀。汤始伐之[4]。汤曰："予有言：人视水见形，视民知治不。"伊尹曰："明哉！言能听，道乃进。尹国子民，为善者皆在王官[5]。勉[6]哉，勉哉！"汤曰："汝不能敬命[7]，予大罚殛[8]之，无有攸[9]赦。"作《汤征》[10]。

【注释】

①玄鸟：燕子，因燕子的羽毛是黑色的，所以称为玄鸟。玄，赤黑色。关于殷之始祖契的诞生，《诗经·商颂·玄鸟》也有记载："天命玄鸟，降而生商。"这是一个神话传说，玄鸟可能是商部族的图腾。

②振：为"亥"之误。陈直《史记新证》云："余考亥为冥子，《世本》作'核'，《史记》作'振'，'振'即'核'字传写之误。《古今人表》作'垓'，《天问》作'该'，惟殷墟甲骨文及《竹书》作王亥。"

③《帝诰》：已亡佚。《索引》引孔安国说，其内容是向帝喾报告已经迁回亳地的事。

④汤始伐之："汤始征，自葛载（开始）。"（《孟子·滕文公下》）《孟子》所引可能是《尚书》佚文，《梁惠王下》亦有"汤一征，自葛始"的记载。

⑤王官：天子之官，朝廷的官职。
⑥勉：努力。
⑦敬命：指敬顺天命。
⑧罚殛（jí）：诛罚，惩罚。
⑨攸：同“所”。
⑩《汤征》：《尚书》篇名，已亡佚。

周本纪第四（节选）

周后稷，名弃。其母有邰氏女，曰姜原。姜原为帝喾元妃[①]。姜原出野[②]，见巨人迹[③]，心忻然说[④]，欲践[⑤]之，践之而身动如孕者。居期[⑥]而生子，以为不祥[⑦]，弃之隘[⑧]巷，马牛过者皆辟[⑨]不践；徙置之林中，适会[⑩]山林多人，迁之；而弃渠中冰上，飞鸟以其翼覆荐之。姜原以为神，遂收养长之。初欲弃之，因名曰弃。

弃为儿时，屹如巨人之志。其游戏，好种树麻、菽，麻、菽美。及为成人，遂好耕农，相地之宜，宜谷者稼穑焉，民皆法则之。帝尧闻之，举弃为农师，天下得其利，有功。帝舜曰：“弃，黎民始饥，尔后稷播时百谷。”封弃于邰，号曰后稷，别姓姬氏。后稷之兴，在陶唐、虞、夏之际，皆有令德。

后稷卒，子不窋立。不窋末年，夏后氏政衰，去稷不务，不窋以失其官而奔戎狄之间。不窋卒，子鞠立。鞠卒，子公刘立。公刘虽在戎狄之间，复修后稷之业，务耕种，行地宜，自漆、沮度渭，取材用，行者有资，居者有畜积，民赖其庆。百姓怀之，多徙而保归焉。周道之兴自此始，故诗人歌乐思其德[⑧]。公刘卒，子庆节立，国于豳。

【注释】

①元妃：帝王或诸侯的嫡妻。《索隐》曰：“谯周以为‘弃，帝喾之胄，其父亦不著’，与此纪异也。”
②野：野外，郊野。
③迹：脚印。
④忻（xīn）然：欣然。忻，同“欣”。说：同“悦”，喜悦，高兴。
⑤践：踏，踩。
⑥居期：到了日子。这里指怀孕满十月。
⑦不祥：不吉利。
⑧隘：狭窄。
⑨辟：同“避”。
⑩适会：正赶上。“适”“会”同义。

秦本纪第五（节选）

秦之先，帝颛顼之苗裔孙曰女修。女修织，玄鸟[①]陨卵，女修吞之，生子大业。大业取少典之子[2]，曰女华。女华生大费，与禹平水土。已成，帝锡玄圭[3]。禹受曰："非予能成，亦大费为辅。"帝舜曰："咨尔费[4]，赞[5]禹功，其赐尔皁游[6]。尔后嗣将大出[7]。"乃妻之姚姓之玉女。大费拜受，佐舜调驯鸟兽，鸟兽多驯服，是为柏翳[8]。舜赐姓嬴氏。

大费生子二人：一曰大廉，实鸟俗氏；二曰若木，实费氏。其玄孙曰费昌，子孙或在中国，或在夷狄。费昌当夏桀之时，去夏归商，为汤御，以败桀于鸣条。大廉玄孙曰孟戏、中衍，鸟身人言。帝太戊闻而卜之使御，吉，遂致使御而妻之。自太戊以下，中衍之后，遂世有功，以佐殷国，故嬴姓多显，遂为诸侯。

其玄孙曰中潏[9]，在西戎，保西垂。生蜚廉。蜚廉生恶来。恶来有力，蜚廉善走，父子俱以材力事殷纣。周武王之伐纣，并杀恶来。是时蜚廉为纣石北方，还，无所报，为坛霍太山而报，得石棺，铭曰"帝令处父不与殷乱，赐尔石棺以华氏"。死，遂葬于霍太山。蜚廉复有子曰季胜。季胜生孟增。孟增幸于周成王，是为宅皋狼。皋狼生衡父，衡父生造父。造父以善御幸于周缪王，得骥、温骊、骅綟、騄耳之驷[10]，西巡狩，乐而忘归。徐偃王作乱，造父为缪王御，长驱归周，一日千里以救乱。缪王以赵城封造父，造父族由此为赵氏。自蜚廉生季胜已下五世至造父，别居赵。赵衰其后也。恶来革者，蜚廉子也，蚤死。有子曰女防。女防生旁皋，旁皋生太几，太几生大骆，大骆生非子。以造父之宠，皆蒙赵城，姓赵氏。

【注释】

①玄鸟：燕子。玄，黑色。秦之祖先为吞燕卵所生的传说，与《殷本纪》中所记商之祖先的传说类似。

②取：同"娶"。子：指女儿。

③锡：赐，赐予。玄圭：黑色的玉圭。舜赐玄圭事见《夏本纪》。

④咨：叹词。尔：你。

⑤赞：帮助。

皂 ⑥其：表示劝勉，可不译。皁游（liú）：旌旗上的黑色飘带。

⑦后嗣：后代。出：显，指昌盛。

⑧柏翳（yì）：即伯益。

⑨中潏：一作"仲滑"。(《集解》引徐广)

⑩骥、温骊、骅綟、騄耳：都是良马名。

吴太伯世家第一（节选）

吴太伯，太伯弟仲雍，皆周太王之子，而王季历之兄也。季历贤，而有圣[1]子昌，太王欲立季历以及昌[2]，于是太伯、仲雍二人乃奔荆蛮[3]，文身断发[4]，示不可用，以避季历。季历果立，是为王季，而昌为文王。太伯之奔荆蛮，自号句吴。荆蛮义之，从而归之千馀家，立为吴太伯。

太伯卒，无子，弟仲雍立，是为吴仲雍。仲雍卒，子季简立。季简卒，子叔达立。叔达卒，子周章立。是时周武王克殷，求太伯、仲雍之后，得周章。周章已君吴，因而封之。乃封周章弟虞仲于周之北故夏虚，是为虞仲，列为诸侯。

周章卒，子熊遂立。熊遂卒，子柯相立。柯相卒，子彊鸠夷立。彊鸠夷卒，子馀桥疑吾立。馀桥疑吾卒，子柯卢立。柯卢卒，子周繇立。周繇卒，子屈羽立。屈羽卒，子夷吾立。夷吾卒，子禽处立。禽处卒，子转立。转卒，子颇高立。颇高卒，子句卑立。是时晋献公灭周北虞公，以开晋⑤伐虢也。句卑卒，子去齐立。去齐卒，子寿梦立。寿梦立而吴始益大，称王。

自太伯作吴，五世而武王克殷，封其后为二：其一虞，在中国；其一吴，在夷蛮。十二世而晋灭中国之虞。中国之虞灭二世，而夷蛮之吴兴。大凡⑥从太伯至寿梦十九世。

【注释】

①圣：道德智慧臻于极致。

②及：至。本句是说：太王想让季历继承自己之位，季历再传子昌。

③荆蛮：上古中原人泛称荆地之民为“荆蛮”。

④文：同“纹”。文身断发，是古代吴越地区少数民族的习惯，即身上刺上花纹，头发剪短不束冠。

⑤开晋：拓展晋国疆土。

⑥大凡：共计。

齐太公世家第二（节选）

太公望吕尚者，东海上人①。其先祖尝为四岳②，佐禹平水土甚有功③。虞夏之际封于吕④，或封于申，姓姜氏。夏商之时，申、吕或封枝庶子孙，或为庶人，尚其后苗裔也。本姓姜氏，从其封姓，故曰吕尚。

吕尚盖尝穷困，年老矣，以渔钓奸周西伯。西伯将出猎，卜之，曰：“所获非龙非彲⑤，非虎非罴⑥；所获霸王之辅。”于是周西伯猎，果遇太公于渭之阳，与语大说，曰：“自吾先君太公曰‘当有圣人适周，周以兴’。子真是邪？吾太公望子久矣。”故号之曰“太公望”，载与俱归，立为师。

或曰，太公博闻，尝事纣。纣无道，去之。游说诸侯，无所遇，而卒西归周西伯。或曰，吕尚处士⑦，隐海滨。周西伯拘羑里，散宜生、闳夭素知而招吕尚。吕尚亦曰“吾闻西伯贤，又善养老，盍往焉”。三人者为西伯求美女奇物，献之于纣，以赎西伯。西伯得以出，反国。言吕尚所以事周虽异，然要之为文武师。

周西伯昌之脱羑里归，与吕尚阴谋修德以倾商政，其事多兵权与奇计，故后世之言兵及周之阴权皆宗太公为本谋。周西伯政平，及断虞芮之讼[8]，而诗人称西伯受命曰文王。伐崇、密须、犬夷[9]，大作[10]丰邑。天下三分，其二归周者，太公之谋计居多。

【注释】

①东海：此处泛指江苏、山东一带沿海，非今之东海。上：岸边。

②四岳：传说尧、舜时代掌管四时、主持方岳巡守的官长。

③佐：辅佐。平：治理。

④虞夏之际：即舜、禹执政时期。封：帝王将一方土地赐予臣下或宗室。

⑤彲（chī）：同“螭”，无角之龙。

⑥罴：棕熊，俗称“马熊”或“人熊”。

⑦处士：有才德而隐居不做官的士人。

⑧断虞芮之讼：虞国在今山西平陆，芮国在今陕西大荔，二国之君为土地疆界相争，久而不决，到周国请西伯评判。二君进入周境后，见到耕田者在田界上互相谦让，行人走路互相礼让，男女分道而行，老人受到尊重。二国之君非尝惭愧，也不去见西伯，自动把所争之地让出，作为闲田。详见《周本纪》《诗经·大雅·绵》。

⑨犬夷：古代部族名，西周时活动在今陕西一带。

⑩作：建设。

鲁周公世家第三（节选）

周公旦者，周武王弟也。自文王在时，旦为子孝，笃仁[1]，异于群子。及武王即位，旦常辅翼[2]武王，用事[3]居多。武王九年，东伐至盟津，周公辅行。十一年，伐纣，至牧野，周公佐武王，作《牧誓》[4]。破殷，入商宫。已杀纣，周公把大钺，召公把小钺，以夹武王，衅社，告纣之罪于天及殷民。释箕子之囚。封纣子武庚禄父，使管叔、蔡叔傅之，以继殷祀。遍封功臣同姓戚者。封周公旦于少昊之虚曲阜，是为鲁公。周公不就封，留佐武王。

武王克殷二年，天下未集，武王有疾，不豫，群臣惧，太公、召公乃缪卜。周公曰：“未可以戚我先王。”周公于是乃自以为质[5]，设三坛，周公北面[6]立，戴璧秉圭[7]，告于太王、王季、文王。史策祝曰：“惟尔元孙王发，勤劳阻疾。若尔三王是有负子之责于天，以旦代王发之身。旦巧能，多才多艺，能事鬼神。乃王发不如旦多材多艺，不能事鬼神。乃命于帝庭，敷佑四方，用能定汝子孙于下地，四方之民罔不敬畏。无坠天之降葆命，我先王亦永有所依归。今我其即命于元龟，尔之许我，我以其璧与圭归，以俟尔命。尔不许我，我乃屏璧与圭。”周公已令史策告太王、王季、文王，欲代武王发，于是乃即三王而卜。卜人皆曰吉，发书视之，信吉。周公喜，开籥[8]，乃见书遇吉。周公入贺武王曰：“王其无害。旦新受命三王，维长终是图。兹道能念予一人。”周公藏其策金縢匮[⑨]中，诫守者勿敢言。明日，武王有瘳。

【注释】

①笃仁：忠厚诚实仁爱。

②辅翼：佐助辅弼。

③用事：处理政务。

④《牧誓》：周武王伐纣时，在牧野战役前发布的战斗动员令。誓词中的内容包括揭露殷纣的罪行和对自己部队的战斗鼓励及作战要求。《牧誓》被收在《尚书》中。司马迁在《周本纪》中载录了全文，对其中的古僻词语进行了改写，可参看。

⑤质：人质。此处指周公以自己身体为保证物来请求先王让武王恢复健康，由自己来代替武王去死。

⑥北面：面朝北方。古代臣见君，要脸向北面以示尊敬。

⑦戴：捧着。璧：一种圆环状的玉制礼器，其边宽为内孔直径的两倍。秉：手持。圭（guī）：古代一种长条形的玉制礼器，上端为三角形，下端正方。古代祭神时以璧为尊神的主要礼品，而以圭为陪献品。

⑧籥（yuè）：本为古代一种管状乐器，但古代的锁也是管状的，所以称锁为“籥”。

⑨金縢匮：金丝缠束的柜子。縢，缠束；匮，同“柜”。

燕召公世家第四（节选）

召公奭与周同姓，姓姬氏。周武王之灭纣，封召公于北燕[①]。

其在成王时，召公为三公：自陕以西，召公主之；自陕以东，周公主之。成王既幼，周公摄政，当国践祚[②]，召公疑之，作《君奭》。君奭不说周公。周公乃称“汤时有伊尹，假于皇天；在太戊时。则有若伊陟、臣扈，假于上帝，巫咸治王家；在祖乙时，则有若巫贤；在武丁时，则有若甘般：率维兹有陈，保乂[③]有殷”。于是召公乃说。

召公之治西方，甚得兆民和。召公巡行乡邑，有棠树，决狱政事其下，自侯伯至庶人各得其所，无失职者。召公卒，而民人思召公之政，怀棠树不敢伐，哥[④]咏之，作《甘棠》[⑤]之诗。

自召公已下九世至惠侯。燕惠侯当周厉王奔彘，共和之时。惠侯卒，子釐侯立。是岁，周宣王初即位。釐侯二十一年，郑桓公初封于郑。三十六年，釐侯卒，子顷侯立。顷侯二十年，周幽王淫乱，为犬戎所弑。秦始列为诸侯。二十四年，顷侯卒，子哀侯立。哀侯二年卒，子郑侯立。郑侯三十六年卒，子缪侯立。

【注释】

①北燕：即燕国。因其南尚有姞姓的燕国，故史书又分别称“北燕”“南燕”以为区别。

②践祚：登上皇位。这里指以天子的身份处理国事。祚，同“阼”，王位前的台阶。

③保乂（yì）：治理，安定。

④哥：同“歌”。

⑤《甘棠》：《诗经·国风·召南》中的一篇。

管蔡世家第五（节选）

管叔鲜、蔡叔度者，周文王子而武王弟也。武王同母兄弟十人。母曰太姒，文王正妃①也。其长子曰伯邑考，次曰武王发，次曰管叔鲜，次曰周公旦，次曰蔡叔度，次曰曹叔振铎，次曰成叔武，次曰霍叔处，次曰康叔封，次曰冄季载。冄季载最少。同母昆弟②十人，唯发、旦贤，左右辅文王，故文王舍③伯邑考而以发为太子。及文王崩而发立④，是为武王。伯邑考既已前卒⑤矣。

武王已克殷纣，平天下，封功臣昆弟。于是封叔鲜于管，封叔度于蔡：二人相纣子武庚禄父，治殷遗民。封叔旦于鲁而相周，为周公。封叔振铎于曹，封叔武于成，封叔处于霍。康叔封、冄季载皆少，未得封。

武王既崩，成王少，周公旦专王室。管叔、蔡叔疑周公之为不利于成王，乃挟武庚以作乱。周公旦承成王命伐诛武庚，杀管叔，而放蔡叔，迁⑥之，与车十乘⑦，徒七十人从⑧。而分殷余民为二：其一封微子启于宋，以续殷祀；其一封康叔为卫君，是为卫康叔。封季载于冄。冄季、康叔皆有驯行，于是周公举康叔为周司寇，冄季为周司空，以佐成王治，皆有令名于天下。

【注释】

②正妃：古代王侯之妻称“妃”，正妃即王侯之正妻。

②昆弟：兄弟。

③舍：放弃。古代王位采取嫡长子继承制，文王本应立伯邑考为太子，但因次子发贤能，故文王放弃长子而立次子为太子。

④崩：古代帝王死称“崩”。立：帝王或诸侯即位称“立”。

⑤卒：死。《礼记·曲礼》说：“天子死曰崩，诸侯曰薨，大夫曰卒。”但《史记》中并不严格区分，天子死也称“卒”或“死”，如“昭王南巡狩不返，卒于江上”，“厉王死于彘”。

⑥迁：放逐。

⑦与：给。乘：四匹马拉一辆车为一乘。

⑧徒：犯罪服劳役之人。从：跟随。

伯夷列传第一（节选）

夫学者载籍①极博，犹考信于六艺②。《诗》《书》虽缺③，然虞、夏之文④可知也。尧将逊位，让于虞舜，舜禹之间，岳牧咸荐，乃试之于位，典职数十年，功用既兴，然后授政。示天下重器，王者大统，传天下若斯之难也。而说者曰尧让天下于许由，许由不受，耻之逃隐。及夏之时，有卞随、务光者。此何以称焉？太史公曰：余登箕山，其上盖有许由冢云。孔子序列古之仁圣贤人，如吴太伯、伯夷之伦详矣。余以所闻由、光义至高，其文辞不少概见，何哉？

孔子曰："伯夷、叔齐，不念旧恶，怨是用希。""求仁得仁，又何怨乎？"余悲伯夷之意，睹轶诗可异焉。其传曰：伯夷、叔齐，孤竹君之二子也。父欲立叔齐，及父卒，叔齐让伯夷。伯夷曰："父命也。"遂逃去。叔齐亦不肯立而逃之。国人立其中子[5]。于是伯夷、叔齐闻西伯昌善养老，盍[6]往归焉。及至，西伯卒，武王载木主，号为文王，东伐纣。伯夷、叔齐叩马而谏曰："父死不葬，爰及干戈，可谓孝乎？以臣弑君，可谓仁乎？"左右欲兵之。太公曰："此义人也。"扶而去之。武王已平殷乱，天下宗周，而伯夷、叔齐耻之，义不食周粟，隐于首阳山，采薇而食之。及饿且死，作歌。其辞曰："登彼西山兮，采其薇矣。以暴易暴兮，不知其非矣。神农、虞、夏忽焉没兮，我安适归矣？于嗟徂兮，命之衰矣！"遂饿死于首阳山。由此观之，怨邪非邪？

【注释】

①载籍：书籍。

②六艺：即《六经》，指《诗》《书》《礼》《乐》《易》《春秋》。

③《诗》《书》虽缺：相传孔子曾经删定《诗经》《尚书》，经秦始皇焚书后，多有缺亡。

④虞、夏之文：指《尚书》中的《尧典》《舜典》《大禹谟》，其中详细记载了虞、夏禅让的经过。

⑤国人：指居住在国都，享有一定参与议论国事权力的人。中（zhōng）子：古代兄弟排行按伯仲叔季的次序，伯夷排行第一，叔齐排行第三。中子，就是次子。

⑥盍：何不。

管晏列传第二（节选）

管仲夷吾者，颍上人也。少时常与鲍叔牙游[1]，鲍叔知其贤。管仲贫困，常欺[2]鲍叔，鲍叔终善遇之，不以为言。已而鲍叔事齐公子小白，管仲事公子纠[3]。及小白立为桓公，公子纠死，管仲囚焉[4]。鲍叔遂进[5]管仲。管仲既用，任政于齐，齐桓公以霸[6]，九合[7]诸侯，一匡[8]天下，管仲之谋也。

管仲曰："吾始困时，尝与鲍叔贾，分财利多自与，鲍叔不以我为贪，知我贫也。吾尝为鲍叔谋事而更穷困，鲍叔不以我为愚，知时有利不利也。吾尝三仕三见逐于君，鲍叔不以我为不肖，知我不遭时也。吾尝三战三走，鲍叔不以我为怯，知我有老母也。公子纠败，召忽死之，吾幽囚受辱，鲍叔不以我为无耻，知我不羞小节而耻功名不显于天下也。生我者父母，知我者鲍子也。

鲍叔既进管仲，以身下之。子孙世禄于齐，有封邑者十余世，常为名大夫。天下不多管仲之贤而多鲍叔能知人也。

【注释】

①游：交游，来往。

②欺：此意为占便宜，指下文“分财利多自与”。

③“已而”二句：齐襄公立，政令无常，数欺大臣，又淫于妇人，诛杀屡不当，鲍叔担心齐国将大乱。为避难，管仲、召忽奉襄公弟公子纠出奔鲁国，鲍叔奉襄公弟小白出奔莒国。见《齐太公世家》《左传·庄公八年》。

④“及小白”三句：公元前686年襄公被杀。前685年，鲁国派兵保护公子纠赶回齐国争夺王位，先由管仲领兵扼守莒、齐要道，以防小白先行入齐争位。两相遭遇，管仲射中小白带钩。小白佯死，使鲁国延误了公子纠的行程。小白率先入齐，立为桓公。桓公以军拒鲁，大败鲁军。鲁国被迫杀死公子纠，召忽自杀，管仲请囚。详见《齐太公世家》。

⑤进：保举，推荐。

⑥霸：称霸。

⑦合：会盟。

⑧匡：匡正，纠正。

老子韩非列传第三（节选）

老子者，楚苦县厉乡曲仁里人也，姓李氏，名耳，字聃，周守藏室①之史也。

孔子适周，将问礼于老子。老子曰：“子②所言者，其人与骨皆已朽矣，独其言在耳。且君子得其时则驾③，不得其时则蓬累而行④。吾闻之，良贾深藏若虚⑤，君子盛德容貌若愚。去子之骄气与多欲，态色与淫志⑥，是皆无益于子之身。吾所以告子，若是而已。”孔子，谓弟子曰：“鸟，吾知其能飞；鱼，吾知其能游；兽，吾知其能走。走者可以为罔⑦，游者可以为纶⑧，飞者可以为矰⑨。至于龙，吾不能知其乘风云而上天。吾今日见老子，其犹龙邪！”

老子修道德，其学以自隐无名为务。居周之久，见周之衰，乃遂去。至关，关令尹喜曰：“子将隐矣，强为我著书。”于是老子乃著书上下篇，言道德之意五千余言而去，莫知其所终。

或曰：老莱子亦楚人也，著书十五篇，言道家之用，与孔子同时云。盖老子百有六十余岁，或言二百余岁，以其修道而养寿也。

自孔子死之后百二十九年，而史记周太史儋见秦献公曰：“始秦与周合，合五百岁而离，离七十岁而霸王者出焉。”或曰儋即老子，或曰非也，世莫知其然否。老子，隐君子也。

【注释】

①藏室：国家的藏书室，即图书馆。

②子：古时对男子的尊称。

③时：机会，时运。驾：坐车，引申为外出去做官。

④蓬累而行：像飞蓬飘转流徙而行，转停皆不由己。蓬，一种根叶俱细的小草，风吹根断，随风飘转。累，转行的样子。

⑤贾：商人，古代指坐商。深藏若虚：隐藏其货，不让别人知道，好像空虚无物的样子。比喻有真才实学的人，不露锋芒。

⑥态色：情态神色。淫志：过大志向。淫，过分。

⑦罔：同“网”，捕具。

⑧纶：钓鱼的丝线。

⑨矰：系有丝绳，用以射鸟的短箭。

司马穰苴列传第四（节选）

司马穰苴者，田完之苗裔[①]也。齐景公时，晋伐阿、甄，而燕侵河上，齐师败绩[②]。景公患[③]之。晏婴乃荐田穰苴曰：“穰苴虽田氏庶孽[④]，然其人文能附众[⑤]，武能威敌[⑥]，原君试之。”景公召穰苴，与语兵事，大说[⑦]之，以为将军，将兵扞[⑧]燕晋之师。穰苴曰：“臣素卑贱，君擢之闾伍之中[⑨]，加之大夫之上，士卒未附，百姓不信，人微权轻，原得君之宠臣，国之所尊，以监军，乃可。”于是景公许之，使庄贾往。

穰苴既辞，与庄贾约曰：“旦日日中会于军门。”穰苴先驰至军，立表下漏待贾。贾素骄贵，以为将己之军而己为监，不甚急；亲戚左右送之，留饮。日中而贾不至。穰苴则扑表决漏，入，行军勒兵，申明约束。约束既定，夕时，庄贾乃至。穰苴曰：“何后期为？”贾谢曰：“不佞大夫亲戚送之，故留。”穰苴曰：“将受命之日则忘其家，临军约束则忘其亲，援枹鼓之急则忘其身。今敌国深侵，邦内骚动，士卒暴露于境，君寝不安席，食不甘味，百姓之命皆悬于君，何谓相送乎！”召军正问曰：“军法期而后至者云何？”对曰：“当斩。”庄贾惧，使人驰报景公，请救。既往，未及反，于是遂斩庄贾以徇三军[⑩]。三军之士皆振栗。久之，景公遣使者持节赦贾，驰入军中。穰苴曰：“将在军，君令有所不受。”问军正曰：“驰三军法何？”正曰：“当斩。”使者大惧。穰苴曰：“君之使不可杀之。”乃斩其仆，车之左驸，马之左骖，以徇三军。遣使者还报，然后行。士卒次舍井灶饮食问疾医药，身自拊循之。悉取将军之资粮享士卒，身与士卒平分粮食。最比其羸弱者，三日而后勒兵。病者皆求行，争奋出为之赴战。晋师闻之，为罢去。燕师闻之，度水而解。于是追击之，遂取所亡封内故境而引兵归。

【注释】

①苗裔：后代。

②败绩：大败。

③患：忧虑。

④庶孽：妾生的孩子。指身份低微，就像树的孽生一样。

⑤附众：使大家归附、顺从。

⑥威敌：使敌人畏惧。威，威服。

⑦说：同“悦”，愉快。

⑧扞（hàn）：抵御，保卫。

⑨擢（zhuó）：选拔，提拔。闾伍：闾与伍都是户籍的基层组织。意思是说乡里，民间。

⑩徇：示众。三军：泛指全军。大国军队分为上、中、下三军。

孙子吴起列传第五

孙子武者，齐人也。以兵法见于吴王阖庐。阖庐曰：“子之十三篇①，吾尽观之矣，可以小试勒兵乎②？”对曰：“可。”阖庐曰：“可试以妇人乎？”曰：“可。”于是许之，出宫中美女，得百八十人。孙子分为二队，以王之宠姬③二人各为队长，皆令持戟④。令之曰：“汝知而⑤心与左右手背乎？”妇人曰：“知之”。孙子曰：“前，则视心；左，视左手；右，视右手；后，即视背。”妇人曰：“诺。”约束⑥既布，乃设鈇钺⑦，即三令五申之。于是鼓之右，妇人大笑。孙子曰：“约束不明，申令不熟，将之罪也。”复三令五申而鼓之左，妇人复大笑。孙子曰：“约束不明，申令不熟，将之罪也；既已明而不如法者，吏士之罪也。”乃欲斩左右队长。吴王从台上观，见且斩爱姬，大骇。趣使使下令曰：“寡人已知将军能用兵矣。寡人非此二姬，食不甘味，愿勿斩也。”孙子曰：“臣既已受命为将，将在军，君命有所不受。”遂斩队长二人以徇。用其次为队长，于是复鼓之。妇人左右前后跪起皆中规矩绳墨，无敢出声。于是孙子使使报王曰：“兵既整齐，王可试下观之，唯王所欲用之，虽赴水火犹可也。”吴王曰：“将军罢休就舍，寡人不愿下观。”孙子曰：“王徒好其言，不能用其实。”于是阖庐知孙子能用兵，卒以为将。西破强楚，入郢，北威齐晋，显名诸侯，孙子与有力焉。

孙武既死，后百余岁有孙膑。膑生阿鄄之间，膑亦孙武之后世子孙也。孙膑尝与庞涓俱学兵法。庞涓既事魏，得为惠王将军，而自以为能不及孙膑，乃阴使召孙膑。膑至，庞涓恐其贤于己，疾之，则以法刑断其两足而黥之，欲隐勿见。

【注释】

①十三篇：指孙武撰写的《孙子兵法》，也叫《孙子》，是我国最早、最杰出的兵书。现存《孙子》十三篇是《始计》《作战》《谋攻》《军形》《兵势》《虚实》《军争》

《九变》《行军》《地形》《九地》《火攻》《用间》。

②小试：以小规模的操演做试验。勒兵：用兵法统率指挥军队。勒，约束、统率。

③姬：侍妾。

④戟：古代青铜制的兵器，具有戈和矛的特征，既能直刺，又能横击。

⑤而：你的，你们的。

⑥约束：用来控制管理的号令、规定。

⑦设铁：设置刑戮之具，表明正式开始执法。铁，古兵器，刃圆或平，持以砍斫。

三、学习指导

（一）《史记》的传播

文本的意义产生于读者与文本的对话交流之中，也就是说，读者对文本的接受使文本的艺术特点得到彰显，使意义更加充盈，从而完成经典化的历程。《史记》文本的意义、艺术特点也正是在历代的阐释、传承与挖掘中变得更加明晰。

关于《史记》的起始，学界多有争执，居于主导地位的观点认为《史记》是“迁死之后，其书稍出。宣帝时，迁外孙平通侯杨恽祖述其书，遂宣布焉”。这是最早对《史记》传播的记载。

此后，《史记》虽然进入传播期，但总体上而言，汉魏六朝时期，《史记》并未见重。唐代史学家司马贞《史记索隐序》对《史记》早期传播的概括“比于班书，微为古质，故汉晋名贤未知见重” 是非常准确的。

（1）汉魏六朝时期是《史记》的起始传播接受时期，由于受到政治、文化、思想等大氛围的影响，以及评论者自身学识的限制，当时人们对《史记》的认识在许多方面都有失偏颇，但对其实录精神和司马迁叙事才能的认识是中肯的，符合原著精神。这些都成为历代以来《史记》研究争执的核心问题。

（2）经过从三国到南北朝三四百年的分裂与战乱，以及隋朝的旋立旋灭，唐代重视探寻历史发展的动因，重视历史教训的归纳总结。这首先表现在科举考试中将“前三史”列为科目之一，这使《史记》成为众多读书人的必读之书，使仕子对《史记》更为关注，加速了《史记》传播的广度与深度。同时，唐朝先后编纂了《晋书》《梁书》《陈书》《北齐书》《周书》《隋书》《南史》《北史》八部史书。这八部史书依《史记》体例，按纪传体编排，这促使学者加强了对《史记》的研究。

也是基于这些原因，对《史记》考证、释音、释义成为唐代《史记》研究的重要内容，先后出现了多种《史记》注解考证的专书。如顾柳言的《史记音解》，许子孺的《史记音》，刘伯庄的《史记音义》《史记地名》，以及王元感、李镇、徐坚、裴安时等人的《史记》注本。虽然众多注本已经散佚，但足见当时学人用力之深。

（3）宋代刻书业的发展，为宋代文化的发展奠定了物质基础，对《史记》的传播依然如此。宋朝对士人的优渥待遇，使得学者对《史记》有了更多的关注，他们对《史记》的评价也很高。郑樵的《通志》认为《史记》"使百代而下，史官不能易其法，学者不能舍其书，六经之后，惟有此作"[③]。郑氏的评价极具代表性，"六经之后，惟有此作"的判断显然将《史记》摆到了尊崇的地位。

(4) 元代对于《史记》的传播与接受，是与当时的政治、史学、宗教等背景分不开的。《史记》的政治思想契合了元代推行"汉化"政策和"大一统"的社会背景，为元代社会提供了一定的政治参考；元代商业经济的发展进一步促进了《史记》的传播与接受；元代史学思想继承了《史记》的史学思想，客观上"教会"少数民族修史、延续民族历史生命；元代的宗教文本对《史记》的传播与接受有足够的包容性，起到了一定的促进作用。

(5) 宋元之后，明代的公安派和清代的桐城派都十分赞赏《史记》的文笔，于是《史记》的声望与日俱增，各家各派注释和评价《史记》的书也源源不断出现。

——参考资料：班固，《汉书》，中华书局，1962年；司马贞，《史记索隐序》，中华书局，1959年；郑樵，《通志》，中华书局，1987年；樊婧，《〈史记〉在元代的传播接受研究》，陕西师范大学博士学位论文，2014年7月。

(二)《史记》的研究

1. 关于探讨司马迁与西汉的审美思潮的关系

司马迁作为史学家的开阔胸襟，《史记》"究天人之际，通古今之变"的创作宗旨，"采获古今，贯穿经传"、经纬万端的选材与体例设置，昂扬向上的精神风貌，熔朴拙与酣畅于一炉的语言特色，都受其时审美思潮的影响。同时，大一统帝国尤其是汉家帝王对奇才异能之士的忌刻寡恩，又使士人们遭遇"不遇"悲剧。建功立业的豪情壮志与理想不得实现之间的矛盾在司马迁心中不断碰撞、激荡，促成了"发愤著书"写作意旨的产生，也成就了《史记》雄深雅健、沉郁顿挫的文章风格。

2. 关于探讨司马迁与孟子之关系

探讨司马迁与孟子之关系，这种研究旨在解决司马迁思想的渊源与归属问题。司马迁是独立于西汉谄谀浊流之外的人，其时去战国未远，先秦士人独立自主、个性高扬、追求功名的昂扬精神，对汉初士人沾溉犹多。司马迁直承先秦余绪，又将其与大一统帝国统摄万物的宏阔精神相结合，形成自己独特的精神气质。司马迁的精神与孟子最为接近，尚义精神是二者的根本契合点。司马迁舍死以就功名的精神，与孟子舍生取义之论极为相似，这在《史记》中有鲜明的体现与淋漓尽致的演绎。对舍死取义，司马迁有刻骨铭心的体会，也更为理解与激赏。在《史记》中，舍生取义与舍死取义相表里，在大是大非面前选择生还是选择死只是形式，是否为了捍卫道义，实现理想，才是生死抉择的关键。《史记》中既有对屈原等人舍生取义精神热情洋溢的赞颂，更有对伍子胥等烈丈夫舍死取义精神深沉酣畅的嘉许，又有对李斯等人为追求私利而背弃道义行为的鞭挞，与孟子的舍生取义殊途而同归。司马迁对汉家帝王及政治尖锐果敢的批判，是孟子“草芥”“寇仇”“民贵君轻”“说大人当藐之”思想的具体化。正是从尚义重气上，司马迁秉承了孟子的精神。

3. 关于探讨《史记》的结构形态

《史记》的外部结构，从最宏观的角度考察，即在五体的相互协调之下而成一整体，其篇章次第安排，不仅有脉络可循，且皆有深意，尤其是各篇章的首篇与末篇设置，或体现鲜明的“崇让”“尚义”精神，或充满批判与揶揄，从而使整个作品形成一个首尾圆合的有机体。《史记》结构的意义超过了五体简单相加的总和，而形成一个完整精密的语言生命体。五体篇数的文化内涵，是《史记》的结构之道，构成了《史记》的深层结构。它们具有千言万语所不能表达的深刻意蕴，不止于造就作品的形式美，还引导文学意义的实现，是达到五种体例的浑融配合与整体结构的和谐，并承载史公情感、意旨与好奇精神的隐性武器。通过对神秘数字的使用，司马迁对五体的性质与功能进行了不言自明的深层定位。《史记》结构的模式化，承载着单纯靠文字无法言传的深意。《史记》的单篇结构，呈现出严整性与多样性的特点，不仅一传代表一类人物，也代表一种精神与境界，合传与附传都用心良苦，值得细细咀嚼。《史记》的结构，已突破了单纯的文本形式的功能，而成为沟通形式与内容的桥梁。

4. 关于探讨《史记》的叙事艺术

在叙事内容上，闲笔点染于没要紧处生出波澜，使行文摇曳多姿，可增加阅读快感，并往往存有深意；篇末余文韵味无穷，是匠心独运之处，笔外有情，状外有态；所载文辞都经过深思熟虑，从不滥载。在叙事手法上，每件事每句话的位置安插都极有斟酌，是重要的功能和意义的标志，寄寓着微情妙旨；叙述同类事、同类人时，做到了犯而能避，复而不同；提掇点注，功能多样，既得历史事件之要领，又情文相生；在清晰明了的记事之余，又注重描摹尽致，悉力装点，使得光景宛然，滋味横生；虚与实、疏与密、庄与谐互相协作，共同奏响《史记》叙事的交响乐。

5. 关于探讨《史记》的语言特色

叠复、顶真、比喻等修辞手法的使用，大大增强了《史记》语言的表现力。在遣词造句上，《史记》用词言浅意深，言简意远，一字一句，义不苟下。《史记》的人物语言，是历史人事的褒贬者、时代特色的体现者，人物对话则或妙趣横生，或隐晦深曲。《史记》的虚词使用，做到了只字片语，神情全出，运用语气词之处，恰是作者笔下藏锋处，成为抒情和讽刺的有效武器，促成了《史记》俊逸、郁勃、沉郁、雄浑文章风貌的形成。总之，《史记》之所以成为文学作品，正是由于其能激荡感情之故，尤其是承继了孟子的浩然正气与尚义精神、批判精神。正是由于司马迁将文学意识融于历史意识中，将生命之情感与体验投注于《史记》的结构、叙事之中，才使《史记》成为有血有肉有灵魂的生命体。

——参考资料：张亚玲，《〈史记〉文学研究》，陕西师范大学博士论文，2013年7月。

四、延伸阅读

[1]《中华经典普及文库：史记》，司马迁著，中华书局，2019年4月。

推荐理由：此书是为了满足现代广大读者阅读这部巨著的需求推出的白文普及本。首先，它以中华书局点校本《史记》为底本，可以确保其文字的准确性、可靠性；其次，本书删除古注，只保留原文，从而保证阅读的连贯性；第三，《史记》中涉及大量古代的人名、地名，不加注明是很难读懂的，因此书中保留了原点校本人名、地名下加专名线，书名下加虚线的做法，使读者一目了然。因此，可以说，此书非常适合普通读者阅读、收藏《史记》这部巨著。

[2]《史记（精注全译）》（套装共六册），司马迁著，李翰文编，北京联合出版公司，2016年8月。

推荐理由：《史记（精注全译）》（套装共6册）是一部贯穿古今的通史，从传说中的黄帝开始，一直写到汉武帝元狩元年（前122年），叙述了三千年左右的历史。全书略于先秦，详于秦汉，有本纪十二篇、表十篇、书八篇、世家三十篇、列传七十篇、共一百三十篇。本纪，实际上就是帝王的传记。同时，本纪也是全书的总纲，用编年体的方法记事。在本纪的写作中，司马迁采取了详今略远的办法，时代愈远愈略，愈近愈详。

[3]《白话史记》，司马迁著，乙力编译，天地出版社，2019年9月。

推荐理由：精选备受欢迎的国学书目，内容经典；以白话形式解析古文原典，通俗易懂；全书配以精美的古代插图，轻松有趣。余秋雨、朱永新、钱文忠等文学大家联袂推荐。

【思考题】

1. 细读文本，选择你最感兴趣的一篇文段，翻译并说说你的阅读体会。
2. 简述《史记》的编著特点。
3. 《史记》的文学成就是什么？
4. 试论述司马迁创作《史记》需要具备哪些条件。

孙子兵法

一、简介

《孙子兵法》又称《孙武兵法》《吴孙子兵法》《孙子兵书》《孙武兵书》等，是中国现存最早的兵书，也是世界上最早的军事著作，被誉为“兵学圣典”。全书共有六千字左右，一共十三篇。作者为春秋时祖籍齐国乐安的吴国将军孙武。

《孙子兵法》是中国古代军事文化遗产中的璀璨瑰宝，优秀传统文化的重要组成部分，其内容博大精深，思想精邃富赡，逻辑缜密严谨，是古代军事思想精华的集中体现。

《孙子兵法》继承和发展了前人的军事理论，把政治作为决定战争胜败的首要因素，归纳出战争的原理原则，举凡战前之准备、策略之运用、作战之部署、敌情之研判等，无不详加说明，巨细靡遗，周严完备，具有朴素的唯物辩证思想，两千多年来一直被视为兵家之经典，至今仍具有重大的现实意义。

《孙子兵法》被奉为兵家经典，历代都对其有研究。李世民说“观诸兵书，无出孙武”。兵法是谋略，谋略不是小花招，而是大战略、大智慧。如今，《孙子兵法》已经走向世界，被翻译成多种语言，在世界军事史上也具有重要的地位。汉代版《孙子兵法》竹简1972年出土于临沂银雀山汉墓中。

二、原文

计　篇

孙子曰：兵者，国之大事，死生之地，存亡之道[①]，不可不察也。

故经[②]之以五事，校[③]之以计，而索其情。一曰道，二曰天，三曰地，四曰将，五曰法。道者，令民与上同意也，故可以与之死，可以与之生，而不畏危也。天者，阴阳、寒暑、时制也。地者，远近、险易、广狭、死生也。将者，智、信、仁、勇、严也。法者，曲制、官道、主用也。凡此五者，将莫不闻，知之者胜，不知者不胜。

故校之以计，而索其情。曰：主孰有道？将孰有能？天地孰得？法令孰行？兵众孰强？士卒孰练？赏罚孰明？吾以此知胜负矣。

将听吾计，用之必胜，留之；将不听吾计，用之必败，去之。

计利以听[④]，乃为之势，以佐其外[⑤]。势者，因利而制权也。

兵者，诡道也[⑥]。故能而示之不能，用而示之不用，近而示之远，远而示之近。利而诱之，乱而取之，实而备之，强而避之，怒而挠之[⑦]，卑而骄之，佚而劳之，亲而离之，攻其无备，出其不意。此兵家之胜，不可先传也。

夫未战而庙算[8]胜者，得算多也；未战而庙算不胜者，得算少也。多算胜，少算不胜，而况于无算乎！吾以此观之，胜负见矣。

【注释】

①道：道理，这里指的根本道理。

②经：经度，引申为分析、研究。

③校：做动词，较量、比较。

④计利以听：计，计较，这里引申为衡量；计利，就是指权衡利益；听，听从。

⑤以佐其外：佐，辅佐，引申为有助于；其，指示代词，这里指实现战略或战役目标的计划；外，指外部环境或客观环境。

⑥诡道也：诡，欺诈；道，这里意为途径，引申为方法、计谋；诡道，指欺诈的方法和计谋。

⑦怒而挠之：挠，打扰，扰乱。

⑧庙算：指庙堂上的计划与谋划。

作 战 篇

孙子曰：凡用兵之法，驰车千驷，革车千乘，带甲十万，千里馈粮[1]，则内外之费，宾客之用，胶漆之材，车甲之奉[2]，日费千金，然后十万之师举矣。

其用战也胜，久则钝兵挫锐，攻城则力屈[3]，久暴师则国用不足。夫钝兵挫锐，屈力殚货[4]，则诸侯乘其弊而起，虽有智者，不能善其后矣。故兵闻拙速[5]，未睹巧之久也。夫兵久而国利者，未之有也。故不尽知用兵之害者，则不能尽知用兵之利也。

善用兵者，役不再籍，粮不三载，取用于国，因粮于敌，故军食可足也。国之贫于师者远输，远输则百姓贫；近于师者贵卖，贵卖则百姓财竭，财竭则急于丘役。力屈、财殚，中原内虚于家。百姓之费，十去其七；公家之费，破军罢马，甲胄矢弩，戟楯蔽橹，丘牛大车，十去其六。故智将务食于敌，食敌一钟[6]，当吾二十钟；萁秆一石，当吾二十石。故杀敌者，怒也；取敌之利者，货也。故车战得车十乘已上，赏其先得者。而更其旌旗，车杂而乘之，卒善而养之，是谓胜敌而益强。

故兵贵胜，不贵久。

故知兵之将，生民之司命，国家安危之主也。

【注释】

①馈粮：运送粮食。

②车甲之奉：车辆、盔甲的补给。

③屈：穷尽。

④屈力殚货：人力财力枯竭。

⑤拙速：宁拙而求直截了当，迅速解决。
⑥钟：古代计量单位。

谋攻篇

孙子曰：夫用兵之法，全国为上，破国次之；全军为上，破军次之；全旅为上，破旅次之；全卒为上，破卒①次之；全伍为上，破伍次之。是故百战百胜，非善之善者也；不战而屈人之兵，善之善者也。

故上兵伐谋，其次伐交②，其次伐兵，其下攻城。攻城之法为不得已。修橹轒辒，具器械，三月而后成；距闉③，又三月而后已。将不胜其忿而蚁附之，杀士三分之一而城不拔者，此攻之灾也。

故善用兵者，屈人之兵而非战也，拔人之城而非攻也，毁人之国而非久也，必以全争于天下，故兵不顿④而利可全，此谋攻之法也。

故用兵之法，十则围之，五则攻之，倍则分之，敌则能战之，少则能逃之，不若则能避之。故小敌之坚，大敌之擒也。

夫将者，国之辅也。辅周则国必强，辅隙⑤则国必弱。

故君之所以患于军者三：不知军之不可以进而谓之进，不知军之不可以退而谓之退，是谓縻军⑥；不知三军之事而同⑦三军之政者，则军士惑矣；不知三军之权而同三军之任，则军士疑矣。三军既惑且疑，则诸侯之难至矣，是谓乱军引胜。

故知胜有五：知可以战与不可以战者胜，识众寡之用者胜，上下同欲者胜，以虞待不虞者胜，将能而君不御者胜。此五者，知胜之道也。

故曰：知彼知己者，百战不殆；不知彼而知己，一胜一负⑧；不知彼不知己，每战必殆。

【注释】
①卒：古代军队编制，百人为卒。
②伐交：以外交手段瓦解敌人。
③闉：同“堙”，土山。
④顿：同“钝”，疲惫，受挫。
⑤隙：有所缺。
⑥縻军：束缚军队。
⑦同：干预。
⑧一胜一负：或胜或负，无必胜的把握。

形篇

孙子曰：昔之善战者，先为不可胜①，以待敌之可胜。不可胜在己，可胜在敌。故善战者，能为不可胜，不能使敌之必可胜。故曰：胜可知而不可为②。

不可胜者，守也；可胜者，攻也。守则不足，攻则有余。善守者藏于九地之下，善攻者动于九天之上，故能自保而全胜也。

见胜不过众人之所知，非善之善[3]者也；战胜而天下曰善，非善之善者也。故举秋毫不为多力，见日月不为明目，闻雷霆不为聪耳[4]。古之所谓善战者，胜于易胜者也。故善战者之胜也，无智名，无勇功，故其战胜不忒。不忒者，其所措必胜，胜已败者也。故善战者，立于不败之地，而不失敌之败也。是故胜兵先胜而后求战，败兵先战而后求胜。善用兵者，修道而保法，故能为胜败之政。

兵法：一曰度，二曰量，三曰数，四曰称，五曰胜。地生度，度生量，量生数，数生称，称生胜。故胜兵若以镒称铢，败兵若以铢称镒[5]。胜者之战民也，若决积水于千仞之谿者，形也。

【注释】

①先为不可胜：为，造成。先为不可胜，指首先造成一种不被敌军战胜的形势。

②不可为：不可以强求。为，强求。

③善之善：好而又好，最好的。

④明目：眼睛很亮。聪耳：耳朵听觉很灵。

⑤以镒称铢：这里比喻胜兵对败兵的力量相差悬殊，胜兵的实力占有绝对优势。

势　篇

孙子曰：凡治众如治寡，分数[1]是也；斗[2]众如斗寡，形名是也；三军之众，可使毕受敌而无败者，奇正是也；兵之所加，如以碫投卵者，虚实是也。

凡战者，以正合，以奇胜。故善出奇者，无穷如天地，不竭如江海。终而复始，日月是也。死而更生，四时是也。声不过五，五声之变，不可胜听也；色不过五，五色之变，不可胜观也；味不过五，五味之变，不可胜尝也。战势不过奇正，奇正之变，不可胜穷也。奇正相生，如循环之无端，孰能穷之?

激水之疾，至于漂石者，势也；鸷鸟之疾，至于毁折者，节也。故善战者，其势险，其节短。势如彍弩，节如发机。纷纷纭纭，斗乱而不可乱也；浑浑沌沌，形圆而不可败也。乱生于治，怯生于勇，弱生于强。治乱，数也；勇怯，势也；强弱，形也。

故善动敌者，形之，敌必从之[3]；予之，敌必取之[4]。以利动之，以卒待之[5]。故善战者，求之于势，不责于人，故能择人而任势。任势者，其战人也如转木石。木石之性，安则静，危则动，方则止，圆则行。故善战人之势[6]，如转圆石于千仞之山者，势也。

【注释】

①分数：指军队的组织、编制。

②斗：指挥（军队）。

③形之，敌必从之：以伪装诱敌，使其中计。
④予之，敌必取之：小利诱敌，使其上钩。
⑤以卒待之：伏兵待敌。
⑥故善战人之势：善用人及善于利用形势。

虚 实 篇

孙子曰：凡先处战地而待敌者佚，后处战地而趋战①者劳。故善战者，致人而不致于人。能使敌人自至者，利之也；能使敌人不得至者，害之也。故敌佚能劳之，饱能饥之，安能动之。

出其所不趋，趋其所不意。行千里而不劳者，行于无人之地也。攻而必取者，攻其所不守也。守而必固者，守其所不攻也。故善攻者，敌不知其所守；善守者，敌不知其所攻。微乎微乎，至于无形；神乎神乎，至于无声，故能为敌之司命②。

【注释】
①趋战：趋，快步而行。趋战，仓促应战。
②为敌之司命：能主宰敌军，指挥敌军。司命，命运的主宰。

进而不可御者，冲其虚也；退而不可追者，速而不可及也。故我欲战，敌虽高垒深沟，不得不与我战者，攻其所必救也。我不欲战，画地而守之，敌不得与我战者，乖其所之也。

故形人而我无形，则我专而敌分。我专为一，敌分为十，是以十攻其一也，则我众敌寡。能以众击寡者，则吾之所与战者约矣。吾所与战之地不可知，不可知则敌所备者多。敌所备者多，则吾所与战者寡矣。故备前则后寡，备后则前寡，备左则右寡，备右则左寡，无所不备，则无所不寡。寡者，备人者也；众者，使人备己者也。

故知战之地，知战之日，则可千里而会战；不知战地，不知战日，则左不能救右，右不能救左，前不能救后，后不能救前，而况远者数十里，近者数里乎？以吾度之，越人之兵虽多，亦奚益于胜败哉①？故曰：胜可为也。敌虽众，可使无斗。

故策之而知得失之计，作之而知动静之理，形之而知死生之地，角之而知有余不足之处。故形兵之极②，至于无形。无形，则深间不能窥，智者不能谋。因形而错胜于众，众不能知；人皆知我所以胜之形，而莫知吾所以制胜之形。故其战胜不复，而应形于无穷。

夫兵形象水，水之形，避高而趋下；兵之形，避实而击虚。水因地而制流，兵因敌而制胜。故兵无常势，水无常形；能因敌变化而取胜者，谓之神。故五行无常胜，四时无常位，日有短长，月有死生。

【注释】

①奚益于胜败：奚，为何。益，益处。

②形兵之极：陈师布阵的方法运用得极其巧妙。形兵，陈师布阵的方法；极，最高境界。

军争篇

孙子曰：凡用兵之法，将受命于君，合军聚众，交和而舍①，莫难于军争。军争之难者，以迂为直，以患为利。故迂其途而诱之以利，后人发，先人至，此知迂直之计者也。

故军争为利，军争为危。举军而争利，则不及；委军而争利②，则辎重捐③。是故卷甲而趋，日夜不处，倍道兼行，百里而争利，则擒三将军，劲者先，疲者后，其法十一而至。五十里而争利，则蹶上将军，其法半至。三十里而争利，则三分之二至。是故军无辎重则亡，无粮食则亡，无委积④则亡。

故不知诸侯之谋者，不能豫交；不知山林、险阻、沮泽之形者，不能行军；不用乡导者，不能得地利。

故兵以诈立，以利动，以分合为变者也。故其疾如风，其徐如林，侵掠如火，不动如山，难知如阴，动如雷震；掠乡分众，廓地分利，悬权而动。先知迂直之计者胜。此军争之法也。

【注释】

①交和而舍：指两军处于对峙状态。和，同“合”，我国古代的军门称为“合门”。

②委军而争利：指全军丢弃辎重与敌争利。委，丢弃，抛弃。

③辎重捐：损失了辎重。捐，损失，丢弃。

④无委积：指没有储备物资。委积，储备物资。

《军政》曰：“言不相闻，故为金鼓；视不相见，故为旌旗。”夫金鼓旌旗者，所以一人之耳目也。人既专一，则勇者不得独进，怯者不得独退，此用众之法也。故夜战多金鼓，昼战多旌旗，所以变①人之耳目也。

故三军可夺气，将军可夺心。是故朝气锐，昼气惰，暮气归。故善用兵者，避其锐气，击其惰归，此治气者也。以治待乱，以静待哗，此治心者也。以近待远，以佚待劳，以饱待饥，此治力者也。无邀正正之旗，勿击堂堂之陈，此治变②者也。

故用兵之法，高陵勿向，背丘勿逆，佯北勿从，锐卒勿攻，饵兵勿食，归师勿遏，围师必阙，穷寇勿迫。此用兵之法也。

【注释】

①变：适应，便利。

②治变：掌握随机应变的方法。变，这里指随机应变。

九变篇

孙子曰：凡用兵之法，将受命于君，合军聚众，圮[①]地无舍，衢地[②]交合，绝地无留，围地则谋，死地则战。途有所不由，军有所不击，城有所不攻，地有所不争，君命有所不受。

故将通于九变之地利者，知用兵矣；将不通于九变之利者，虽知地形，不能得地之利矣。治兵不知九变之术，虽知五利，不能得人之用矣。

是故智者之虑，必杂于利害。杂于利而务可信也，杂于害而患可解也。是故屈诸侯者以害，役诸侯者以业，趋诸侯者以利。故用兵之法，无恃[③]其不来，恃吾有以待也；无恃其不攻，恃吾有所不可攻也。

故将有五危：必死，可杀也；必生[④]，可虏也；忿速[⑤]，可侮也；廉洁，可辱也；爱民，可烦也。凡此五者，将之过也，用兵之灾也。覆军杀将，必以五危，不可不察也。

【注释】

①圮：倒塌、毁坏。

②衢地：这里指与邻国相接四通八达的地方。

③恃：依靠。

④必生：一味贪生。生，这里指贪生。

⑤忿速：这里指性情急躁，容易愤怒、偏激。忿，愤怒。

行军篇

孙子曰：凡处军相敌，绝山依谷，视生处高，战隆[①]无登，此处山之军也。绝水必远水；客绝水而来，勿迎之于水内，令半济而击之，利；欲战者，无附于水而迎客；视生处高，无迎水流，此处水上之军也。绝斥泽，唯亟[②]去无留；若交军于斥泽之中，必依水草而背众树，此处斥泽之军也。平陆处易而右背高，前死后生，此处平陆之军也。凡此四军之利，黄帝之所以胜四帝也。

凡军好高而恶下，贵阳而贱阴，养生而处实[③]，军无百疾，是谓必胜。丘陵堤防，必处其阳而右背之，此兵之利，地之助也。上雨，水沫至，欲涉者，待其定也。

凡地有绝涧、天井、天牢、天罗、天陷、天隙，必亟去之，勿近也。吾远之，敌近之；吾迎之，敌背之。军行有险阻、潢井[④]葭苇、山林蘙荟[⑤]者，必谨复索之，此伏奸之所处也。

敌近而静者，恃其险也；远而挑战者，欲人之进也；其所居易者，利也。众树动者，来也；众草多障者，疑也；鸟起者，伏也；兽骇者，覆也；尘高而锐者，车来也；卑而广者，徒来也；散而条达者，樵采也；少而往来者，营军也。辞卑而益备者，进也；辞强而进驱者，退也；轻车先出居其侧者，陈也；无约而请和者，谋也；奔走而陈兵车者，期也；半进半退者，诱也。杖[⑥]而立者，饥也；汲而先饮者，渴也；见利而不进者，劳也。鸟集者，虚也；夜呼者，恐也；军扰者，将不重也；旌旗动者，乱也；吏怒者，倦也；粟马肉食，军无悬缻[⑦]，不返其舍者，穷寇也；谆谆翕翕[⑧]，徐与人言者，失众也；数赏者，窘也；数罚者，困也；先暴而后畏其众者，不精之至也；来委谢者，欲休息也。

【注释】

①隆：高地。

②亟：迅速。

③养生而处实：这里指军队扎营要选择水草丰盛、粮食充足、地势较高的地方。养生，这里指水草丰盛、粮饷充足，军队容易休养生息；处实，指依托高地而处。

④潢井：地势低陷、积水很多的地方。潢，积水池。

⑤翳荟：草木茂盛，这里指草木茂密多障碍。

⑥杖：拄着兵器。

⑦缻：泛指饮具。

⑧谆谆翕翕：这里指士卒们在一起絮絮不休地低声议论。

兵怒而相迎，久而不合，又不相去，必谨察之。

兵非益多也，惟无武进，足以并力、料敌、取人而已；夫惟无虑而易敌者，必擒于人。

卒未亲附而罚之则不服，不服则难用也。卒已亲附而罚不行，则不可用也。故令之以文，齐之以武，是谓必取。令素行以教其民，则民服；令素不行以教其民，则民不服。令素行者，与众相得[①]也。

【注释】

①得：亲和。

地 形 篇

孙子曰：地形有通者，有挂者，有支者，有隘者，有险者，有远者。我可以往，彼可以来，曰通；通形者，先居高阳，利粮道，以战则利。可以往，难以返，曰挂；挂形者，敌无备，出而胜之；敌若有备，出而不胜，难以返，不利。我出而不利，彼出而不利，曰支；支形者，敌虽利我，我无出也；引而去之，令敌半出而击之，利。隘形者，我先居之，必盈之以待敌；若敌先居之，盈而勿从，不盈而从之。险形者，我先居之，必居高阳以待敌；若敌先居之，引而去之，勿从也。远形者，势均难以挑战，战而不利。凡此六者，地之道也，将之至任[①]，不可不察也。

故兵有走[②]者，有弛[③]者，有陷者，有崩者，有乱者，有北者。凡此六者，非天之灾，将之过也。夫势均，以一击十，曰走。卒强吏弱，曰弛。吏强卒弱，曰陷。大吏怒而不服，遇敌怼而自战，将不知其能，曰崩。将弱不严，教道不明，吏卒无常，陈兵纵横，曰乱。将不能料敌，以少合众，以弱击强，兵无选锋，曰北。凡此六者，败之道也，将之至任，不可不察也。

【注释】

①至任：最重大的任务。

②走：指逃走。

③弛：废弛。

夫地形者，兵之助也。料敌制胜，计险厄远近，上将之道也。知此而用战者必胜，不知此而用战者必败。故战道必胜，主曰无战，必战可也；战道不胜，主曰必战，无战可也。故进不求名，退不避罪，唯人是保，而利合于主，国之宝也。

视卒如婴儿，故可与之赴深谿[①]，视卒如爱子，故可与之俱死。厚而不能使，爱而不能令，乱而不能治，譬若骄子，不可用也。

知吾卒之可以击，而不知敌之不可击，胜之半也；知敌之可击，而不知吾卒之不可以击，胜之半也；知敌之可击，知吾卒之可以击，而不知地形之不可以战，胜之半也。故知兵者，动而不迷，举而不穷[②]。故曰：知彼知己，胜乃不殆；知天知地，胜乃不穷[③]。

【注释】

①可与之赴深溪：可以与人共患难。

②举而不穷：举措千变万化，没有穷尽。

③胜乃可穷：可以取得完全的胜利。

九 地 篇

孙子曰：用兵之法，有散地，有轻地，有争地，有交地，有衢地，有重地，有圮地，有围地，有死地。诸侯自战其地，为散地。入人之地不深者，为轻地。我得则利，彼得亦利者，为争地。我可以往，彼可以来者，为交地。诸侯之地三属，先至而得天下之众者，为衢地。入人之地深，背城邑多者，为重地。行山林、险阻、沮泽，凡难行之道者，为圮地。所由入者隘，所从归者迂，彼寡可以击吾之众者，为围地。疾战则存，不疾战则亡者，为死地。是故散地则无战，轻地则无止[①]，争地则无攻，交地则无绝[②]，衢地则合交，重地则掠[③]，圮地则行，围地则谋，死地则战。

所谓古之善用兵者，能使敌人前后不相及，众寡不相恃，贵贱不相救，上下不相收，卒离而不集，兵合而不齐。合于利而动，不合于利而止。敢问：

“敌众整而将来，待之若何？”曰：“先夺其所爱[4]，则听矣。”兵之情主速，乘人之不及，由不虞之道，攻其所不戒也。

【注释】

①无止：不宜停留。

②无绝：联络不宜断绝。

③掠：深入敌区，掠夺粮草以维持补给。

④所爱：敌方重地。

凡为客之道，深入则专。主人不克，掠于饶野，三军足食；谨养而勿劳，并气积力；运兵计谋，为不可测。投之无所往，死且不北。死焉不得，士人尽力。兵士甚陷则不惧，无所往则固。深入则拘，不得已则斗。是故其兵不修而戒，不求而得，不约而亲，不令而信。禁祥去疑[1]，至死无所之。

吾士无余财，非恶货也；无余命，非恶寿也。令发之日，士卒坐者涕沾襟，偃卧者涕交颐。投之无所往，诸、刿[2]之勇也。

故善用兵者，譬如率然；率然者，常山之蛇也。击其首则尾至，击其尾则首至，击其中则首尾俱至。敢问：“兵可使如率然乎？”曰：“可。”夫吴人与越人相恶也，当其同舟而济，遇风，其相救也如左右手。是故方马埋轮，未足恃也；齐勇若一，政之道也；刚柔皆得，地之理也。故善用兵者，携手若使一人，不得已也。

将军之事，静以幽[3]，正以治[4]。能愚士卒之耳目，使之无知。易其事，革其谋，使人无识；易其居，迂其途，使人不得虑。帅与之期，如登高而去其梯。帅与之深入诸侯之地，而发其机，焚舟破釜，若驱群羊，驱而往，驱而来，莫知所之。聚三军之众，投之于险，此谓将军之事也。九地之变，屈伸之利，人情之理，不可不察。

【注释】

①禁祥去疑：禁迷信，去疑惑。

②诸、刿：春秋时期吴国的勇士专诸、鲁国的武士曹刿。

③静以幽：冷静沉着，幽深莫测。

④正以治：治军公正严明。

凡为客之道，深则专，浅则散。去国越境而师者，绝地也；四达者，衢地也；入深者，重地也；入浅者，轻地也；背固前隘者，围地也；无所往者，死地也。是故散地，吾将一其志；轻地，吾将使之属；争地，吾将趋其后；交地，吾将谨其守；衢地，吾将固其结；重地，吾将继其食；圮地，吾将进其途；围地，吾将塞其阙；死地，吾将示之以不活。故兵之情，围则御，不得已则斗，过则从。

是故不知诸侯之谋者，不能预交[①]；不知山林、险阻、沮泽之形者，不能行军；不用乡导者，不能得地利。四五者，不知一，非霸王之兵也。夫霸王之兵，伐大国，则其众不得聚；威加于敌，则其交不得合。是故不争天下之交，不养天下之权，信己之私[②]，威加于敌，则其城可拔，其国可隳[③]。

施无法之赏，悬无政之令；犯三军之众，若使一人。犯之以事，勿告以言；犯之以利，勿告以害。投之亡地然后存，陷之死地然后生。夫众陷于害，然后能为胜败。故为兵之事，在于顺详敌之意，并敌一向，千里杀将，此谓巧能成事者也。

是故政举之日，夷关折符，无通其使，厉于廊庙之上，以诛其事。敌人开阖，必亟入之[④]。先其所爱，微与之期。践墨随敌[⑤]，以决战事。是故始如处女，敌人开户；后如脱兔，敌不及拒。

【注释】

①预交：结交。

②信己之私：倚靠自己的力量。信，倚靠。

③其国可隳：隳，同“毁”。可摧毁敌国。

④敌人开阖，必亟入之：敌有间隙，乘虚而入。阖，门扇。

⑤践墨随敌：不墨守成规，应据敌情变化而行事。

火 攻 篇

孙子曰：凡火攻有五，一曰火人[①]，二曰火积，三曰火辎[②]，四曰火库，五曰火队。行火必有因，烟火必素具。发火有时，起火有日。时者，天之燥也；日者，月在箕、壁、翼、轸也。凡此四宿者，风起之日也。

凡火攻，必因五火之变而应之。火发于内，则早应之于外。火发兵静者，待而勿攻，极其火力，可从而从之，不可从而止。火可发于外，无待于内，以时发之。火发上风，无攻下风。昼风久，夜风止。凡军必知有五火之变，以数[③]守之。

【注释】

①火人：放火焚烧敌军的人马。火，做动词用，意为烧火、放火；人，此处指人马。

②辎：武器、兵车，以及各种军用器械。

③数：指前面所说的“发火有时，起火有日”等火攻条件。

故以火佐攻者明[①]，以水佐攻者强[②]。水可以绝[③]，不可以夺[④]。夫战胜攻取，而不修其功者凶，命曰费留。故曰：明主虑之，良将修之。非利不动，非得不用，非危不战。主不可以怒而兴师，将不可以愠而致战。合于利而动，不合于利而止。怒可以复喜，愠可以复悦，亡国不可以复存，死者不可以复生。

故明君慎之，良将警之。此安国全军之道也。

【注释】

①以火佐攻者明：以火攻作为向敌人进攻的辅助方法效果很明显。

②以水佐攻者强：用水攻的方法辅助进攻，能使攻势大大增强。

③水可以绝：用水攻的方法可以隔断敌军的联系或者断绝敌军的粮道。

④不可以夺：不能赶走敌军。

用间篇

孙子曰：凡兴师十万，出征千里，百姓之费，公家之奉，日费千金；内外骚动，怠于道路，不得操[①]事者，七十万家。相守数年，以争一日之胜，而爱爵禄百金，不知敌之情者，不仁之至也，非人[②]之将也，非主之佐也，非胜之主也。

故明君贤将，所以动而胜人，成功出于众者，先知也。先知者，不可取于鬼神，不可象于事[③]，不可验于度，必取于人，知敌之情者也。

故用间有五：有因间，有内间，有反间，有死间，有生间。五间俱起，莫知其道，是谓神纪，人君之宝也。乡间者，因其乡人而用之。内间者，因其官人而用之。反间者，因其敌间而用之。死间者，为诳事于外，令吾间知之，而传于敌间也。生间者，反报也。

【注释】

①操：这里指操持农事。

②人：这里指军队。

③象于事：指筮占之事。

故三军之事，莫亲于间，赏莫厚于间，事莫密于间，非圣智不能用间，非仁义不能使间，非微妙不能得间之实。微哉！微哉！无所不用间也。间事未发而先闻者，间与所告者皆死。

凡军之所欲击，城之所欲攻，人之所欲杀，必先知其守将、左右、谒者、门者、舍人之姓名，令吾间必索知之。

必索敌人之间来间我者，因而利之，导而舍之，故反间可得而用也。因是[①]而知之，故乡间、内间可得而使也。因是而知之，故死间为诳事，可使告敌。因是而知之，故生间可使如期[②]。五间之事，主必知之，知之必在于反间，故反间不可不厚也。

昔殷之兴也，伊挚在夏；周之兴也，吕牙在殷。故惟明君贤将，能以上智为间者，必成大功。此兵之要，三军之所恃而动也。

【注释】

①是：指反间提供的情报。

②生间：能活着回来报告敌情的间谍。如期：按期。

三、学习指导

（一）《孙子兵法》的传播

1. 我国对《孙子兵法》的研究历程

我国对《孙子兵法》的研究史大致可分成七个时期。

（1）孕育产生时期——远古至春秋

《孙子兵法》在产生以前，应经历了一个较长时期的孕育过程。其产生的因素主要有：中国远古以来，特别是春秋时期频繁、激烈、多样的战争是《孙子兵法》产生的源泉；此前已有的兵学理论成果，如《军志》《军政》、古《司马法》、令典等，是《孙子兵法》跃上兵学巅峰的阶石；春秋时期的社会思潮，特别是关于“道”“仁”“阴阳”“保民”等的理论，是《孙子兵法》形成的文化因素；崇武尚智的齐文化是培育《孙子兵法》这朵军事理论奇葩的沃土；孙武个人的天赋与努力，则是《孙子兵法》产生的主观因素。

（2）增益和早期校理时期——战国至秦汉

《孙子兵法》十三篇于公元前512年在吴国问世后，并未迅速广泛传播开来。至战国时，此书才开始广泛传播，出现了中国历史上最早的“孙子热”，所谓“藏孙、吴之书者，家有之”。到了汉代，官方组织人力对《孙子兵法》进行了三次较大规模的整理。第一次是在汉高帝时，时间大致在高帝六年（前201年）至高帝十一年之间，由张良、韩信“序次”。第二次是在武帝时，由军政扬仆“捃摭遗逸，纪奏兵录”。第三次是在孝成帝时，由任宏“论次兵书”，将其分为“兵权谋”“兵形势”“兵阴阳”“兵技巧”四种，《孙子兵法》位在“兵权谋”之首。这三次整理对《孙子兵法》的定位、定型和流传都具有重要意义。

（3）削繁和注释时期——魏晋至隋唐

曹操《孙子略解》的问世，标志着《孙子兵法》真正进入了注解的时期。此外还有东吴沈友撰《孙子兵法》、贾诩的《钞孙子兵法》，曹操、王凌集注《孙子兵法》等。其注文大都比较简略，偏重文字训诂，表现了《孙子兵法》早期注解时期的特点。

隋唐五代是《孙子兵法》注释的高峰时期，这一时期注解《孙子兵法》的书主要有：隋代的《萧吉注孙子》，唐代的《李筌注孙子》《贾林注孙子》，五代的《张昭制旨兵法》等。除注家多外，这一时期的“注孙子”还具有另辟蹊径、纠谬补缺、义详例丰、整体把握等特点。这一时期在运用《孙子兵法》指导实践方面也卓有成效，人们注意总结新的经验教训，从而进一步丰富和发展了《孙子兵法》的军事思想。《孙子兵法》在唐朝时传入了日本，开始了在国外的传播。

(4) 武经首位确立时期——宋代

宋朝自仁宗起，官方就重视对兵学的研究和整理，至神宗，诏令司业朱服、武学教授何去非校定《孙子兵法》等七书，号“武经七书”。以《孙子兵法》为首的七部兵书，在一定意义上说，取得了与儒家经典同等重要的地位。宋朝前期的《孙子兵法》研究以官方组织为主，到了后期则以私人著述为主，反映了战乱年代整个社会对《孙子兵法》研究的重视。总之，宋代在孙子文献研究方面有突出成就，在版本校勘、注解讲义、专题研讨、兵书合刻、集注汇解、分类编辑、少数民族文字翻译等方面，均有成果传世。特别是《武经》本《孙子》和《十一家注孙子》的编定刊行，深益后世，功不可没。但宋人对《孙子兵法》军事理论体系的系统研究和应用理论研究进展不大，理论与实践脱节严重，实际运用是其薄弱环节。其成就和教训对后世均有深刻影响。

(5) 阐发和考据时期——明清

明清是《孙子兵法》疏解、阐发和考据的大丰收时期。刘寅的《孙子直解》、赵本学的《孙子书校解引类》、李贽的《孙子参同》等，都注意在理论阐发上下功夫，而不仅仅是注字训词，其讲解多有新见，且更注意了系统性、指导性，体例也更趋完备。清代的顾福棠、黄巩等开始将《孙子兵法》和西方的军事理论相结合，在《孙子兵法》研究史上具有开拓性的意义。明、清两代的许多将领和学者将《孙子兵法》的理论用于海防建设、火器战法等，提出了一些新的理论和观点。另外，这一时期以服务于武科应试为目的的武闱孙子研究，重视对《孙子兵法》的义理阐发，具有积极和消极的双重作用。

这一时期的《孙子兵法》研究在方法上仍主要承袭前朝，在内容上创新不足。特别是在清朝时期，西方军事理论已有长足发展，清人却仍抱残守缺、故步自封，研究气氛沉闷，成果内容呆滞，表现出中国古代孙子研究即将终结的征兆。

(6) 近代中西军事融合时期——民国

民国时期的孙子研究和古代孙子研究相比有了重大变化。一是《孙子兵法》与火器条件下的战争实践结合紧密，在战役战术乃至战略思想上均有新的重大发展；二是《孙子兵法》的理论与西方军事理论在碰撞中相融合，已不单是闭关锁国的近亲繁衍，使孙子研究因获得新生而表现出某种生机勃勃的气象；三是注重对《孙子兵法》的军事理论进行系统阐发，而不只是训字、注词、解句、讲章，已初步将《孙子兵法》的军事理论概括为战争问题、战争指导、战略战术、治军思想等几个方面，进行了比较系统的论述，为现代人更科学地概括《孙子兵法》的军事理论框架打下了基础。近代虽然时间短暂，但却是《孙子兵法》研究史上一个极为重要的转折时期，它标志着中国古代孙子学的终结，孙子研究新时代的开始。

(7) 孙子学确立与大发展时期——中华人民共和国成立后至今

新中国成立后的《孙子兵法》研究，在继承近代研究成果和方法的基础上进入了一个新的时代。毛泽东、刘伯承、郭化若等老一辈革命家首开以马克思主义为指导研究《孙子兵法》之端，其后遂成一代新风，出现了一批批闪耀着历史唯物主义和辩证唯物主义光辉的研究《孙子兵法》的力作。这一时期的论文更如雨后春笋般层出不穷。这些论文大多不拘成说，不但在《孙子兵法》版本流传、文字校勘、注释训解、军事思想阐发、哲学思想研究等方面颇多建树，而且开辟了多学科、多领域研究的新局面。《孙子兵法》的非军事运用研究逐步成为《孙子兵法》研究中的一个重要分支，从而使孙子研究逐步成为一门专门的学问，这就是“孙子学”。孙子学的确立，进一步促进并规范了《孙子兵法》的研究，使之更加繁荣而有序地蓬蓬勃勃地发展起来。

2.《孙子兵法》在国外的传播

《孙子兵法》在国外的流传，许多著述都认为以日本最早，朝鲜次之。因为这两个与中国相邻的国家在历史上与中国文化交流频繁，而日本奈良时代多次派遣学生到中国学习，无疑为《孙子兵法》的东传搭建了便捷的桥梁。据史书记载，在公元734年，也就是处于鼎盛时期的唐朝开元二十二年，在中国留学长达17年之久的日本学生吉备真备历尽艰辛回到自己的祖国。这位兼修文武的饱学之士，在离开繁华的唐朝都城时并没有携带什么丝绸珍宝，而是用唐朝廷赏赐给他的钱来买书，将大批记载中国兵学阵法知识的书籍捆载而归，回到故乡后传授给日本的文士武将。

把《孙子兵法》引向欧洲的第一人是法国天主教耶稣会传教士约瑟夫·J. 阿米欧。提起这个名字，清朝乾隆年间北京的官吏文人恐怕大都觉得茫然，但要说起他的中文名字——钱德明（别名钱遵道），知道的人还真不少。这位1718年出生于法国土伦的耶稣会士，1750年奉派来华，被乾隆皇帝召进京城，受到清朝的礼遇。钱德明在北京一住就是43年，这期间除了传教以外，他把主要精力都用在了研究中国文化上面。他学会了满文、汉文，把中国的历史、语言、儒学、音乐、医药等各方面的知识介绍到法国去，引起法国乃至欧洲文化界的广泛关注。其中最有价值的译介工作是翻译了6部中国古代兵书。1772年，巴黎的迪多出版社出版了名为《中国军事艺术》的兵学丛书，其中第二部就是《孙子兵法》。这部书的法译本一经问世，就引起了法国人的重视。《法国精神》等文学刊物纷纷发表评论，有的评论者甚至说，他在《孙子兵法》里看到了西方名将和军事著作家色诺芬、波利比尤斯和萨克斯笔下所表现的“那一伟大艺术的全部真理”，建议将这一“杰作”作为“那些有志于统领我国军队的人和普通军官的教材”。

大清帝国驻法公使廖世功（1877—1955），号叙畴，上海嘉定人，留学于法国政治科学院，获学士学位。廖世公所著的《中国为世界文化之源》中提到，就连咤叱欧洲的法国名将拿破仑也读过《孙子兵法》。从拿破仑的经历看，他于1779年进入位于香槟的布列纳军校攻读炮兵专业，1784年进入巴黎皇家军事学校深造，次年毕业。而18世纪80年代的头几年，恰好是《孙子兵法》法文译本多次被刊物刊登、引起公众瞩目的时期。在拿破仑入巴黎军校深造的前两年，尼昂出版公司经法国国王许可，将《孙子兵法》作为一套有关中国的丛书的第七卷再次出版了。照常理推断，求学期间酷爱读书，曾大量阅读过世界各国军事、历史和法律书籍的拿破仑受当时巴黎社会上一度盛行的“孙子热”的影响，浏览过《孙子兵法》并不是不可能的。

——参考资料：陈辉，《临沂汉简本〈孙子兵法〉〈孙膑兵法〉》，《走向世界》，2011年第25期。

(二)《孙子兵法》的研究

1. 关于《孙子兵法》作者与成书时间的争鸣

关于《孙子兵法》的成书年代和作者问题，自宋代以来，争论辩诘已延续了千余年之久。论争的焦点，是其书成于春秋抑或战国，“其书的作者是孙武还是孙膑”，抑或如宋代叶适所言，为某“山林处士”。在疑古思潮的影响下，不少学者不承认孙子拥有《孙子兵法》一书的著作权，也否定《孙子兵法》的主体内容形成于春秋后期。这些怀疑意见总括起来，大抵不外乎以下几种。

第一，论说历史上本无孙子其人，《孙子兵法》十三篇系战国时人所伪托。主张这一说法的人主要有南宋的叶适、陈振孙，清代的全祖望、姚际恒和现代学者钱穆、齐思和等。他们的依据主要是两点：《左传》等史籍未载孙武的事迹，“孙武为大将，乃不为命卿，而左氏无传焉”；《孙子兵法》所反映的是战国时代的社会状况和战争特色，时代特征明显晚于春秋。由于这派既怀疑《孙子兵法》其书，又怀疑孙武其人，态度最为坚决，故可以称作为“彻底怀疑论者”。

第二，历史上虽有孙武其人，但《孙子兵法》一书则非其所著。持这一观点的代表人物有北宋的梅尧臣，清代的姚鼐，现代的梁启超、黄云眉等人。这派学者怀疑、否定《孙子兵法》为孙武所著的主要依据，不外乎是孙武是春秋时人，而《孙子兵法》“所言皆战国事耳”，“书中所言战事规模及战术，虑皆非春秋时所能有也”，因此书的作者不可能是孙武本人。由此可见，这一派在孙武其人其书问题上，实际上是采取了“存其人而疑其书”的态度。

第三，《孙子兵法》与《孙膑兵法》实为一书，其真正的作者是战国中期的孙膑，即使退一万步讲，其书也是导源于孙武，而完成于孙膑。持此观点的有陈启天等现代学者以及日本学者斋藤拙堂、武内义雄等人。这一派观点的提出，缘于历史上《孙膑兵法》久已亡佚，而今本《孙子兵法》而又多呈战国时代特征，故很自然地将孙武与孙膑混为一谈，将两部不同时代的兵书视为一体。

除上述三种主要怀疑论调外，还有一些影响稍逊的否定观点。如清代人牟庭在其《校正孙子》中提出所谓孙武就是伍子胥，二者实为一人的说法。由于其说过于离谱，几近荒诞，因此很少有人信从。

2. 关于《孙子兵法》版本的争鸣

对于《孙子兵法》有几个版本的争鸣，主要有三种说法：第一种是二版本说，包括《武经七书》本和十一家注本，这两种版本是传世本，也就是在市面上流传的版本；第二种是三版本说，就是在二版本说上增加银雀山汉简本，这是在汉墓出土的竹简本，也被称为出土本；第三种四版本说，是在三版本的基础上增加了日本的樱田本。

——参考资料：黄朴民，《银雀山汉墓竹简〈孙子兵法〉佚文〈吴问〉考论》，《北京师范大学学报（社会科学版）》，2020年第1期。

四、延伸阅读

[1]《孙子三论》，钮先钟著，广西师范大学出版社，2003年8月。

推荐理由：本书作者以其个人的经验和知识为基础，提出和解决了三个问题：一是何谓战略和战略研究，二是怎样从事战略研究，三是为什么要研究战略。本书不仅可以为有志于从事战略研究的学子提供一个完整的框架，而且对于各行各业中从事管理工作的人员来说也有着极大的参考价值。

[2]《孙子兵法概论》，陶汉章编著，解放军出版社，2009年3月。

推荐理由：本书是作者根据刘伯承元帅在担任军事学院院长期间对《孙子兵法》的阐述，并结合自己长期学习研究《孙子兵法》的体会撰写而成的，对学习研究《孙子兵法》具有参考价值。

[3]《白话孙子兵法》，黄朴民注译，岳麓书社，2001年10月。

推荐理由：本书概述了《孙子兵法》对古今中外的影响，还对《孙子兵法》的十三篇原文进行了注释和讲解，此外还谈到了《孙子兵法》在企业管理、商业经营、体育竞技等领域的运用，具有启发意义。

【思考题】

1. 有人说《孙子兵法》是拿破仑横扫欧洲大陆、克敌制胜的秘密武器，请谈谈你对这句话的理解，并陈述理由。

2.《孙子兵法》中是如何阐述攻守关系的？这对企业经营有何启示？

3.《孙子兵法》中的势篇谈到奇正相生，“如循环之无端，孰能穷之”。请结合实例，从不同的角度解释这句话。

楚　辞（选）

一、简介

楚辞，其本义是指楚地的言辞，后来逐渐固定为两种含义：一是诗歌的体裁，二是诗歌总集的名称（在一定程度上也代表了楚国文学）。从诗歌体裁来说，它是战国后期以屈原为代表的诗人在楚国民歌基础上开创的一种新诗体；从总集名称来说，它是西汉刘向在前人基础上辑录的一部“楚辞”体的诗歌总集，收录了战国楚人屈原、宋玉的作品以及汉代贾谊、淮南小山、庄忌、东方朔、王褒、刘向诸人的仿骚作品。

“楚辞”这种诗体的作品运用楚地（今两湖一带）的文学样式、方言声韵，叙写楚地的山川人物、历史风情，具有浓厚的地域文化色彩。如宋人黄伯思所说，“皆书楚语，作楚声，纪楚地，名楚物”（《东观余论》）。汉代人还普遍把楚辞称为“赋”。《史记》中已说屈原“作《怀沙》之赋”，《汉书·艺文志》中也列有“屈原赋”“宋玉赋”等名目。

《楚辞》是中国文学史上第一部浪漫主义诗歌总集，是继《诗经》后我国古代又一部具有深远影响的诗歌总集。

二、原文（节选）

离　骚（节选）

〔先秦〕屈原

长太息以掩涕兮，哀民生之多艰。
余虽好修姱[①]以鞿羁兮，謇朝谇[②]而夕替。
既替余以蕙纕[③]兮，又申之以揽茝。
亦余心之所善兮，虽九死其犹未悔。
怨灵修之浩荡兮，终不察夫民心。
众女嫉余之蛾眉兮，谣诼谓余以善淫。
固时俗之工巧兮，偭[④]规矩而改错。
背绳墨以追曲兮，竞周容以为度。
忳郁邑余侘傺[⑤]兮，吾独穷困乎此时也。
宁溘死以流亡兮，余不忍为此态也。
鸷鸟之不群兮，自前世而固然。
何方圜之能周兮，夫孰异道而相安？
屈心而抑志兮，忍尤而攘诟。
伏清白以死直兮，固前圣之所厚。

悔相道之不察兮，延伫乎吾将反。
回朕车以复路兮，及行迷之未远。
步余马于兰皋⑥兮，驰椒丘且焉止息。
进不入以离尤兮，退将复修吾初服。
制芰荷以为衣兮，集芙蓉以为裳。
不吾知其亦已兮，苟余情其信芳。
高余冠之岌岌兮，长余佩之陆离。
芳与泽其杂糅兮，唯昭质其犹未亏。
忽反顾以游目兮，将往观乎四荒。
佩缤纷其繁饰兮，芳菲菲其弥章。
民生各有所乐兮，余独好修以为常。
虽体解吾犹未变兮，岂余心之可惩？

【注释】

①修姱（kuā）：洁净而美好。

②谇（suì）：进谏。

③纕（xiāng）：佩带。

④偭（miǎn）：违背。

⑤侘傺（chà chì）：失志貌。

⑥皋（gāo）：水边高地。

九歌·东皇太一

〔先秦〕屈原

吉日兮辰良，穆将愉兮上皇。①
抚长剑兮玉珥②，璆锵鸣兮琳琅。
瑶席兮玉瑱，盍将把兮琼芳。③
蕙肴蒸兮兰藉，奠桂酒兮椒浆。④
扬枹兮拊鼓。⑤
疏缓节兮安歌，陈竽瑟兮浩倡。⑥
灵偃蹇兮姣服，芳菲菲兮满堂。⑦
五音纷兮繁会⑧，君欣欣兮乐康。

【注释】

①辰良：即“良辰”的倒文。穆：肃穆恭敬的样子。

②抚：抚摸。珥：耳饰，此处指古代剑柄的顶端部分，又称剑镡、剑鼻子。

③瑶：美玉名，这里形容坐垫质地精美。一说“瑶”是“营”的假借字，香草名。“营席”，用营草编织的坐垫。玉瑱（zhèn）：压席的玉器。瑱，同“镇”。盍（hé）：同“合”，会集。将：举。把：持。将把：指摆设的动作。琼：美玉名。琼芳：形容花色鲜美如玉。

④蕙肴：用蕙草包裹的佳肴。藉：衬垫。奠：祭奠。桂酒、椒浆：指浸泡香料的美酒。

⑤枹（fú）：鼓槌。拊：击。

⑥节：音乐的节拍。安歌：安详地歌唱。陈：列。竽：笙类吹奏乐器，有三十六簧。瑟：琴类弹奏乐器，有二十五弦。

⑦灵：楚辞中“灵”或指神，或指巫。王国维在《宋元戏曲史》中说：“谓巫曰灵，谓神亦曰灵。盖群巫之中必有像神之衣服形貌动作者，而视为神之所凭依，故谓之灵，或谓之灵保。”这里指女巫。偃蹇（yǎn jiǎn）：舞貌，谓舞姿袅娜。姣服：美丽的衣服。芳菲菲：香气浓郁。

⑧五音：指宫、商、角、徵、羽五种音阶。繁会：音调繁多，交响合奏。

九歌·云中君

〔先秦〕屈原

浴兰汤兮沐芳[1]，华采衣兮若英。
灵连蜷兮既留，烂昭昭兮未央。[2]
蹇将憺兮寿宫[3]，与日月兮齐光。
龙驾[4]兮虎服，聊翱游兮周章。
灵皇皇兮既降，猋远举兮云中。[5]
览冀洲[6]兮有余，横四海兮焉穷。
思夫君兮太息，极劳心兮忡忡。[7]

【注释】

①浴：洗身体。沐：洗头发。古人祭神之前，必先斋戒，用兰草沐浴。

②灵：指云中君。连蜷（quán）：回环宛曲的样子。烂昭昭：指天色微明。未央：未尽。

③蹇（jiǎn）：发语词。憺（dàn）：安。寿宫：寝堂，此指云神在天上的宫阙。

④龙驾：龙车，此指驾龙车。虎服：驾着虎。

⑤灵：指云中君。皇皇：同煌煌，光明灿烂的样子。猋（biāo）：疾速。举：高飞。

⑥览：看。冀州：古代中国分为冀、兖、青、徐、扬、荆、豫、梁、雍九州，冀州为九州之首，因以代指全中国。

⑦君：指云中君。太息：即叹息。忡忡（chōng）：心神不定的样子。

九 歌 · 湘 君

〔先秦〕屈原

君不行兮夷犹[1]，蹇谁留兮中洲？
美要眇[2]兮宜修，沛吾乘兮桂舟。
令沅湘兮无波，使江水兮安流！[3]

望夫君兮未来，吹参差[4]兮谁思！
驾飞龙兮北征，邅吾道兮洞庭。[5]
薜荔[6]柏兮蕙绸，荪桡兮兰旌。
望涔阳[7]兮极浦，横大江兮扬灵。
扬灵兮未极[8]，女婵媛兮为余太息。
横流涕兮潺湲[9]，隐思君兮陫侧。
桂棹[10]兮兰枻，斲冰兮积雪。
采薜荔兮水中，搴芙蓉兮木末。[11]
心不同兮媒劳[12]，恩不甚兮轻绝！
石濑兮浅浅，飞龙兮翩翩。[13]
交不忠兮怨长，期不信兮告余以不闲。
鼂骋骛兮江皋[14]，夕弭节兮北渚。
鸟次兮屋上，水周兮堂下。
捐余玦兮江中[15]，遗余佩兮醴浦。
采芳洲兮杜若，将以遗兮下女。
时不可兮再得，聊逍遥兮容与。

【注释】

①夷犹：犹豫不前的样子。

②要眇（yāo miǎo）：美好的样子。

③沅湘：沅江、湘江。江水：指长江。

④参差（cēn cī）：即排箫，相传为舜所造，其状如凤翼之参差不齐，故名参差。

⑤飞龙：指刻画着龙的快船。邅（zhān）：楚方言，转弯，改变方向。

⑥薜荔（bì lì）：一种蔓生的常绿灌木。

⑦涔（cén）阳：地名，在涔水北岸，今湖南省澧县有涔阳浦。

⑧极：终极，引申为到达。

⑨潺湲（chán yuán）：水不停流动的样子，这里形容流泪之貌。

⑩棹（zhào）：船桨。

⑪采：摘。搴（qiān）：拔。

⑫心不同：指男女双方心里想的不一样。媒劳：媒人徒劳无用。

⑬石濑（lài）：沙石间的流水。浅浅：水快速流动的样子。翩翩：轻快飞行的样子。

⑭鼂（zhāo）：同“朝”，早晨。骋骛（chěng wù）：急速奔走。

⑮捐：抛弃。玦（jué）：环形而有缺口的佩玉。玦与“决”同音，有表示决断、决绝之义。

九歌·湘夫人

〔先秦〕屈原

帝子[1]降兮北渚，目眇眇兮愁予。
袅袅[2]兮秋风，洞庭波兮木叶下。
白薠[3]兮骋望，与佳期兮夕张。
鸟萃兮蘋中，罾何为兮木上。[4]
沅有茝[5]兮醴有兰，思公子兮未敢言。
荒忽[6]兮远望，观流水兮潺湲。
麋[7]何食兮庭中？蛟何为兮水裔？
朝驰余马兮江皋，夕济[8]兮西澨。
闻佳人兮召予，将腾驾[9]兮偕逝。
筑室兮水中，葺[10]之兮荷盖。
荪壁[11]兮紫坛，播芳椒兮成堂。
桂栋[12]兮兰橑，辛夷楣兮药房。
罔薜荔兮为帷，擗[13]蕙櫋兮既张。
白玉兮为镇[14]，疏石兰兮为芳。
芷葺兮荷屋，缭之兮杜衡。
合百草兮实庭，建芳馨兮庑门。
九嶷缤兮并迎，灵之来兮如云。
捐余袂兮江中，遗余褋兮醴浦。
搴[15]汀洲兮杜若，将以遗兮远者。
时不可兮骤得，聊逍遥兮容与！

【注释】

①帝子：湘君称湘夫人之词，因为湘夫人是帝尧的女儿，所以称为帝子。

②袅袅（niǎo）：微风吹拂的样子，这里形容秋风微弱。

③白薠（fán）：一种秋天生长的小草，湖泽岸边多有之。

④萃（cuì）：聚集。蘋（pín）：水草名。罾（zēng）：渔网。此言鸟为什么聚集水草上，渔网为什么挂在树上。

⑤茝（chǎi）：白芷，香草名。

⑥荒忽：同恍惚，模糊不清。

⑦麋（mí）：驼鹿。

⑧济：渡。

⑨腾驾：飞快地驾车。

⑩葺（qì）：原指茅草苫盖房屋，此指盖房屋。

⑪荪壁：用荪草装饰墙壁。荪，香草名。

⑫桂栋：用桂木做正梁。

⑬擗（pǐ）：拆开。

⑭镇：同“瑱”，压坐垫的玉瑱。

⑮搴（qiān）：拔取。

九歌·大司命

〔先秦〕屈原

广开兮天门，纷吾乘兮玄云。①
令飘风兮先驱②，使涷雨兮洒尘。
君回翔兮以下，逾空桑兮从女。③
纷总总④兮九州，何寿夭兮在予！
高飞兮安翔，乘清气兮御阴阳⑤。
吾与君兮齐速，导帝之兮九坑⑥。
灵衣兮被被⑦，玉佩兮陆离。
壹阴兮壹阳⑧，众莫知兮余所为。
折疏麻兮瑶华，将以遗⑨兮离居。
老冉冉⑩兮既极，不寖近兮愈疏。
乘龙兮辚辚⑪，高驰兮冲天。
结桂枝兮延伫⑫，羌愈思兮愁人。
愁人兮奈何，愿若今兮无亏⑬。
固人命兮有当，孰离合兮何为？

【注释】

①广开：大开。纷：多貌，形容玄云。玄云：黑云。

②飘风：即旋风。王逸《章句》：“回风为飘。”先驱：在前开路。

③君：对大司命的尊称。回翔：像鸟儿一样盘旋飞翔。逾：越过。

④纷总总：盛多的样子。言九州人口众多。

⑤阴阳：指天地间的阴、阳二气。古人认为宇宙万物的发展变化皆由阴、阳二气运行所定。以上四句为男觋扮大司命唱。

⑥九坑：即九州，泛指人世间。上帝是造物主，有至高无上的权威，大司命掌管人类的寿命，是这种权威的体现。“导帝之兮九坑”，就是把上帝的权威引导到人世间。这两句为女巫唱。

⑦被被：同“披披”，飘动的样子。

⑧壹阴兮壹阳：或阴或阳，变幻莫测。

⑨遗（wèi）：赠给。

⑩冉冉（rǎn）：渐渐。

⑪辚辚：车行声。这两句为大司命唱，言大司命乘龙车高飞，返回天宫。

⑫延伫（zhù）：长久地站立。

⑬若今兮无亏：犹言及时珍重。

九歌·少司命

〔先秦〕屈原

秋兰兮麋芜，罗生兮堂下。①
绿叶兮素华，芳菲菲兮袭予。②
夫人自有兮美子，荪③何以兮愁苦！
秋兰兮青青④，绿叶兮紫茎。
满堂兮美人⑤，忽独与余兮目成。
入不言兮出不辞⑥，乘回风兮载云旗。
悲莫悲兮生别离，乐莫乐兮新相知。⑦
荷衣兮蕙带，儵而来兮忽而逝⑧。
夕宿兮帝郊⑨，君谁须兮云之际？
与女沐兮咸池，晞女发兮阳之阿。
望美人兮未来，临风怳兮浩歌。
孔盖兮翠旌，登九天兮抚彗星⑩。
竦⑪长剑兮拥幼艾，荪独宜兮为民正。

【注释】

①麋（mí）芜：香草名，七八月间开白花，香气浓郁。罗生：并列而生。

②素华：即白花。菲菲：形容香气浓郁。袭：指香气扑鼻。予：主祭男巫自称。

③荪：香草名，借指少司命。

④青青：同“菁菁（jīng）”，草木茂盛的样子。

⑤美人：这里指参加祭礼的女人们。

⑥入不言兮出不辞：少司命进来时不说话，离开时没有告辞。

⑦“悲莫愁”两句：这两句言少司命去后人的悲哀，即人生最大的悲哀莫过于和相爱的人生生分离，人生最大的欢乐莫过于有了新的知心人。

⑧儵（shū）：同“倏”，忽然。逝：离去。

⑨帝郊：指天国的郊野。

⑩彗星：俗称扫帚星，古人认为是灾星。一说，抚是抚摸，安抚。彗星形似扫帚，古人想象可以用之扫除污秽，“天之有彗也，以除秽也。”（《左传·昭公二十六年》）

⑪竦（sǒng）：执，举起。

九歌·东君

〔先秦〕屈原

暾①将出兮东方，照吾槛兮扶桑。
抚余马兮安驱②，夜皎皎兮既明。

驾龙辀兮乘雷，载云旗兮委蛇③。
长太息兮将上，心低徊兮顾怀④。
羌声色兮娱人，观者憺⑤兮忘归。
緪瑟⑥兮交鼓，箫钟兮瑶簴。
鸣篪⑦兮吹竽，思灵保兮贤姱。
翾飞⑧兮翠曾，展诗兮会舞。
应律兮合节，灵之来兮蔽日⑨。
青云衣兮白霓裳⑩，举长矢兮射天狼。
操余弧⑪兮反沦降，援北斗兮酌桂浆。
撰余辔兮高驰翔，杳冥冥兮以东行⑫。

【注释】

①暾（tūn）：初升的太阳。

②安驱：安稳地驱驰。

③委蛇（yí）：即逶迤，舒卷蜿蜒的样子。

④顾怀：眷顾怀恋。顾，回头看。

⑤憺（dàn）：安乐，这里有迷恋的意思。

⑥緪（gēng）瑟：绷紧琴瑟上的弦。

⑦篪（chí）：竹制的吹奏乐器，形似笛，有八孔。

⑧翾（xuān）飞：鸟儿轻飞滑翔的样子。

⑨蔽日：形容神灵众多，遮天蔽日。

⑩青云衣兮白霓裳：以青云为衣，白霓为裳。古时上衣称衣，下衣称裳。霓，副虹，指虹外围的光圈。

⑪弧：木弓，这里也是星名。与矢星合称弧矢。

⑫东行：是说太阳白天在空中西行，夜晚在大地背面赶回东方。这虽是屈原超现实的想象，但已多少显露了“浑天说”的胚芽，这比起当时普遍流行的“盖天说”是一个进步。

河　伯

〔先秦〕屈原

与女游兮九河①，冲风起兮横波②。
乘水车兮荷盖，驾两龙兮骖螭③。
登昆仑兮四望，心飞扬兮浩荡。
日将暮兮怅忘归，惟极浦兮寤怀。
鱼鳞屋兮龙堂，紫贝阙兮珠宫，灵何为兮水中？

乘白鼋兮逐文鱼。[4]与女游兮河之渚[5]，流澌[6]纷兮将来下。
子交手兮东行，送美人兮南浦。
波滔滔兮来迎，鱼鳞鳞兮媵[7]予。

【注释】

①女（rǔ）：汝，你。九河：黄河的总名。前人说是黄河到兖州境即分九道，故称九河。

②冲风：隧风，大风。横波：聚起波浪，扬波。

③骖螭（cān chī）：骖，四匹马拉车时两旁的马叫骖；螭，“若龙而黄，北方谓之地蝼。”“或日无角曰螭。”（《说文解字》）据文意当指后者，那么骖螭即以螭为骖了。

④鼋（yuán）：大鳖。逐：追随，跟从。文鱼：有斑纹的鲤鱼。

⑤渚（zhǔ）：水边。《国语·越下》：“鼋龟鱼鳖之与处，而鼃（蛙）黾之与同渚。”下注：“水边亦曰渚。”这里泛指水，“渚”当为押韵。

⑥流澌（sī）：古代成语，意思就是流水。《楚辞·七谏·沉江》中“赴湘沅之流澌兮”等可证。

⑦媵（yìng）：原指随嫁或陪嫁的人，这里指护送陪伴。

九歌·山鬼

〔先秦〕屈原

若有人兮山之阿[1]，被薜荔兮带女罗[2]。
既含睇兮又宜笑[3]，子慕予兮善窈窕。
乘赤豹兮从文狸，辛夷车兮结桂旗。
被石兰兮带杜衡，折芳馨兮遗所思。
余处幽篁兮终不见天，路险难兮独后来。
表独立兮山之上，云容容兮而在下。
杳冥冥兮羌昼晦，东风飘兮神灵雨。
留灵修[4]兮憺忘归，岁既晏兮孰华予。
采三秀兮于山间，石磊磊兮葛蔓蔓。
怨公子兮怅忘归，君思我兮不得闲。
山中人兮芳杜若，饮石泉兮荫松柏。
君思我兮然疑作，雷填填[5]兮雨冥冥，猿啾啾兮狖[6]夜鸣。
风飒飒兮木萧萧，思公子兮徒离[7]忧。

【注释】

①山之阿（ē）：山谷。

②被（pī）：同“披”。薜荔、女萝：皆蔓生植物，香草。
③含睇：含情脉脉地斜视。睇（dì），微微斜视。宜笑：得体地笑。
④灵修：对爱人的尊称。憺（dàn）：安乐。
⑤填填：雷声。
⑥狖（yòu）：长尾猿。
⑦离：同“罹”，忧愁。

天　　问（节选）

〔先秦〕屈原

曰：遂①古之初，谁传道之？
上下未形，何由考之？
冥昭瞢暗②，谁能极之？
冯翼惟像③，何以识之？
明明暗暗，惟时何为？
阴阳三合，何本何化？
圜则九重④，孰营度之？
惟兹何功，孰初作之？
斡维焉系⑤，天极焉加？
八柱何当，东南何亏？
九天之际，安放安属？
隅隈⑥多有，谁知其数？
天何所沓？十二焉分？
日月安属？列星安陈？
出自汤谷，次于蒙汜⑦。
自明及晦，所行几里？
夜光何德，死则又育？
厥利维何，而顾菟⑧在腹？
女岐无合⑨，夫焉取九子？
伯强何处？惠气安在？
何阖而晦？何开而明？
角宿未旦，曜⑩灵安藏？
不任汩鸿，师何以尚之？
佥⑪曰何忧？何不课而行之？
鸱龟曳衔⑫，鲧何听焉？

顺欲成功，帝何刑焉？
永遏在羽山，夫何三年不施？
伯禹愎鲧，夫何以变化？
纂就前绪，遂成考功。
何续初继业，而厥谋不同？
洪泉极深，何以寘⑬之？
地方九则，何以坟之？
应龙何画？河海何历？
鲧何所营，禹何所成。
康回冯怒，墬何故以东南倾？

【注释】

①遂：同“邃”，遥远。

②冥昭：指昼夜。瞢（méng）暗：昏暗不明的样子。

③冯（píng）翼：大气鼓荡流动的样子。像：本无实物存在的只可想象的形。

④圜（yuán）：天体。九重：九层。

⑤斡（guǎn）：转轴。维：绳。

⑥隅：角落。隈（wēi）：弯曲的地方。

⑦蒙汜（sì）：古代神话中太阳在晚上停驻的地方。

⑧顾菟（tù）：菟，即“兔”，“顾菟”是月中的兔名，闻一多认为即蟾蜍。

⑨女岐：或作“女歧”，神话中的神女，没有丈夫而生了九个孩子。合，匹配。

⑩曜（yào）灵：太阳。

⑪佥（qiān）：皆，众人。

⑫鸱（chī）龟曳衔：高亨（hēng）先生认为大概是古代神话，鲧（gǔn）治水的时候，有鸱龟引路，去偷息壤，鲧就听从他们。鸱，一种鸷（zhì）鸟，猫头鹰之类；曳，牵引；衔，马口铁。

⑬寘（tián）：同“填”，填塞。

九章·思美人

〔先秦〕屈原

思美人兮，揽涕而伫眙①。
媒绝路阻兮，言不可结而诒。
蹇蹇之烦冤兮，陷滞而不发。
申旦②以舒中情兮，志沉菀而莫达。
愿寄言于浮云兮，遇丰隆而不将。

因归鸟而致辞兮，羌[3]宿高而难当。
高辛之灵盛兮，遭玄鸟而致诒。
欲变节以从俗兮，愧易初而屈志。
独历年而离愍[4]兮，羌冯心犹未化。
宁隐闵而寿考兮，何变易之可为！
知前辙之不遂兮，未改此度。
车既覆而马颠兮，蹇独怀此异路。
勒骐骥而更驾兮，造父为我操之，
迁逡次而勿驱兮[5]，聊假日以须时。
指嶓冢之西隈兮，与纁黄[6]以为期。
开春发岁兮，白日出之悠悠。
吾将荡志而愉乐兮，遵江夏以娱忧。
揽大薄之芳茝兮，搴[7]长洲之宿莽。
惜吾不及古人兮，吾谁与玩此芳草？
解萹薄与杂菜兮，备以为交佩。
佩缤纷以缭转兮，遂萎绝而离异。
吾且儃佪[8]以娱忧兮，观南人之变态。
窃快在中心兮，扬厥凭[9]而不竢。
芳与臭其杂糅兮，羌芳华自中出。
纷郁郁其远承兮，满内而外扬。
情与质信可保兮，羌居蔽而闻章。
令薜荔以为理兮，惮举趾而缘木。
因芙蓉而为媒兮，惮褰裳而濡足[10]。
登高吾不说兮，入下吾不能。
固朕形之不服兮，然容与而狐疑。
广遂前画兮，未改此度也。
命则处幽，吾将罷兮，愿及白日之未暮。
独茕茕而南行兮，思彭咸之故也。

【注释】

①揽：收的意思，在这里即“揩干”之意。伫眙（zhù chì）：立视。伫，立；眙，视。

②申旦：由夜至曙，通宵达旦。

③羌：句首语气词。宿高：迅疾高飞。

④离愍：遭遇祸患。

⑤迁：迁延不进。逡次：缓行。

⑥纁（xūn）黄：黄昏之时。纁，一作“曛”。

⑦搴（qiān）：拔取。
⑧儃佪（chán huái）：徘徊。
⑨扬：扬弃。厥凭：愤懑之心。
⑩褰（qiān）：撩起，揭起。濡（rú）：沾湿。

九章·惜往日

〔先秦〕屈原

惜往日之曾信[1]兮，受命诏以昭时。
奉先功以照下兮，明法度之嫌疑[2]。
国富强而法立兮，属贞臣而日娭。
秘密事之载心兮，虽过失犹弗治[3]。
心纯庬而不泄兮，遭谗人而嫉之。
君含怒而待臣兮，不清澈其然否。
蔽晦君之聪明兮，虚惑误又以欺。
弗参验[4]以考实兮，远迁臣而弗思。
信谗谀之溷浊兮，盛气志而过之。
何贞臣之无罪兮，被离谤而见尤[5]。
惭光景之诚信兮，身幽隐而备之。
临沅湘之玄渊兮，遂自忍而沉流？
卒没身而绝名兮，惜壅君之不昭。
君无度[6]而弗察兮，使芳草为薮幽。
焉舒情而抽信兮，恬死亡而不聊。
独鄣壅而蔽隐兮，使贞臣为无由[7]。
闻百里之为虏兮，伊尹烹于庖厨。
吕望[8]屠于朝歌兮，宁戚歌而饭牛。
不逢汤武与桓缪兮，世孰云[9]而知之？
吴信谗而弗味兮，子胥死而后忧。
介子忠而立枯兮[10]，文君寤而追求。
封介山而为之禁兮，报大德之优游。
思久故之亲身兮，因缟素而哭之。
或忠信而死节兮，或訑谩而不疑。
弗省察而按实兮，听谗人之虚词。
芳与泽其杂糅兮，孰申旦而别之？
何芳草之早殀兮，微霜降而下戒。
谅聪不明而蔽壅兮，使谗谀而日得。
自前世之嫉贤兮，谓蕙若其不可佩。

妒佳冶之芬芳兮，嫫母姣而自好。
虽有西施之美容兮，谗妒入以自代。
愿陈情以白行兮，得罪过之不意。
情冤见之日明兮，如列宿之错置。
乘骐骥而驰骋兮，无辔衔而自载；
乘氾泭以下流兮，无舟楫而自备。
背法度而心治兮，辟与此其无异。
宁溘死而流亡兮，恐祸殃之有再。
不毕辞而赴渊兮，惜壅君之不识。

【注释】

①曾信：曾经被信任重用。

②嫌疑：指法度中含糊不清之处。

③治：治罪。

④参验：比较验证。

⑤被："疑此文被为反之讹。反讹为皮，因改为被也。'反离谤而见尤'与《惜诵》'纷逢尤以离谤兮'语亦相仿。"（闻一多《楚辞校补》）离：诽谤。尤：罪责，责备。

⑥无度：心中无分寸。

⑦无由：无从。

⑧吕望：即吕尚，本姓姜，因先代封于吕，遂取以为氏。传说他于未发迹时，曾在朝歌当屠夫，晚年钓于渭水之滨，得文王重用，后助武王灭商。

⑨云：说。

⑩介子：介子推，春秋时晋国贤臣。重耳逃亡在外，介子推从行。后重耳得国，是为晋文公，遍赏从人，而忘了介子推，介子推遂携母逃入绵山。后文公想起他的功劳，令人上山寻找，不得，于是放火烧山，欲把介子推逼出。然介子推坚持不出，抱树烧死。立枯：指抱树站着被烧死。

远　游（节选）

〔先秦〕屈原

悲时俗之迫阨①兮，愿轻举而远游。
质菲薄而无因兮，焉托乘②而上浮。
遭沉浊而污秽兮，独郁结其谁语！
夜耿耿而不寐兮，魂茕茕而至曙。
惟天地之无穷兮，哀人生之长勤。

往者余弗及兮，来者吾不闻。
步徙倚而遥思兮，怊惝怳而乖怀③。
意荒忽而流荡兮，心愁悽而增悲。
神儵忽④而不反兮，形枯槁而独留。
内惟省以操端兮，求正气之所由。
漠虚静以恬愉兮，澹无为而自得。
闻赤松之清尘兮，愿承风乎遗则。
贵真人之休德兮，美往世之登仙。
与化去而不见兮，名声著而日延。
奇傅说⑤之讬辰星兮，羡韩众⑥之得一。
形穆穆以浸远兮，离人群而遁逸。
因气变而遂曾举兮，忽神奔而鬼怪。
时仿佛以遥见兮，精皎皎以往来。
绝氛埃而淑尤兮，终不反其故都。
免众患而不惧兮，世莫知其所如。

【注释】

①迫阨：困阻灾难。
②焉托乘：以什么作为寄托、乘载的工具。
③怊惝怳：惆怅失意。乖怀：心愿违背，心气不顺。
④儵忽：同“倏忽”，一会儿。
⑤傅说：殷高宗武丁的宰相，传说他死后，精魂乘星上天。
⑥韩众：即韩终，春秋齐人，为王采药，王不肯服，于是他自己服下成仙。

招　魂（节选）

〔先秦〕屈原

魂兮归来！东方不可以托些①。
长人千仞，惟魂是索些。
十日代出②，流金铄石③些。
彼皆习之，魂往必释些。
归来兮！不可以托些。
魂兮归来！南方不可以止些。
雕题黑齿④，得人肉以祀⑤，以其骨为醢些。
蝮蛇蓁蓁⑥，封狐千里些。
雄虺九首⑦，往来儵忽，吞人以益其心些。
归来兮！不可久淫些。
魂兮归来！西方之害，流沙千里些。

旋入雷渊，靡散而不可止些。
幸而得脱，其外旷宇些。
赤蚁若象⑧，玄蜂若壶⑨些。
五谷不生，藂菅是食⑩些。
其土烂人，求水无所得些。
彷徉无所倚，广大无所极些。
归来兮！恐自遗贼些。
魂兮归来！北方不可以止些。
增冰峨峨，飞雪千里些。
归来兮！不可以久些。
魂兮归来！君无上天些。

【注释】

①托些：安身之地。托，依托的意思。王逸在《楚辞章句》中考辨说："托，寄也。《论语》曰：可以托六尺之孤。言东方之俗，其人无义，不可托命而寄身也。"

②十日：神话传说中扶桑树上有十个太阳。《庄子·齐物论》指出："昔者十日并出，万物皆照。"《淮南子·本经》也有记载："尧时十日并出，焦禾稼，杀草木。"代出：轮流升起。

③流金：指金属融化。铄石：销熔石头。形容阳光强烈。王逸在《楚辞章句》中考辨说："铄，销也。言东方有扶桑之木，十日并在其上，以次更行，其热酷烈，金石坚刚，皆为销释也。彼皆习之，魂往必释些。释，解也。言彼十日之处，自习其热。魂行往到，身必解烂也。"

④雕题：在额头上刻制花纹。应为古代南方少数民族的一种风俗，文身的一种。《庄子·逍遥游》指出："越人断发文身。"黑齿：蒋骥在《山带阁注楚辞》中指出，《南土志》中记有"黑齿在水昌关南，以漆漆其齿"。

⑤祀：祭祀。蒋骥在《山带阁注楚辞》中指出："南方俗多羼魅，常有杀人祭鬼者。"

⑥蓁蓁（zhēn）：盘绕聚集，很多的意思。

⑦雄虺（huǐ）：大毒蛇。九首：九个脑袋。

⑧蚁：红色蚂蚁。蒋骥在《山带阁注楚辞》中指出："《八纮译史》：'蚁国在极西，其色赤，大如象。'"若象：像大象一样大。

⑨玄蜂：黑蜂。壶：同"瓠"，葫芦。传说昆仑有大蜂，长一丈，其毒可杀人。王逸在《楚辞章句》中考辨说："壶，干瓠也。言旷野之中，有赤蚁，其状如象。又有飞蜂，腹大如壶。皆有蜂毒，能杀人也。"

⑩菅（jiān）：茅草。王逸在《楚辞章句》中考辨说："柴棘为藂。菅，茅也。言西极之地，不生五谷，其人但食柴草，若群牛也。"食：粮食。

大　招（节选）

〔先秦〕屈原

青春受谢[1]，白日昭只。
春气奋发，万物遽[2]只。
冥凌浃行[3]，魂无逃只。
魂魄归来！无远遥只。
魂乎归来！无东无西，无南无北只。
东有大海，溺水浟浟只[4]。
螭龙并流[5]，上下悠悠只。
雾雨淫淫，白皓胶[6]只。
魂乎无东！汤谷寂寥只。
魂乎无南！南有炎火千里，蝮蛇蜒只。
山林险隘，虎豹蜿只。
鰅鳙短狐[7]，王虺骞[8]只。
魂乎无南！蜮[9]伤躬只.
魂乎无西！西方流沙，漭洋洋只。
豕首纵目[10]，被发鬤[11]只。
长爪踞牙，诶笑狂只。
魂乎无西！多害伤只。
魂乎无北！北有寒山，逴龙赩只[12]。
代水不可涉，深不可测只。
天白颢颢，寒凝凝只。
魂乎无往！盈北极只。
魂魄归来！闲以静只。
自恣荆楚，安以定只。
逞志究欲，心意安只。
穷身永乐，年寿延只。
魂乎归来！乐不可言只。

【注释】

①受谢：这里是说春天承接着冬天离去。谢，离去。

②遽：竞争。

③冥：幽暗。凌：驰骋。浃：周遍。

④溺水：谓水深易沉溺万物。浟（yóu）浟：水流的样子。

⑤并流：顺流而行。

⑥皓胶：本指冰冻的样子，这里指雨雾白茫茫，像凝固在天空一样。

⑦鰅鳙（yú yōng）短狐：都是善于害人的怪物。

⑧王虺（huǐ）：大毒蛇。骞：虎视眈眈。

⑨蜮（yù）：含沙射影的害人怪物。

⑩纵目：眼睛竖起。

⑪鬤（ráng）：毛发散乱的样子。

⑫逴（chuō）龙：即烛龙，神话传说中人面蛇身的怪物。逴，古音同“烛”。赩（xì）：赤色。

惜　誓（节选）

〔两汉〕贾谊

惜余年老而日衰兮，岁忽忽而不反。①
登苍天而高举兮，历众山而日远②。
观江河之纡曲兮，离四海之霑濡。③
攀北极而一息兮，吸沆瀣以充虚。④
飞朱鸟使先驱兮，驾太一之象舆。⑤
苍龙蚴虬于左骖兮，白虎骋而为右騑。⑥
建日月以为盖兮，载玉女于后车。⑦
驰骛于杳冥之中兮，休息虖昆仑之墟。⑧
乐穷极而不厌兮，愿从容虖神明。
涉丹水而驰骋兮，右大夏之遗风。
黄鹄之一举兮，知山川之纡曲。
再举兮，睹天地之圜方。
临中国之众人兮，讬回飙乎尚羊。
乃至少原之野兮，赤松、王乔皆在旁。
二子拥瑟而调均兮，余因称乎清商。
澹然而自乐兮，吸众气而翱翔。
念我长生而久仙兮，不如反余之故乡。

【注释】

①惜：哀叹。忽忽：匆匆，迅速。反：同“返”。

②日远：指离别家乡日益遥远。

③纡（yū）曲：迂回曲折。离：同“罹”，遭遇。霑濡（rú）：沾湿。

④北极：指北极星。沆瀣（hàng xiè）：夜间的水气。王夫之《楚辞通释》：“沆瀣，北方清气。”充虚：充饥。

⑤朱鸟：即朱雀，星宿名，南方七宿（井、鬼、柳、星、张、翼、轸）之总称。太一：指天神中最尊贵的神。象舆：用象牙装饰的车。

⑥苍龙：即青龙，星宿名。蚴虬（yòu qiú）：行动之貌。左骖（cān）：驾在车两旁的两马叫骖，此指左边的骖马。白虎：星宿名，西方七宿（奎、娄、胃、昴、毕、觜、参）之总称。右騑（fēi）：即右骖，右边的骖马。

⑦盖：指车盖。王逸《章句》云："言己乃立日月之光以为车盖。"玉女：即女宿，二十八宿之一，为玄武七宿（斗、牛、女、虚、危、室、壁）之第三宿。"前朱雀，后玄武"，此以女宿指代玄武，故称"载玉女于后车"。

⑧驰骛（wù）：奔走。杳冥：旷远之处。昆仑：山名。

哀时命（节选）

〔两汉〕庄忌

哀时命之不及古人兮，夫何予生之不遘[①]时！
往者不可扳[②]援兮，徕者不可与期。
志憾恨而不逞兮，杼中情而属诗。
夜炯炯[③]而不寐兮，怀隐忧而历兹。
心郁郁而无告兮，众孰可与深谋！
欿[④]愁悴[⑤]而委惰兮，老冉冉而逮之。
居处愁以隐约兮，志沉抑而不扬。
道壅[⑥]塞而不通兮，江河广而无梁。
愿至昆仑之悬圃兮，采锺山[⑦]之玉英。
揽瑶木之橝[⑧]枝兮，望阆风之板桐[⑨]。
弱水汩[⑩]其为难兮，路中断而不通。
势不能凌波以径度兮，又无羽翼而高翔。
然隐悯而不达兮，独徙倚而彷徉。
怅惝罔以永思兮，心纡轸而增伤。
倚踌躇以淹留兮，日饥馑而绝粮。
廓抱景而独倚兮，超永思乎故乡。
廓落寂而无友兮，谁可与玩此遗芳？
白日晼晼其将入兮，哀余寿之弗将。
车既弊而马罢兮，蹇邅徊而不能行。
身既不容于浊世兮，不知进退之宜当。

【注释】

①遘（gòu）：遭遇。

②扳（pān）：同"攀"。

③炯（jiǒng）：明亮。

④欿（kǎn）：愁苦的样子。

⑤悴（cuì）：忧伤。

⑥壅（yōng）：堵塞。
⑦锺（zhōng）山：神话中的山名。
⑧橝（tán）：同“覃”，长。
⑨阆（làng）风：传说中神仙居住的地方。板桐：神话中的山名。
⑩汩（mì）：水流急。

三、学习指导

（一）《楚辞》的传播

自《楚辞》产生之日起，历代读者对它的传播和接受即已展开。两千余年来，《楚辞》给历代读者提供了宝贵的精神食粮。我国南北朝时期著名的文学评论家刘勰即在所著《文心雕龙·辨骚》中赞誉道：“……其衣被辞人，非一代也。故才高者菀其鸿裁，中巧者猎其艳辞，吟讽者衔其山川，童蒙者拾其香草。”鲁迅先生也在《汉文学史纲要》一书中给予了《楚辞》很高的评价，他说：“……较之于《诗》，则其（《楚辞》）言甚长，其思甚幻，其文甚丽，其旨甚明，凭心而言，不遵矩度。故后儒之服膺诗教者，或訾而绌之，然其影响于后来之文章，乃甚或在三百篇以上。”总而言之，历朝历代对《楚辞》的赞誉不胜枚举，可见后世读者对《楚辞》的喜爱。

（1）“楚辞”作为产生于战国时期楚国的一种新诗体，起初仅在楚国范围内流传，可以说是楚地的“特产”。据《汉书·艺文志》记载，汉以前的楚辞著作主要有“屈原赋二十五篇。唐勒赋四篇。宋玉赋十六篇”。这是我国正史中最早记录屈原及其后学的作品。

（2）到了汉代，原来仅仅在楚地流传的这种新的诗歌体裁迅速在全国流行起来。汉代的统治者很少有不赞赏楚辞的，汉代的重要文人几乎没有不学习楚辞的，也几乎没有不写骚体作品的。春秋时期孔子曾经说过：“不学诗，无以言。”在西汉时期，似乎也达到了“不学骚，无以言”的程度。

汉代《楚辞》的结集逐步完善，对它的思想内容和艺术特色以及其主要作家屈原的精神品格都做了种种评论。从刘安到司马迁再到刘向，从扬雄到班固再到王逸，他们或者从屈原的作品中找到了思想上的共鸣，以之作为自己郁郁不得志的精神世界的寄托，或者按照自己的处世经验和艺术修养，对屈原的性格特点或人生选择做出这样或那样的批评和指责。这些都是由于评论者所处的时代环境不同，个人的遭遇互异，文化修养和艺术鉴赏能力的差别而造成的，但却丝毫不影响其在文学批评方面的价值。尽管他们对屈原这位中国文学史上的伟大作家及其作品的看法存在分歧，但都在不同程度上发展了文学批评，同时也发展了文学理论，因而形成了文学史上颇为引人注目的现象。

（3）魏晋南北朝时期的楚辞著作，据《隋史·经籍志》《补南北史艺文志》等传世文献记载，主要有郭璞的《楚辞》三卷、何晏删王逸的《楚辞》十一卷、宋处士诸葛氏的

《楚辞音》一卷、徐邈的《楚辞音》一卷、孟奥的《楚辞音》一卷、刘杲的《离骚草木疏》两卷等。

（4）隋唐时期新增的楚辞著作，据《新唐书·艺文志》和《旧唐书·经籍志》记载，主要有释道骞《楚辞音》一卷、六臣注《文选》保留的部分篇章的释读及《唐钞文选注汇存》中的骚类作品，凡三种。

（5）宋代是楚辞发展史上极为重要的时期，这一时期的楚辞著作数目繁多，新著迭见，在《宋史·艺文志》《直斋书录解题》《郡斋读书志》等目录文献中均有收录，且出现了楚辞研究的新形式——以黄伯思《翼骚》为代表的论评类著述。

（6）元代是楚辞研究的低潮时期，其楚辞研究著述相较前代不可同日而语，成果较少，主要有刘庄孙《楚辞补注音释》、谢翱《楚辞芳草谱》、吾秋衍《九歌谱》、祝尧《古赋辩体》等，可惜均已散佚。

（7）明代的《楚辞》研究自前代沉寂之后，在理学等思潮的影响下又表现出新的特点，呈现出新的发展格局。明代的《楚辞》传播存在显著的地域性差异，表现为南多北少的格局。而明代阅读《楚辞》的读者群体也较为广泛，上至皇室下至基层大众，皆有阅读《楚辞》的事例。此外，借助于藏书家丰富的藏书量及先进的刻印技术，《楚辞》文本得以在日益进步的印刷术的支持下刻印流传开来，并逐渐扩散到社会各个阶层。最后，从学术特点上来看，明代学者侧重从个人体悟来解读《楚辞》，开创了评、注合一的新模式。从文学特点上来看，“楚风”的盛行离不开《楚辞》在明代的广泛传播。

（8）清代的楚辞学以经学、朴学、章句之学为特色。其中，朴学者之《楚辞》研究专著，几乎代表了清代《楚辞》研究的全部成果。在朴学盛行的同时，以经注骚、关注文脉大义者大有人在，他们给楚辞学带来了多样性。

民国之际的《楚辞》学大致可分为两种声音，即旧调与新声。在这两种声调的合鸣之下，中国古代的《楚辞》研究缓缓地拉上了帷幕，同时新时代楚辞学的序曲业已奏响。

（9）近现代以后，尤其是20世纪以来，《楚辞》的传播得到空前发展。在1940年，经中华文艺界抗敌协会提议，端午节被定名为“诗人节”；1942年，郭沫若创作历史剧《屈原》并在重庆首演；1953年，屈原被评为世界四大文化名人之一；1985年6月，“中国屈原学会”成立。新时期的《楚辞》传播得到了极大程度的推进。

——参考资料：刘勰著，黄叔琳注，纪昀评，李详补注，刘咸炘阐说，戚良德辑校，《文心雕龙》卷四《辨骚》，上海古籍出版社，2015年；鲁迅，《汉文学史纲要》，北京联合出版公司，2014年；班固，《汉书》卷三十《艺文志》，中华书局，1962年；朱熹，《四书章句集注》，上海古籍出版社，2006年；《补南北史艺文志》中另著有刘杲《楚辞草木疏》，疑与《离骚草木疏》一书为同一书，参见徐崇，《补南北史艺文志》，中华书局，1955年；刘昫，《旧唐书》卷四十七《经籍下》，中华书局，1975年；欧阳修、宋祁等，《新唐书》卷六十《艺文四》，中华书局，1975年；纪晓建，《汉代楚辞学研究》，苏州大学博士学位论文，2014年7月；韩敏，《明代〈楚辞〉传播与接受研究》，华中师范大学博士学位论文，2020年7月；孙巧云，《元明清楚辞学研究》，苏州大学博士学位论文，2011年7月；吴慧鋆，《近代楚辞学研究》，苏州大学博士学位论文，2018年7月。

（二）《楚辞》的研究

《楚辞》作为我国文学史上著名的浪漫主义诗歌总集，经过对其两千余年的传播与研究，已经形成一门专门的学术研究，相关专著逾千部，专题论文难以计数。现今关于《楚辞》的研究也存在诸多争鸣，具体表现如下。

1. 关于《楚辞》研究内容的争鸣

古往今来的研究者们基于不同的学科背景，对《楚辞》进行了不同内容的研究。纵观关于《楚辞》的研究，其研究内容出现了楚辞文献学、楚辞文艺学、楚辞社会学、楚辞学史、楚辞再现学等五个分野。

楚辞文献学旨在考证事实、提供可靠的文学文本；楚辞文艺学是对《楚辞》进行文学艺术的研究；楚辞社会学探析《楚辞》中蕴含的社会现象；楚辞学史通过对已有的研究进行再研究，以思考《楚辞》研究的发展历程与方向；楚辞再现学包含表现《楚辞》的其他艺术形式及对这些艺术形式进行的研究。

楚辞文献学、楚辞文艺学、楚辞社会学、楚辞学史这四个分支是近年来《楚辞》研究的主要内容。

2. 关于历史上对屈原评价问题的争鸣

汉武帝是汉代第一个热爱屈原作品的皇帝，而所作赋达82篇之多的淮南王刘安，则是第一位对《离骚》做了很高评价的文学理论家。刘安称《离骚》兼有《国风》《小雅》之长，它体现了屈原“浮游尘埃之外”的人格风范，可“与日月争光”。其后，司马迁为屈原作传，不仅照录了刘安的这些语句，还进一步把《离骚》与孔子删订的《春秋》画等号。

但是后汉的历史家班固，却不尽以司马迁对屈原评赞为然。他对屈原及《离骚》的思想倾向是有褒有贬的，或者说是以贬为主的。他指出称屈原和《离骚》中“可与日月争光”云云，“斯论似过其真”。班固的人生观是“全命避害，不受世患”。

后汉的王逸则很不满于班固这样的庸俗之见。王逸盛赞屈原“膺忠贞之质，体清洁之性，直如石砥，颜如丹青；进不隐其谋，退不顺其命，此诚绝世之行，俊彦之英也”。王逸也不排斥浪漫主义的文学作品，他认为以神话传说为素材，《五经》就有其先例。他盛赞屈原之作“言博识远”。

至于梁代刘勰的《文心雕龙》又概括了王逸的观点，立了《辩骚》一章，认为以屈原为主要作者的这些作品可以总括为“气往栎古，辞切来今，惊采绝艳，难与并能”十六字。

宋洪兴祖是继王逸之后整理、注释《楚辞》的又一著名学者。他曾得诸家善本，参校异同，成《楚辞补注》一书。洪氏对诸代人对屈原的种种非议加以反驳，认为其爱国精神不朽，值得敬佩。

朱熹对《诗经》和《楚辞》研究也都有重要贡献。其为《楚辞》作的《集注》，也足以媲美其《诗集传》。朱熹对于历来的《楚辞》研究权威也敢于提出异议。他赞同传统的所谓的屈原以美人、香草比喻君子之说，但认为《离骚》中“兰芷变而不芳”和“椒兰之不可持”诸句，也是一种象征性的措辞，并非谓“实有人”，“而以椒、兰为名字者也”。然而《屈原传》乃有令尹子兰其人，班固《古今人表》又有令尹子椒之名，而王逸因之。如此虚构之说“流误千载，无一人觉其非者，甚可双也！”关于子兰、子椒其人之有无的问题显然是值得讨论的。

今天的读者，应本着实事求是的原则，敢于怀疑古文献中一些记载不翔实、不可尽信的部分，然后考察楚与秦、韩、魏、齐诸国的关系史，并结合对屈原作品的深入探讨，从而大体上对屈原这位诗人、对《楚辞》作品有一个更为具体和准确一些的认识。

3. 关于《楚辞》与《诗经》关系的争鸣

纵观《楚辞》文本，不难发现它与《诗经》在诸多方面存在关联，研究学者们从不同的视野展开分析，将其具体划分为以下几个方面。

一类是从文本分析看《楚辞》对《诗经》的继承与发展。学者们运用文本分析法，对《楚辞》与《诗经》在文本上呈现出的诸多共同点进行揭示，发现二者在赋、比、兴和象征的表现手法上存在诸多相似之处。

尽管《楚辞》全面地继承了《诗经》的赋、比、兴的艺术手法，但是《楚辞》在此基础上形成了自己独有的艺术特色。其一，赋在《诗经》和《楚辞》中的比重是不一样的。朱熹云：“《诗》之兴多而比赋少，《骚》则兴少而比赋多。”其二，较之《诗经》，《楚辞》中的比兴手法更为抽象。其三，尽管《楚辞》和《诗经》一样，呈现出对草木虫鱼的深度了解和把握，并且自然风物也作为比兴的媒介，但是《楚辞》拓展了比兴之物的取材范围，将《诗经》中的比兴物象从自然景物、社会生活现象等现实事物扩展到神灵太空、琼瑶仙境等虚幻的超现实的物象上。

另一类是从作家分析看楚地作者对中原文化经典的传承。这类学者从文学创作论即作家的角度，通过分析屈原的儒家思想在《楚辞》中的体现，借以说明《楚辞》受到了包括《诗经》在内的儒家经典的影响。

再有是从地缘分析看楚文化的普及，即从文学发生学的角度，探讨在《楚辞》形成的过程中有哪些因素为《楚辞》借鉴《诗经》的写作经验提供了便利。具体概括为以下三点因素。第一，楚国的族源和族群心理，即楚人的中原文化情结为《楚辞》受《诗经》影响提供了心理基础；第二，楚国和“汉阳诸姬”接壤，处在楚文化和中原文化的接触地带，在交通并不发达的春秋战国时期，地利之便为楚人积极学习中原文化提供了优越的自然条件，在《左传》《国语》等历史文献中均记载了楚人学习中原文化的历史事实；第三，在春秋战国时期文化融合的时代背景下，各地区知识分子交流频繁，在那个“楚才晋用，朝秦暮楚”的时代里，儒学南渐的文化交流和传播为楚人全面而广泛地接触中原文化提供了有利的时代条件，若是像清朝一样奉行“闭关锁国”的文化政策，《楚辞》作者也很难与《诗经》产生接触，更谈不上受其影响了。三个因素都为《楚辞》受《诗经》影响提供了便利，也是楚文化普及的直接体现。

《诗经》和《楚辞》作为两个不同的文本，差异是必然的，还有学者致力于研究二者的差异，但是此类研究多是基于二者之间的共通之处展开的，否则不利于还原历史的本来面目和廓清学术源流。我们对古代文学的研究应从单纯的文本分析，进入对文化现象的解读，最终挖掘出中华文化的优秀元素，为解决当下问题提供参考，为实现文化大发展、大繁荣，为实现中华民族伟大复兴的中国梦积蓄力量，提供有益的借鉴。

——参考资料：张国光，《学习〈楚辞〉，研究〈楚辞〉——兼论历代关于屈原评价问题的争议》，《湖北大学成人教育学报》，1999年第4期；向勤，《新世纪前十年（2001—2010）楚辞研究述评》，湖南大学硕士学位论文，2013年7月；代生，《考古发现与楚辞研究》，南京大学博士学位论文，2011年7月；田语，《从〈楚辞〉与〈诗经〉的关系看楚文化的华夏化》，西藏大学硕士学位论文，2016年7月。

四、延伸阅读

[1]《中华传统诗词经典：楚辞》，李山选注，中华书局，2014年。

推荐理由：《楚辞》是继《诗经》之后，在中国文学史上产生深远影响的第一部浪漫主义诗歌总集，是我国浪漫主义文学创作的源头和代表。李山教授在先秦两汉文学研究领域卓有建树，对《楚辞》的研究颇有心得。全书体例完善，题解交代写作背景，概述诗歌主旨，注释准确精当，难字标注拼音，评析探索诗心，时出新见，又辅之以雅训的译文，诚为一本雅俗共赏的《楚辞》读本。

[2]《楚辞解译》，陈抡著，中华书局，2018年。

推荐理由：陈抡著的《楚辞解译》，从古方言的角度，用历史比较的方法来解释《楚辞》。作者深受焦循《孟子正义》和罗常培《中国方音小史》的启发，探讨中国古籍里的古方言词语。作者认为阅读古代典籍应当还原历史语境，《楚辞》是楚国的方言所写，里面有大量的方言俚语和特殊的语法结构，因此需要把这些方言的本来面貌揭示出来，才能更好地理解《楚辞》。

[3]《国学经典：楚辞评注》，汤漳平评注，上海三联书店，2018年。

推荐理由：此书系国学经典丛书之一，作者汤漳平系中国屈原学会常务理事，中国诗经学会理事，对《楚辞》颇有研究。全书体例上以原文、注释、译文的形式对经典著作进行注解，引领读者跨越文言文的障碍，在愉快的阅读之旅中领悟中国传统文化的精髓，以易读性的原则设计，版式简洁大方。

【思考题】

1. 为什么说《楚辞》的产生在我国文学史上具有划时代的重大意义?
2. 试以《离骚》为代表，说明屈原作品的浪漫主义文学特征。
3. 简述《楚辞》的文体风格特点。
4. 从《楚辞》选择一篇阅读并翻译。

参 考 文 献

[1] 杨伯峻. 论语译注. 北京：中华书局，2009.

[2] 张燕婴. 论语. 北京：中华书局，2006.

[3] 杨伯峻. 孟子译注. 北京：中华书局，2008.

[4] 万丽华，蓝旭. 孟子. 北京：中华书局，2006.

[5] 王国轩. 大学·中庸. 北京：中华书局，2006.

[6] 方玉润. 诗经原始. 北京：中华书局，1986.

[7] 王秀梅. 诗经. 北京：中华书局，2006.

[8] 慕平. 尚书. 北京：中华书局，2009.

[9] 钱玄，钱兴奇. 三礼辞典. 南京：江苏古籍出版社，1998.

[10] 杨伯峻. 春秋左传注. 北京：中华书局，2017.

[11] 王弼. 老子道德经注. 北京：中华书局，2011.

[12] 饶尚宽. 老子. 北京：中华书局，2006.

[13] 杨伯峻. 列子集释. 北京：中华书局，1979.

[14] 景中. 列子. 北京：中华书局，2007.

[15] 杨柳桥. 庄子译诂. 上海：上海古籍出版社，1991.

[16] 孙通海. 庄子. 北京：中华书局，2007.

[17] 李翰文. 史记（精注全译）. 北京：北京联合出版公司，2016.

[18] 韩兆琦. 史记. 北京：中华书局，2007.

[19] 中国人民解放军军事科学院战争理论研究部《孙子》注释小组. 孙子兵法新注. 北京：中华书局，1977.

[20] 骈宇骞，王建宇，牟虹，等. 孙子兵法·孙膑兵法. 北京：中华书局，2006.

[21] 陈抡. 楚辞解译. 北京：中华书局，2018.

[22] 林家骊. 楚辞. 北京：中华书局，2009.